人文社科研究方法丛书

国家社科基金重大项目“中国翻译理论发展史研究
广东省高等教育“创新强校”项目“外语科研方法系列研究” 资助
广东外语外贸大学翻译学研究中心

十大文献综述：妙理与实例

黄忠廉 刘丽芬 等 著

科学出版社
北 京

内 容 简 介

文献综述是做科研的"基本功"，好的综述，既基于文献集成众人的观点，又构建新的思维框架，以待未来丰富；既迥异于原始文献的集合，更呈现未来的趋势，给人以希望。不少人饱读诗书，学术写作却输入输出不匹配，甚至无甚产出，缺的便是写作训练，尤其是文献综述训练。

本书即针对文献综述这一重要的学术训练内容，首次将文献综述分为十大类，提供行之有效的操作方法和建议，并有160个案例贯穿全书。全书力求文字精简，言简意赅，为科研人员、莘莘学子献智慧、出对策。

图书在版编目（CIP）数据

十大文献综述：妙理与实例/黄忠廉等著. —北京：科学出版社，2021.10
（人文社科研究方法丛书）
ISBN 978-7-03-069907-7

Ⅰ. ①十… Ⅱ. ①黄… Ⅲ. ①人文科学-论文-写作 ②社会科学-论文-写作 Ⅳ. ①C

中国版本图书馆CIP数据核字（2021）第196512号

责任编辑：张 宁 赵 洁/责任校对：贾伟娟
责任印制：吴兆东/封面设计：蓝正设计

科学出版社 出版
北京东黄城根北街16号
邮政编码：100717
http://www.sciencep.com

北京中科印刷有限公司印刷
科学出版社发行 各地新华书店经销
*
2021年10月第 一 版 开本：720×1000 1/16
2025年 9 月第六次印刷 印张：16
字数：322 000

定价：68.00元

写作缘起与特色

因习非成是，本书的对象长期约定而成“综述”，其实，确当的术语应是“述评”，拆开来，即“综述+批评”。为适应学界，本书命名还是随众从了“俗”，用了“综述”，特此说明。

在学界，有想法不等于擅写作。不少人饱读诗书，学术写作却输入输出不匹配，或是书虫掉书袋，或似宾馆里挤牙膏，甚至无甚产出，缺的便是写作训练，述评训练则是必修课。述评类成果是三次文献，其引用率往往较高。好的述评，既基于文献集成众人的观点，又构建新的思想框架，以待未来丰富；既迥异于原始文献的集合，更呈现未来的趋势，给人以希望。总的来说，述评是研究最初或首期的任务，虽会终结，却贯穿研究全过程，中期也会不断修正完善，论著杀青的那一刻还可能加入新的文献。

无论是入文入书，还是自身成文成书，述评既为自己，更助他人。其中，综述旨在温习前人思想，为选题寻根固基；简评旨在明其是非，洞悉未来。合二为一，则可寻踪踏迹承继前人，弯道甚至换道超车。可见，述评的读者群很特殊，主要是科教人员，述评多限于同行交流。上乘的述评虽说由“我”出发，却始终想着背后的读者，需换位思考；所猎所取均是新颖独特之处，让人似曾相识，却又眼前一亮，甚至是拍案叫绝，意犹未尽。

做学问，即使终极目标是“六经注我”，但也要从“我注六经”开始，大致会经历看人说、照着说、接着说、独自说四步。看人说，就是读；照着说，就是述；接着说，就是评；独自说，就是创。读、述、评、创构成了从输入到输出、从吸收到产出的学术链，也昭示了学人由知者到智者的成长过程。文献的述与评之间，应适当寻求平衡，四步之间既能前后相继，也会博弈质变。萌生问题—检索文献—归纳思想—形成己见的流程若是训练有常，即常规化、常态化，便能内化为一种素质。述与评的思维方式有所不同，但正是二者用齐了三大思维方式：综述基于实然采用归纳法，进行思想整合，讲历史，说发展；批评基于应然采用演绎法，甚至是类比法，谈应该，说可能，看未来。

本书是国家社科基金重大项目“中国翻译理论发展史研究”（20&ZD312）

阶段性成果，在国内外首次将述评分为十大类。除第一章的通论涉及述评的性质、内涵、过程、方法等之外，其他十章重在突出各类的特色，力求文字精简，言简意赅。整体上，通论重“通”，只交代一般，与后面的分论形成对照；更多动人、细微、独特之处藏于各章，请莫错过。我负责全书的整体设计，参与了全书各章的讨论与修改。

全书既讲道理，更重实践，借例说法，以例证理，精当用例，人文的例子多以局部或间接引用为主，所用文献例证均标明出处。依据国家社会科学基金项目 26 个领域立项率，全书涉及人文社会科学各领域的述评，部分领域略作合并，如理论经济学与应用经济学合为经济学，外国文学与中国文学合为文学，中国历史、世界历史与考古合为历史学，马列・科社、党史・党建合为政治学，等等。全书案例数达 160 个，详列于下表。

全书用例所涉领域分布表

领域	用例数	用例之章序	领域	用例数	用例之章序
语言学	45	1 2 3 4 5 6 7 8 9 10 11	历史学	22	2 4 5 6 7 8 10
经济管理	18	1 3 5 7 9	文学	17	3 4 5 7 8 10 11
政治学	8	1 2 3 6	新闻传播	7	1 2 5 6 11
图情文献	6	1 4 7	哲学	5	1 2 4 5
法学	5	1 3 7	艺术学	4	1 6 8
民族问题	4	1 2	体育学	4	1 5 7
国际问题	3	5 11	社会学	3	1 2
军事学	3	1 6	宗教学	3	1 10 11
教育学	2	1	人口学	1	2
用例总计	160				

述评于撰文、著书、报项等大有裨益，其方法论意义在于：读文献不曾痛过，不足以谈学问；不读文献，便不知研究何去何从，不知选题的诗意与远方。文献述评若经训练，历经去粗取精、去伪存真、融会贯通、为我所用的环节，则要祝贺您：淘尽黄沙终见金！

2021 年夏

于白云山麓三语斋

目　录

第一章　述 评 通 论[①]

述评本是浓缩型成品，因承其载体而具有不同的凝练性，其浓缩程度由近及远、由短至长大致可升级排列为：学术论文引言→综述类文章→本-硕-博学位论文→学术著作。对述评的认识有待厘清，在此对述评过程先作一简介，略显特色；而述评的方法业界此前关注不多，尤需推介。

第一节　述 评 概 说

述评通常称为综述，或以综述代述评，已是习非成是。述，是综述之简称；评，是简评之简称。整体上述评的内涵与外延是什么？各自有何特点？又组配出何种结构与类型？有何功能？如何告知前沿，展示前瞻？命题如何确当？常用哪些词语？诸多问题均是本小节要解答的问题。

一、问题与误区

当下述评存在种种问题与误区，反映了作者缺乏概括与逻辑分析的专业训练。若作归纳，至少包括以下五类。

（一）简单罗列，或零散琐碎

综述部分看似“综”却不“中”，即虽有“综”之名，却未以问题为中心而不能令人中意，有如购物清单。简单罗列所有观点，堆积文献：或摘要罗列，或笔记摘抄，不作判别与选择；针对性不强或以局部代整体，以片段代全景，不作全观，缺乏全局观；或缺乏问题意识，未设主线串起各文献、未分出大小问题、未织出问题网络。生怕落下一条文献，力求完整，照单全收，因而显得琐碎。殊不知，综述须理解已有研究，将其观点逻辑化，按时空和逻辑分类、归纳和提炼，顺理成章地将自己或读者引向研究前沿。如《2000 年以来中国

① 本章为广东外语外贸大学黄忠廉教授、刘丽芬教授所撰。

古代军事史研究综述》（《中国史研究动态》，2013/1[①]）综述中的片段：

> **[例 1.1]**[②]
>
> **专题战争史。**战例研究有冯家鸿《中国古代战争百例评析》（四川教育出版社，2000 年）、阎崇年《论大凌河之战》（《清史研究》2003 年 1 期）、王洪光《经典战例评析》（军事科学出版社，2009 年）、同利军《汉朝与匈奴战争述评》（《军事历史》2009 年 1 期）、杨巨中《官渡之战中曹军兵力考》（《军事历史》2000 年 6 期）等。
>
> 农民战争研究有董楚平《农民战争与平均主义》（方志出版社，2003 年）、孟祥才《杀尽不平方太平：农民战争与反腐败》（兰州大学出版社，2005 年）及孟祥才、傅永聚主编《中国古代民本思想与农民问题：中国农民战争史研究会第十次学术讨论会论文选》（山东大学出版社，2003 年）等。单篇论文则有朱子彦《黄巢起义军南征辨析》（《军事历史研究》2001 年 3 期）、董楚平《农民战争补说》（《史学月刊》2005 年 7 期）、叶文宪《论中国古代的反政府武装及其相关问题》（《史学月刊》2007 年 6 期）等。
>
> 其他专题研究如张志学主编《中国历代战争起因考》（军事科学出版社，2001 年）、范晓光主编《中国古代战争动员》（军事科学出版社，2003 年）、黄培义《作战指挥发展史》（军事科学出版社，2003 年）等，研究视角颇新。另有彭裕商《周伐猃狁及相关问题》（《历史研究》2004 年 3 期）、于赓哲《疾病与唐蕃战争》（《历史研究》2004 年 5 期）、盖金伟《“献俘礼”与“北庭大捷”质疑》（《西域研究》2010 年 1 期）等论文值得一读。

所截取部分是该文第二节“二、战争史”第 4 小点。另，全文未设参考文献，所有文献均入了正文。本例及其所在全文最大的特点是多数部分的综述为作者、篇名、期刊及其刊期或出版社及其出版年份，思想观点的综述只占全文的小部分。为显示各家观点的综述性，可以将各家观点提炼出来综合叙述，而文献可用脚注形式。为省文献所占篇幅，可按每小点的方式，连排在一起。

（二）有述无识，含量不高

常见综述的文献缺乏学术性，学术含量不高。或为文献而文献，凑数唬人，显示量大，但与议题关联度不高。文献不熟，未经细析，就笼统概括；分析不够，未能抽析，仿佛是篇名的转写，或是摘要的续摘。不研究具体问题却敢为其综述，比如有人基本不碰翻译技术，却为其综述，结果是有述无识。有跟风式综述，从未做过某领域的研究，连专门书都不读，却对国内外热门话题大综特综，大都是把别人的议论拾掇成篇，毫无生发，更无新见。

---

① 为行文方便，正文提到的期刊文章的发表年份和卷期号以此种形式出现。

② 全书几乎不用全文作例，所用之例请从中国知网下载；多数例子截取片段以说明道理，各例段中省略句子或句群，汉语用“……”，英语用“...”；例中省略整个段落，汉语用“…… ……”，英语用“......”。

（三）来源不全，避重就轻

文献数量不足、来源单一、搜集不全、未见广泛精选等，会遗漏重要观点。所综述的文献主要源于点击可得的期刊论文和学位论文，而对学术著作、研究报告、会议论文、官方数据、政府文件等关注不够或者经典精品不多，有的还引不少学术含量不高的报纸文章。权威网站、权威机构的学术网站、国际知名网站等可用，网络和报纸文章要慎用，其论文多数不够深入，新文献不够，会缺乏时效性。为此，需增当年甚至当月最新文献。

综述肯定是选择性的，但有人多引同党，或自引较多，有意回避他人，只为突出自己或小圈子。故意回避或忽略部分文献，以突出自己选题的重要性和新颖性，遮蔽了问题的本质，便不具代表性；仅靠好恶选文献，有失系统，更失全面；结果片面，盲目乐观，自视创新，一不小心，就掉入重复研究的陷阱。

（四）缺乏深读，来由不明

转述他人的观点需深入细读，抓准抓要，否则，不得要领，就会转述正确的废话。这类综述常表现为：①层次不清。宏观、中观、微观三层研究，何人处于何层次？三层并进，还是依次递进？是彼此孤立，还是耦合关联？②性质不明。原理、原则、规律、方法等研究，何人着重于何侧面？有何局限？是否系统？何处缺位？有何急需？③阶段模糊。整个研究可分几个阶段？各段有何特征？内在特性如何关联？前期奠定了怎样的基础？中期如何承前启后？后期又有何超越？未来又如何可期？

部分综述数典忘祖，割裂历史，即忘掉研究源头，“不知有汉，何论魏晋”，无动态演进，彼此缺乏历史关联。只追求所谓前沿，误解了研究现状，只抓“现在”，不顾渊源，不知前沿由何发展而来，缺乏历史意识。

（五）述评失调，难显思想

只述不评或评论过少，或略作评价，述评便成了简单列举。宣扬他人，终为己备，评得不深，难有发现。评论至为重要，指出不足，意味着发现空白，反衬自己选题的重要与必要。但是有些述评缺乏己见，不见批评。例如，柯蓉的《数理统计学在多阶段库存管理模型中的研究综述》（《数学的实践与认识》，2011/24）的引言部分：“多阶段库存问题是供应链管理的重要课题，早期的研究成果主要集中于……之后许多学者进行了这方面的研究工作，主要分为以下几个方面。”只是在结论中以“如何确定分布函数，以及如何制定最优策略较少研究。另外在需求存在序列相关如何制定最优策略的研究也几乎是空白”一笔带过。

极个别述评则相反，应占主体的综述一笔带过，个人评论在述评中成主体而大评特评，还提出研究设想，若再加上几点论证，就几近原创性论文了。有的评价甚至落入主观性过强的陷阱，话太满，走极端，好用“完全、根本、绝对”等词。另外，所得出的观点一定要新颖，与前沿一致。观点一定要明确，观点不明确，不能给人以方向。不见问题，未出思想，或因学术积累不够，或因思考不深，或是选题偏离，或是身处学术“高原”，难攀“高峰”。

二、述评名与实

业界说惯了文献综述，如“成功的文献综述是批判性的或解释性的，它不仅具有‘述性’，更具有‘综性’”[①]，其中单引号所引内容略显诡异。确切地说，文献综述所指多半是“文献述评”，含对文献的综述与简评。

（一）综述说略

综述，从结构入手，实为综合性叙述之简称；综，即综合，众采百家，集百家之言，对众多文献综合分析，对其基本研究事实、基本观点和研究方法归纳整理，使其更有条理，更为精练，更具逻辑性。述，即叙述或转述各条文献的思想观点，偶用直接引证。若从功能入手，综述则兼顾动词与名词，前指综述的行为，后指综述的结果。

综述要搜寻、查阅、识别、分析、归纳和总结与某专题相关的文献，旨在系统了解前辈时贤已做过、已解决、已获知的状况。当下的综述，对研究事实关注较多，对基本观点融会贯通则较少且弱。学人重视文献的思想观点，却常忽略其研究方法的综述和评价。

文献综述所用的并非文献法，即对有关研究内容追踪与整理的方法，而是文献研究整合法，即基于文献实证研究的方法。后者是对其科学、系统的分析综合与归纳概括，可以生成新知，对其作出解释，探其特点与规律的方法。“它强调系统地收集、检索与筛选文献。元分析是研究整合法中最有效的一种研究方法，旨在通过统计分析技术量化地整合相关研究主题的已有文献研究结果。”[②]它所重的是昔日的研究事实，而非述评者的主观判断或观点。其优点是能客观呈

① 李枭鹰．文献综述：学术创新的基石[J]．学位与研究生教育，2011（9）：38-41.

② 姚计海．“文献法”是研究方法吗——兼谈研究整合法[J]．国家教育行政学院学报，2017（7）：89-94.

现研究现状，反映现存的主要问题。

（二）简评说略

简评，即简单评价。不论述评全篇多长，评要大大地小于述。“评”虽说力求简，但因评而出的见识要专门而深入，相对全面而系统。

对研究现状要予以分析，做出客观评论，否则就是纯粹的综述、汇总而已。简评，旨在预测发展、展望趋势、指明方向、彰显突破点，蹚开未来的路，给人以启迪，这也正是述评的诱人之处。

（三）述评界定

综上所述，述评由综述与简评构成，是就某一专题文献展开查阅、分类、归纳、提炼、分析，再做总结、评论，以对其未来研究提出建议或预测的信息加工过程。述主评次，评一般是述的四分之一或五分之一，述评的结果可能是片段，是其他作品的一章、一节或一点，也可单独成文成书，发表出版。

述评于研究极为重要，有一定难度。分开说，综述重在看到，力求看全；简评重在看出，力求看清；综述难在文献的大量，甚至是海量，需去粗存精，去伪存真；简评难在分析要深，看得要准，高屋建瓴。

三、性质与特点

（一）述评的性质

述评由综述与评价二元构成，是元研究，为学术研究所必需，旨在贯通历史与未来，穿过文献丛林，先高瞻，再远瞩；对文献以实证与思辨为主，却意在未来。

述评是研究的基石，学术创新的起点。学术，首先要学“述”。要会“述”，要述而有作，但先得述而不作。述评不研究具体问题，而是回顾和评价不同时期不同学者对某个问题的研究，继而描绘未来的方向，预测创新的潜力。一句话，是对已有成果再研究，对研究的研究，属于元研究范畴。作为重要的学术方式和载体，述评不可小觑，常被视为学问入门的必修课；训练不足或不当，小则决定研究水平的高低，大则难免导致研究的低水平重复，因此成为规范研究不可或缺的要素。

述评可为后来者奠定研究的高起点，体现学术研究的承继性，后人沿着前人的足迹，立于时贤的肩膀，温故而知新，进而攀得更高，望得更远。鉴往知来，是一项关涉研究的前生与后世的重要探索。其目标在于明了过去，把握当下前沿，前瞻未来发展；仿佛立于今天回望昨天，期盼明天；集大成的综述宛如瞻前，向未来的评价好似前瞻。此类写作看似简单，却是高难度言语行为，既劳体力，更耗脑力。

有道是：综述难，评价更难。所以国内外好的述评多由业内高人所作。这种三次文献的研究专题性强、涉及面小，要求分清时间长度，显示思想深度，能反映某一专题的背景、现状与趋势，具有较高的信息学价值。综述基于文献的实然研究过往，重在事实判断；评价基于应然的思辨研究未来，重在价值判断，共同彰显了述评的实证性与思辨性。

讲好学术故事，首先要转述好别人的故事，综述就是故事汇、群言堂。综述如同与古今中外学人对话，将众人的学术故事汇聚成完整独幕剧，评价仿佛是观剧后的点评。

述评信守相对正确性，因为论文允许出错，教科书不许有错。述评，尤其是其中的综述，则居中，许多独创论文的观点正是通过述评的大浪淘沙、过滤认定而沉淀进入教科书的。

（二）述评的特点

述评的总特点大致是：所成的述评将是文献翔实、观点鲜明、层次清晰、思路简明的思精语简的知识体系，可立于当下看前沿，可面对未来向前瞻，旨在反映对所究领域的掌握程度和认识深度。

述评的最高境界是尺幅千里。篇幅虽小，所含却丰，其容量大，信息含量高。其成品形式多样，篇幅长短不一，长可至几十万字甚至上百万字，以专著呈现，参考文献可达数百篇；短则二三百字，参考文献三五篇，入论文的“前言”之类。好述评，特点至少有五。

综合性 纵横交错，时跨一日至千年，以专题发展为纵，直至当下一刻；又以业内、国内乃至国外为横，于时空中蕴逻辑；是以自己思想隐形地展开“六经注我”的活动。

全面性 所取文献宜公正，不偏不倚，涵盖重要文献，点面结合，不以好恶去甄别，更不能有意避开，不然所得综述只会是偏见。有所选择时，也应力求全面，各选代表性文献。

复述性 述评主体是述，述是基础，因此“述”为首要，得准确鲜明；入综述的内容呈间接式与直接式，多为间接式，要善于换言之，将别人的思想更精更好地化为自己的话语。

前沿性 写作不需处处盘古开天地，不是万事从头说起，却要追踪到当前，找到研究的前线，材料、内容、方法等均以最新为目标，通过“照着说”，写出读者最需的新去向。

前瞻性 以评价的方式给出作者精辟的学理分析和恰当的评判扬弃，出思想、亮观点、抒己见，并与前沿性形成照应，构成一个思想的整体，凸显选题的价值，旨在“接着说”。

四、结构与类型

从内部看，“述评”可分为“述”与“评”，具有局部性；从外部看，“述”与“评”结合具有整体性。内外综观，述评可分为十大类。

（一）述评的结构

述评首先分为综述与简评，前者为主，后者为辅，前者偏量，后者偏质。综述即研究现状，综合叙述某段时期某个专题的现状、水平和成就，整个综述内容一般呈现“总—分”结构：先宏观总结选题的当前格局和主要方向，再分头具体叙述，从各具体方向提出既有研究所蕴含的核心观点，肯定其可借鉴之处。韩映雄和马扶风[①]对综述的结构总体上分为三类：年代序列式结构、学派发展式结构和货架问题式结构。前者按年代顺序由远及近依次叙述，中者以学派代表人物的观点为主要脉络依次叙述，后者按关系或强或弱的几个问题详细叙述。

综述可按时间、空间、逻辑设计，据长短将内容切分，设标题，加序号，力求层次分明，条理清楚。不妨采用如下框架结构撰写：空间结构+逻辑结构+时间结构。

空间结构 先分国内外，若只对国内文献述评，则直通下一步。

逻辑结构 这是最重要的也是最难的一步。国内外各自分出若干方面，涉及观点、理论、方法、数据等。可将选题分为几大问题，将学界同道中重要的、分析引用最多的文献视为中流砥柱。综述提炼的观点必须基于文献，不带自己的思想，仿佛是众人未能提炼出，述评者只是提取而已。各文献的观点通过摘录、转述、压缩或摘译、转译和缩译，或先后递进，或齐头并进，或按因果排列，或按问题的提出、分析、解决、解释的程序推进。

时间结构 国内外按逻辑划分为若干问题，各问题再按时间综述，仿佛寻

---

① 韩映雄，马扶风. 文献综述及其撰写[J]. 出版与印刷，2017（1）：64-69.

根问祖，从本选题较早的文献入手，一直写至当下。

较之于综述，简评是述评的亮点与重点。综述是面对过去与现在，简评则是基于综述面向未来。综述是推陈，简评旨在出新。简评可对综述所涉对象、方法、深度、现实性、前瞻性等内容予以评价。从结构上看，简评或需一句点明优长，之后指出现有研究的不足，再指明未来主攻方向，最后提出亟待解决的问题，预见发展趋向，等等。

简评时要分清人我，分清原作观点和述评者观点，严禁混杂。因此，简评不宜继续引用文献。若对文献观点有异见，不能明显植入综述，只能放入简评。相对于综述，简评要简，属于点睛式的评论，不应喧宾夺主；若是过多，则可走向原创性论文写作了。

（二）述评的类型

从大的角度讲，按述评的载体或分析分类，述评可分为：①期刊论文类述评，即期刊论文绪论所含有的微述评；②学位论文类述评，即本、硕、博三级学位论文中的述评；③科研项目类述评，即各级科研项目中的述评；④会议报道型述评，用于报纸网络的消息报道；⑤会议学术型述评，用于学术报道；⑥时段类专题述评，用于一定时段的专题；⑦学术人物类述评，用于介绍学术人物；⑧外文发表类述评，指在国外发表的述评；⑨单部著作类述评，即整部专著对某一专题进行述评；⑩趋向原创类述评，实指基于述评而原创过半的研究。上述十大类述评篇幅上各有不同，可分为句群片段式、段落式、章节式、图书式，字数200字至20万字以上不等。

据所涉文献多寡，述评可分为选择性述评和综合性述评，前者多见于期刊论文和学士学位论文的前言，因篇幅所限只能选择代表性文献述评。后者所综合的文献量要大得多，往往以章节形式入硕士（含）以上的学位论文或专著，甚至可以独立发表。

按其篇章建制，可分为两类：①独立发表类，即可直接发表的述评，是完形的论文，含引论、正论、结论与参考文献，刊于报纸时则有格式变化。②入文入书类，指融入论著的述评，包括学位论文所含的述评、专著的某章、全书即述评等三种。

按研究背景和历程，可分为两类：①背景式述评，多用于论文之首的引言，旨在交代选题的研究基础，以较大的背景彰显选题的起点、价值和地位，以及此前存在的问题与不足。②历程性综述，属于介评式述评，旨在追溯相关研究的来龙去脉，以知概貌，以绘研究图景。

以研究格局划分，可得两类：①宏观述评，针对整个领域、整个学科等展开全景式鸟瞰。立意高、涉面宽，有宏观指导意义，好读好懂却不管具体操作，一般只有学术权威和高手才敢为。②微观述评，为某个具体问题而述评。窄而专、深而偏，解决问题、解释精到，硕博士学位论文的述评即是典型。

五、目的与价值

目的与价值有时难分，有时又有区别，为此，现将述评的目的与价值略分如下。

（一）述评的目的

述评旨在明示选题较以往同类更具价值、更有新意、更利于审读者迅速判定研究的意义，有利于发表与立项。因此，述评的目的至少有三。

第一，考镜源流，即对研究的源头与发展进行仔细梳理。为选题溯源寻祖，为其找到归属。真正的述评能理出文献间内在的逻辑关联，或横向分类，或纵向梳理，文献在知网中各归其位，最后佐证选题既前沿又高端。述评常居于文首，开门见山。提出问题，发现规律，熟悉前人时贤既有的思想以免重复。因此，费时费力做述评，旨在回答自问也是他问的系列问题：文献间内在逻辑明显吗？是否勾勒了研究的全景？研究是如何发展至今的？是否达成了共识？有无争议？以往与当下的研究关系明朗与否？是否存有空白？有无尚待修正的错误？是否需要进一步研究？是否存在某种发展趋势？

第二，臧否历史，即尊重前人，敬重历史，综述他人，为自己的研究奠基；否则会盲目自大，导致重复，浪费资源。一代学人解决一代学人的问题，均会留下遗憾与疏漏，为后人留下学术资源。基于已有文献的贡献和局限评价，剖析优点、指其不足，以凸显选题的价值。

第三，指向未来。终极目标是发现可究的问题，要着力于学术创新，为己找到突破口，为研究找到起点，以彰显其原创性，点明选题的胜出点，为选题定位，明确研究的格局。作者清楚业界情况，深知问题之所在，所提出的问题亟待解决。探出实现突破与超越的路径，找到当下研究的制高点，指明未来研究潜在的空间。

（二）述评的价值

持续追踪学术动态与挖掘学术热点是研究者必备的技能，是研究之利器；准确筛选、甄别和归纳文献信息更是学术研究的基础。述评的价值至少有四。

第一，有助于驾驭选题的方向。读过大量文献，知己知彼，能一览众山小；选题想得清，才能做得轻，做得巧，做得好，才能提出前沿性新问题。述评可为研究做准备，明动态，定方向。明确已用理论和方法的优劣，以便选用恰当方法；静心尽心述评，后续研究才会少走弯路，进程才会越来越快。

第二，能指导未来的具体研究。述评其实是研究的序曲，开端良好，成功多半。述评将历史与未来牵手，针对选题说明研究现状：学界对拟做选题已答什么？未答什么？将如何更好地回答？代表人物有谁？代表性观点有什么？写过述评后，不仅知往，更知未来：何处未解？何处存疑？何处难啃？何处关键？均能有数在心；未来五年、十年的研究选题或许就在其中，可以预告选题的创新与价值。

第三，能益智增值。述评者读众多文献，可知他人所能所见，更能见他人所未见。首先是揭示文献间的逻辑，第一篇读罢，读第二篇就有意识地厘清二者之间的联系与区别，将无序变得有序，开启逻辑化过程，将文献的思想系统化、智慧化。一旦打开系统，众多文献则纲举目张，随即露出大小不同的漏孔，所蕴含的选题或能水落石出。研究因此能查漏补缺、固本拓新、创造新知、益己益人。

第四，提升学术影响力。述评无论长短，均会成为读者的首选阅读之一，其中的评价尤受青睐。较长的述评本身就可转为论文发表，容易被引，有助于提高学术影响力，增强知名度。

六、前沿与前瞻

述评要找到前沿，靠综述；要前瞻未来，则靠评价。量上，前沿占主体；质上，前瞻占主导。

（一）综述的前沿性

选题的第一要义是抓前沿。读一定量的书，其最大作用是寻找前沿，于人止步处再起步。不过，无须焦虑，读经典并不耽误把控前沿，理由是教科书的话语多为陈言，已不在前沿。瞄准前沿的捷径只有读新书，多读最新论著，回读经典。前沿都是其来有自的，熟悉经典，就知道了前沿的根由，对其了解则更为深透；有经典打底，就可判定自己离前沿有多远。创新多生发于事物的边缘，由边缘延展开去，多半不在正常范围内。

前沿代表了学术发展的趋势与方向，也是最有价值、最值得关注的课题。学科的前沿问题指能对学科的理论与实践产生重大影响、正在或即将发生的、代表学科发展方向的、具有重大意义的问题，或蕴于理论，或生于实践。

前沿是有待发现的。前沿是对当下“问题”的领悟，“问题”的当下性就是学术之“前”、学术前进之边“沿”。前沿可从史材突破，由新事实驱动异样。前沿≠新潮，前沿≠西方学术界的流行，可以借鉴西方成果，但不仅仅在于移植最新流行术语。

前沿问题一般是难题，颇受争议一时难以解决；或者众说纷纭，需众人共同探讨以解纷争。前沿具有不可知性，无现成的答案，能觉察者寥寥，长期阵地研究者才有幸站到前沿。因此，“前沿”既是时间概念，又是空间概念。

前沿有时效性，重在当下，或曾出现但未引起重视，或是昔日一般而当下尤显重要，迟至今日才浮出水面，成为前沿。前沿带有限域性，某一问题于国内是前沿，于国外则不是，或相反；或者于A领域不是前沿，于B领域则是。前沿具有应需性，即满足学科发展前沿与国家需求前沿。前沿问题或能应学科之需，具有重大的价值或意义，可能推进学科发展；或能应现实之需，具有很强的社会实践性，能解决现实重大问题。

如何确定前沿，大致确定选题方向？可以试试：①用关键词搜索，构成主题索引目录；②挑核心刊物，兼顾一般，比如选择文献80篇；③据题目与作者筛出60篇；④据摘要，选40篇；⑤据结论和二三级标题，锁定30篇左右，得核心文献；⑥将30篇文献所涉及的各主题大致分五类，接近本领域研究的前沿；⑦将五类主题聚合提升为更高、更大的主题。此时此刻，便更近身于前沿了。

前沿可了解，但不必迷信，完全可以另辟蹊径。自然科学易出新，以新代旧、以正纠误，以便更准确地了解自然，强调纵向的深度。人文社会科学则未必，新不一定优于旧，新旧可以并存，以便更全面地了解人类社会，强调横向的广度。

（二）简评的前瞻性

如果说前沿主要靠知识（文献）的归纳，看到的是实然，遵循的是现实主义，是科学的实证。那么，前瞻则是基于归纳，但更靠演绎规划未来，看出的是应然，遵循的是理想主义，是科学的幻想。

文献回望越远，前瞻可能越远。只有回溯源头，才能透视未来。前瞻以问题前沿为牵引，开展前瞻性、战略性预测，由此产生批评、建议、规划、预设等。追踪前沿的过程中会发现许多空白，学术研究的空白不是填一块就少一块，而是越填越多。当问题在本学科未解或无解时，不妨跨界思考，带着问题进入新的领域，看出新问题或能增加解决问题的概率。

简评要有战略眼光，对未来要有导向作用。要借鉴国际前沿成果实现研究本土化，发现具有普遍性、前瞻性的问题。但是，面对国际发现风向，却不跟风，而是基于具体问题，胸怀大局向前看。学术境界的品位高在于对问题洞察的敏锐度高，前瞻性即预见性，既能证实，也能证伪，既能验证过去，也能预见未来，立于前沿看见问题研究的诗和远方。我们反对实证主义，但拥护实证本身。问题研究的前瞻性端倪一旦初见，就可大胆做出预见。

七、标记与用语

述评自带标记，主要指标题所用的标记词，因此形成了一种特有的标题用语。整个述评写作，用词用语也聚类而成一种表达特色。

（一）标题用词特色

标题乃论文的旗帜或眼睛，可揭示主题、展露中心，要求鲜明亮眼。在标题制作常规的简明、确切、通顺、新颖、文题相对等原则之外，还需注意使用好标题标记词，即标题用语。这些用词要注意组配中的逻辑关系，比如马国英的《清代粮价研究进展与述评》(《中国社会经济史研究》，2020/4)：从题目来看，“进展”与“述”语义相重；细读全文，前 4 小节综述清代粮价资料和其他相关资料的整理出版、粮价时际变化特征、粮价的空间整合、粮价延伸的研究，第 5 小节依然出现“五、述评”，便是未分清述评的整体内容与内部结构。从其 1 页的篇幅也可判断，最后一节只是评，不再见“述”。

有时作者投稿时所用标题过于一般而不能如实反映所述评的内容，编辑部会予以加工。如韩少秀与张丰羽的《城市治理研究综述及其引申》(《改革》，2017/9)，由编辑所加的脚注可知，原题为《近几年城市治理研究前沿问题综述》，比读之后，发现改得非常恰当。“近几年”模糊，不如干脆舍去，因前沿已包含，指当下之前的时段。全文 12 页，第 4 节是近 1 页的“研究展望”，编辑为原题综述增补了反映相应评价的用语“引申”，但“引申”略显陌生之感。再请看实例。

《国外二语语用教学研究述评》

《国内外外语焦虑研究四十年》

《中国跨国民族研究的脉络与趋势》

《歧义容忍度研究 50 年多维回顾与思考》

《思想政治教育学科交叉研究的历史回溯》

《我国高校双语教学研究十年：回顾与展望》

《应用语言学质化研究方法类型：2000—2010》

《2000年以来高校英语教材研究的现状与思考》

《改革开放40年来教育学教材研究的回顾与展望》

《以跨文化教育为导向的外语教学：历史、现状与未来》

《中国电影产业政策文献研究述评（2004—2014）——以CSSCI相关来源期刊为例》

《拓宽研究领域，大胆借鉴创新：人口学的出路——“庆祝建国50周年人口学回顾与展望座谈会”综述》

搜索中国知网和图书目录，略微浏览，即可发现述评标题用语至少可分为三类，见表1.1。更多的标题用语，详见附录1。

表1.1 述评标题用语

最常用语	次常用语	非常用语
综述、述评、回顾与展望、历史与未来……	历史回溯、脉络与趋势、n×10年、改革开放以来、现状与思考、进展与前瞻……	引申、回眸、百年、千年、通史、研究透视……

（二）行文用语特色

述评行文特色不指一般的用词，而是指表达综述与评价的用词特色，学界同人用多了，还会产生基本的程式化用语。这些用语可以构成述评的一些基本程式表达，先略举几类。

引入性表述：“……早已引起学界的关注，并取得了一些研究成果”；“有学者已经指出，……”；“围绕……，……认为……”；“……问题受到关注，由来已久”；等等。

背景性表述：“……还存在着……问题”；“……现实问题亟待解决”；“……值得深入研究”；“……研究具有一定的现实意义”；等等。

现状性表述：“文献深究显示，学界就……研究表现有：主题句+若干文献，由大至小、由远而近地合叙文献思想。总的研究状况可归结为：①……；②……；等等。”

索因性表述：“学界对……细究，整体上……，究其因，不外乎……；此外，笔者认为其起因还有：①……；②……；③……；等等。”

视角性表述：“……的研究是……条件下不容忽视的一个问题”；“学人们或从……角度，或从……角度，详析了……”；“……视角扩大了……研究的空间”；

等等。

指瑕式表述："迄今为止，学界对……虽做了多方研究，但仍存欠缺与不足：①……；②……"；"对……的现状与不足已作分析：①……；②……；③……"；"现有研究表明，……（具体问题）"；等等。

期望性表述："……研究极有必要。但实践表明，若从……角度研察……，可采取更为具体的措施，譬如……"；"……研究有望解决……问题"；等等。

建议式表述："……理论和方法，宜纳入……研究视野"；"针对上述现状，试建议：……"；"不妨对……展开如下几个方面的研究：……；……"；等等。

述评用语分为综述用语与简评用语，见表 1.2。更多的行文用语，详见附录 2。

表 1.2　述评用语

综述用语	简评用语
逐渐　侧重　最多　接触　定位　远超　拒绝　悠久　通盘　明显　集中　归根结底　边缘化　取而代之　淋漓尽致　分辨　需求　目标　调整　升级　换代　僵化　理由　彰显　不同寻常　正本清源　至关　着力　侧面　堪称　雏形　良方　坚守　纷呈　仰视　俯视　窥视　自成　一家之言　奠立　还原　考证　掘发　求解　见微知著　缘起　垂范　明显　义理　源流　重构　洞悉　试探　渊源　重中之重　跻身　逊于　并列　拐点　坐标　嬗变　分水岭　提振　复苏　加速　延迟　超出　考量　驱动　反转　接踵而至　迫在眉睫　当务之急　走势　呈现　尾声　深远　影响　局势　推行　螺旋上升　遏制　根本　追溯　战略　战术　大意　极度	必然　不足　操控　冻结　洞若观火　短板　发现　反思　风险　干涉　节制　夸大其词　匮乏　厉害　苗头　前瞻　潜在　清醒　善于　束缚　思考　未雨绸缪　新陈代谢　疑难　隐忧　与生俱来　涨跌　症结

第二节　综述过程

述评撰写一般分六步：问题先导、文献搜检、筛选分类、泛读深读、提炼整理、评价建议。前五步属于"述"，第六步涉及具体"评"的方法，另见第三节。

一、问题意识为先导

述评需要问题指引才知该选什么，才会引导深读。反言之，经过述评，问题才更为准确鲜明，反拨于选题。挑选的时候，其价值取向已显而易见，取什么，舍什么，只要不是避重就轻，便可选得一手好文献。从中不难看出作者的倾向，这反映了问题意识或问题导向。选题的问题意识并非凭空产生，而是基于既有的研究发现，来源于平时的读书与思考。

述评之初要确立研究的倾向性，深入思考或萌生新想法在前，此后方能充分地批判性阅读，产生更多的思想，更能站到高处驾驭所有文献。这一理论倾向的作用在于对文献一览众山小，可以规划述评路径，产生新概念，或预设述评的理论框架。理论仿佛借你一双慧眼，缺之，述评则会雾里看花，文献流于罗列而失却灵魂。带着问题找理论是述评的关键，能赋予寻常文献以新视角，或调用众多文献发挥集约效应，或深化对一般文献的理解，或在述评之后独辟蹊径，提出新问题，产生新选题，新人耳目。

述评全过程如同穿越夜幕寻找光明，需时时扪心自问：这一问题众人是如何解释、解决的？我要解释出什么？解决什么？时刻要小心目迷五色，以免偏离重心。学士学位论文之外，一般而言，述评之前最好比较深入地研究一个或若干问题。回头再做综合，才有感觉，才有体会，才算真正的综述与评论。没有深触，何来感动？不问微观，难做综观。此时所谓的宏观，不是高头讲章，就是宏大叙事，空飘无根；否则，只是囊括已知，大致归类，却难及背后的智慧，更难捕捉远方的未知。如杨敏与褚世伟的《中国社会学：百余年回眸与未来展望》(《江苏社会科学》，2021/1）引言最后一段：

[例 1.2]

而新中国社会学是指从 1949 年新中国成立一直到现在，是中国社会学的第二个发展时期。1952 年全国高等院校专业调整时，原有的社会学系、社会学课程相继被取消，高等院校在专业设置上没有了社会学；但到 1979 年初，社会学开始恢复重建。由此，与第一个发展时期不同，第二个发展时期出现了明显的阶段性。40 多年来，在党和政府的正确领导和大力支持下，在改革开放伟大实践和社会主义社会建设的推动下，通过中国社会学者的共同努力，社会学的发展加快了步伐，这一阶段也取得了巨大成绩。尽管当代中国社会的各个方面仍在经历广泛而深刻的变迁，但中国社会学的发展正面临难得的社会条件与历史机遇。

作者在引言最后一段抛出问题。前两段简述了中国社会学与中国社会现代性变迁的密切关系以及中国社会学的发展历程，至第三段即例 1.2 简介了最近 40 余年的变化，最后一句点题：正是面对中国社会学当下与未来的历史性机遇，有必要回顾其历史发展进程。这是该文写作的缘起。

正是以强烈的问题意识为先导，才可于详细全面的文献中定重点、画红线，才能把握选题的方向，在总结之后升华，迸发灵感；才知何生何熟、何强何弱、孰热孰冷、孰难孰易，才可确保未来的研究更加有的放矢。

二、文献来源与检索

巧做综述，先得有加工的来料。文献来源广泛，需定选择的原则，这便决定了检索的原则、渠道与方法。

（一）文献来源

广义的文献类别按新旧程度划分，大致可排序为：①自媒体信息；②专题报告；③会议摘要；④在线预览；⑤新刊；⑥过刊；⑦述评论文；⑧专著；⑨教科书；⑩词典；⑪教师讲义。其中，第1—3类和第11类不能直接引用；第4类部分可用，需标明出处；第9、10类慎用，因为教科书与词典用作文献显得品位与水平较低，二者只提供基础知识或常识，很难反映前沿。著作、论文、学位论文是常用的文献，尽可能占全，以免挂一漏万。但是，研究报告、会议论文、政府的统计资料与数据汇编、国家政府各类档案等文献受关注度往往不够，其对政策、规划、发展等应用性选题不可或缺。

述评首先要选文。选文需守三原则，即最权威、最经典和最新颖。第一，最权威，多指当下最知名的学者及其学术论文，通过权威学者搜索其主要论著及其观点。先搜到十几篇近期文献，对比分析其参考文献，析出其中的共引文献，再有针对性地检索。检索有建树的学者，找其近期文献，据其参考文献可得原始文献。第二，最经典，多指史上历经检验而公认的权威著述。经典著述多是本领域奠基之作，仍有重要作用，读懂、读透即可直通前沿。第三，最新颖，多指约5年内面世的报刊论文和著作。文献求新讲时效，近两年的文献可达半数以上，甚至可追及定稿前一个月的文献。较早的文献重发展脉络的梳理，最新的文献重视角与观点，着力于新文献，才可挖出更大的价值。如陈建兵、梅长青与胡姣姣的《“中国方案”研究：文献回顾与进路展望》[《北京工业大学学报（社会科学版）》，2019/3]，参考文献共53篇，多数来源于《红旗文稿》《人民论坛》《世界社会主义研究》《马克思主义研究》《浙江社会科学》《吉林大学社会科学学报》《国外理论动态》等核心期刊、《人民日报》《中国社会科学报》等中央或专业大报、人民出版社等知名出版社。

文献来源兼顾5类：①兼顾中英文。②兼顾经典与最新文献，可见前文所述。③兼顾论与著，著作能提供相对全面的背景和理论，而论文能提供最新、最需要的思想。专著比单篇论文信息更丰富，但是当下的综述较少使用专著。图书还讲究版本，尽量用原版，若有修订或增修，要查出其增订之处，尤其是修正之处。④兼顾纸质与数字文献。文献多源自专业报刊与图书。随着数字出版的推广，越来越多的数字出版物也渐成主要文献的来源。⑤兼顾直接与间接文献，先直接查用百科词典或百科全书，其条目多请名家撰写，词条本身有时即是专题综述，条尾列有文献目录；若干年修订一次，以吸收最新成果；再查专业手册，手册多是精品，册末文献目录常含特定专题的经典文献；其次用专著的文献综述及其参考目录，依文献查文献可顺藤摸瓜，利用便捷性以减少盲目性；最后请教同行，文献于己无用，于他人或许是金，同行或能慷慨相告。如郭子林的《中国埃及学研究三十年综述》(《西亚非洲》，2009/6）若是去掉中国，文献则是全世界的，若限定于中国，则是中国学人的研究，而且文献要刊于国内，所以全文的近 50 条文献主要刊于国内学术期刊，偶见国内出版的文集和著作。

（二）文献检索

互联网出现之前，文献搜索占时很多，当下则大为减少，约可省 1/3 甚至一半时间。文献搜索包括检索和初选，可以通过各种检索工具完成，如文献索引、文摘杂志、光盘、网络或期刊数据库检索。常用方法有顺查法、逆查法、引文查找法和综合查找法。

试用各种搜索渠道，用得最多的是目录，其次是在线和电子版书目数据库、互联网搜索引擎、书目索引和目录。互联网技术日趋成熟，网络搜索须臾不可少，其优点日趋明显。检索前，宜将大题化小，只有化小，才便于文献精准查找。宜将大选题不断分类，一求文献的针对性，搜到有用文献；二为选题的细化深入，比如将选题分为几个子课题，分设不同的文件夹，下设不同的文档。

文献检索可循优先原则：①综合性文献，直接借鉴。②权威性综述类期刊，如“××动态”“××快报”，可惜人文社会科学界办此类报刊不如自然科学界多。③期刊论文有内涵的摘要，已含精华。④文摘杂志（多数文摘杂志并未入网络）。⑤述评类专著，常常概述十几或几十上百年的学术发展。⑥专门研究性专著，专题专论，比较深刻。⑦近期会议论文，报道了最新动态。⑧高层会议论文摘要，不见全貌，却先见灵魂。如高志英与段红云的《20 世纪前半期云南边政学研究述评》(《学术探索》，2013/6)，“王利平，张原，汤芸. 20 世纪上半叶的中国边疆和边政研究：李绍明先生访谈录[J]. 西南民族大学学报（人文社会科学版），2009，(12).”应是其首选文献，“徐益棠. 十年来中国边疆民族研究之回顾与前瞻[J]. 边政公论，1942，1（5、6).”是其不可或缺的文献；“吴文藻. 边政学发凡[J]. 边政公论，1942，(5、6).”等是其理论指导文献。

从语种上分，可先搜汉语述评，可知已做过什么，要做什么，后搜汉语博士学位论文，迅速了解入口，再搜国外述评文献，最后搜外文期刊文献。循序渐进，稳中求快。

检索入口有多种，如“主题”“篇名”“关键词”“作者”“单位”等，因检索需求或习惯而定，“主题”和“关键词”为最常用，关键词可从选题直接析出。两年是领域趋热的时段起点，查读此间已有的述评，多换几个关键词检索，多查不同数据库，再滚动式向前检索，不断补充。选好关键词或主题词，以保证所检文献全面。再另换新的主题词，可能搜出新文献。不同的作者所用关键词不同，尤其是新兴领域关键词尚未约定，更需试用多个关键词。

文献检索要破除一种误解，即认为要找到完全符合的文献。文献与自己的选题完全契合几乎是不可能的，若真完全符合，正说明选题是重复的。少数文献的少数内容相重才是常态，所剩的空间正需后面进一步研究填补。即便是文献检索，也不必将检索方式写入文章，否则显得冗余，忌用“以‘×××’为关键词检索中国知网，得文献××篇，在结果中再搜索，未发现相关文献”等。这只是手段与过程，不必交代。

机查与人读相结合。时时关注前沿动态，才能保证跟上学科前沿。关注文献，避免重复劳动。熟悉文献是研究的基础。早先重视文献阅读，当下习惯于检索，可以查得前人的研究。便捷是自然的，但稍不小心，便会滋生懒惰之风。常读纸质版报刊，可知文章的重要性，比如封面文章，目录中同类论文的排序等，本身就具有突出重要性的功能，可以体现审稿人和编辑部的重视程度，这是一种巧妙的暗示。

三、文献筛选与分流

当下不少述评的分类是流水账式的，且以时间为序转述其内容，见不到文献的动态与轨迹，甚至有人按著作或论文分类综述。恰当的方式应是按一定的标准选择与分类。

（一）文献筛选

述评的首要问题是文献选择。总原则是：选择文献由近及远，因为新可以带旧或含旧，新最靠近研究的前沿。茫茫文海，必有扬弃，庞杂的内容也需扬弃。即便锁定了关键词，检索之中或之后是初选，所得文献仍是沧海一粟，还得再次或多次淘汰。

文献筛选能力得在海量阅读中磨炼，鉴宝高手阅宝无数才能练成慧眼。文献海量，必须速览。机检已助一臂之力，而浏览标题即可判断相关与否，浏览摘要和结论可明主题和观点，文献优劣便见分晓。面对文献，全搜、全读不必也不可能。不可或缺的是筛选，与述评议题的关联度决定了取舍，鉴别文献可循五原则：时效性、前沿性、权威性、经典性和关联性。依时效性选时间最近者，由新向旧逆序选择；依前沿性按观点、方法、材料等方面的创新程度选取文献。权威性和经典性见前述，在此仅多说关联性。

依据关联性，以其标题和观点契合度、与研究对象的相关程度等，择取与选题最相近者；按关联性，文献总体上可分三类；背景文献、次相关文献和最相关文献，前者只需提及，文献较多时甚至可以略而不提；中者可以较为详述，取其摘要与结论即可；后者不过几篇，至多十余篇，即是选题的核心文献，综述一半以上的内容由此产生，除了吸收摘要、结论外，还需从正文中发掘内容。如鲁长芬的《中国体育学科体系研究述评》(《体育学刊》，2007/6）共引用 33 篇文献，多数引用一次，仅第 5 篇文献“龙天启，李献祥. 现代体育科学体系初探[J]. 北京体育大学学报，1981，4（3）：8，5-11.”最为相关，有两处引用：

> **[例 1.3]**①
>
> 龙天启等[5]8 认为现代体育科学是研究人体在进行身体锻炼条件下的生理和心理的特点和规律，以及增强体质、提高运动技术的规律性，它和医学科学同属于人体科学的组成部分。
>
> …… ……
>
> 龙天启等[5]5-11 将体育科学分为两大部分：一部分是基础科学、技术科学和专项运动技术 3 个层次，另一部分是理论部分和应用部分。

文献选择不必一次性选够，往往是不断深入、逐渐筛选的过程，即先收一部分，读其综述、参考文献等，再逐步发现更多有用文献，寓选于选。

（二）文献分流

对初选的文献分流，有必要先细读所选的文献，详细而系统地分清文献的问题、目标、方法、结果和结论，并做好相应的标记，写明眉批，发表意见。

综述文献，就要对同一文献的 what、how 和 why 分层，既看作者研究了什么、研究出了什么，又看他如何研究，更要考察他为何研究。任何文献的阅读均可按三个方向分流。前二者属于综述的对象，why 层可入简评。

what 层　包括研究的理论框架、研究背景、主要观点和结论。面对文献，已了解些什么？对已知有何批判？自己的研究位于何处？所选问题为何重要？此类研究谁做过？有何相同？尤其是有何相异？留下哪些空白？有何独特之处？

how 层　包括研究思路和方法等。国内外研究是如何进行的？这是回答“怎么研究”的问题。比如要划分换译的基本类型，最好是看教科书；要建立换译

① 本书用例较多，且来自不同期刊，为保持原貌，例中保留原始的脚注、文献出版标注等符号。

的体系，最好是看专著；欲知换译的最新进展，最好是查阅期刊；要了解别人的研究动向，最好是参会或看会议论文汇编。

why 层 包括为何研究等。相较于其他人，该研究为何值得一做？何用之有？有何贡献？有何效果？他人做出了何种评价？

述评之后若是马上要做自己的研究，则可利用自己选题的子问题反观综述的文献分流。分类标准既包括众多文献形成的内在逻辑类型，更以自己的判断为参照，从历史的全局将众人思想归类，分出几个领域。千万要有别于自己要写的书文框架，以免相重，以防自己的选题被人“吞噬”。

四、从泛读到研读

阅读文献是学术研究的基本功。现代人话痨，不善短篇，结构不严，语言失简。人文社会科学领域的学者有时生怕读者不懂，文字叙述更是追求详细，其文其书是详读还是略读？着实考验人。读书都是先慢后快的，开始很慢，随着十几二十篇读下来，积累越多，可摘者越少，阅读速度就越快了。读文献都关注效率，其实更重要的是效果。效率指速度，效果指收获。求速靠泛读，求效靠深读。

（一）阅读进程与进阶

站在学术前沿的快捷方式只有读文献，且非一般性阅读，要求读到、读懂、读出。

读文献，首先抓两头。一抓典，选读最基本、最经典的文献；二抓新，选读新近三五年内的论著。其次，通篇浏览，篇篇细读不现实。学会大量略读，步骤有六：一看题，题目有趣就续读；二观人，常读文章，了解同行，锁定真学人；三看摘要，抓概貌；四入引言，找问题；五览正文，知框架；六下结论，捕观点，最终确定全文是否值得细读。最后，转入精读。即便是精读，也要细又不细，也分六步走：一明作者的影响与地位；二明选题作用与意义；三明文献的假设与论证；四明论证思路与方法；五明基本观点与不足；六明前瞻与空白。

从学术新人到高人，读文能力提升大致历经三阶段：第一，新手上路为初阶。每字都读，一字不漏，是新手常见的读法。多读才有判别力，见多识广之后，自然越读越快，只是要小心过度。书一时是读不完的，新手过度阅读或成为障碍！新手脑子空空，甄别能力暂不强，过度阅读，时间浪费得多，收获特别少，会极大地挫伤自信心。因此，读后留点时间反刍和思考。第二，成手熟路为中阶。阅文无数，方可心中有数，渐入阅读佳境，目的性更强，已熟悉文章的构成、常用的架构模式等，文献一入眼，就能将其透视。能一词为思想点睛，一语道破价值，一句浓缩文献精华。第三，高手明路为高阶。读书至此完全是会通状态，一边输入，一边输出。读到甲，能想到乙丙丁；读到 A，会推出 BCD。采用对比、关联、演绎、归纳等众多方法，脑中有幅藏宝图，读文献只不过是遇上了激活的契机。于高手而言，读即是写，手勤之余，推陈出新，读他人文献，勾勒自己的书文构架；借他人血液，长自己的骨肉。

（二）文献泛读

如前所述，文献泛读大概指浏览标题、摘要（提要）、目录、序言、各章节的首尾、导言和结语等，之后决定是否精读全篇的过程。

若从今昔新旧出发，文献泛读可按“史—著—论”的顺序阅读，更能接近对原文的理解，了解历史，才知当下。了解专著的系统，才知论文的新旧。若想了解最前沿，可将核心文献缩至 10 篇左右。从最新读起，从高被引读起，从名家名作读起。读罢就迅速简要归纳，分清哪是作者的观点、哪是前人的观点、哪些是描述、哪些是议论，不要拖延。

若想逐步了解某领域，阅读顺序可能是：由一般而特殊，由早期而新近。阅读可分三层：方向层、领域层、选题层。例如，研究“俄汉全译之换译研究”，方向是俄汉翻译，领域是全译，选题是换译方法体系及理据。三层相关文献决定了要掌握的程度。方向性文献一般涉及基础，是专业必备；领域性文献有助于了解研究焦点与热点，了解已经、正在与即将研究的课题，是专家级要求；选题性文献有利于全面了解历史现状、展望未来，是权威级要求。正确分辨文献层次，阅读才会读得其所。

对文献的熟悉程度不同，阅读者的方式也大不相同。新手为学习而读，逐字逐句，搞清细节，掌握最基本的知识点。最初的十几、几十篇要精读，精华的几篇甚至要背诵。老手为搜索而读，已熟悉各种研究的常见模式和一般套路，能够迅速提取关键信息，把握思路，经常不按常规顺序阅读。有人看图说话，有人辨数识文。高手为批判而读，一针见血，直指问题所在。新手、老手、高手可相应被比喻为研究生、导师和审稿人，新手要稳，老手要准，高手要狠。聪慧用心的研究生三年可由新手走近高手。

几十上百篇文献怎么读？捡到篮子里的不都是菜。所依赖的是此前形成的宏观认识。浏览文献，反复比较，已形成宏观的整体认识，借此可以清楚基本问题、明白新问题、知晓悬置的问题。文献宏观上可分为三流，相应形成“三读”：主流——精读；支流——略读；末流——不读。

网上搜得准备泛读的文献，不急于下载打印。先下载摘要，以判断有无价值或价值多大，较大者才需下载全文，甚至是打印全文。多数文章看摘要，少数文章看全文。真正有用的全文并不多，过分追求全文是浪费，不可走极端。

（三）文献深读

深读即“研读”而非普通的阅读，是研究性阅读，旨在将文献消化，化入自己，更要化出自己，即出私想——自己的思想。

泛读到深读有过渡。初步深读时，潜心阅读，能懂者借鉴，不懂者暂缓，随着阅读量增加也会慢慢读懂。读文献也有极限，如同长跑的极点，熬过极点便觉轻松。文献读得越多，越能触类旁通。

深读大致可分八种。

（1）选读　即选择重要、经典、密切相关的文献阅读。

（2）细读　即必须精细品读高质文献（详见图 1.1）。

（3）复读　即定期重读佳作，温故而知新。

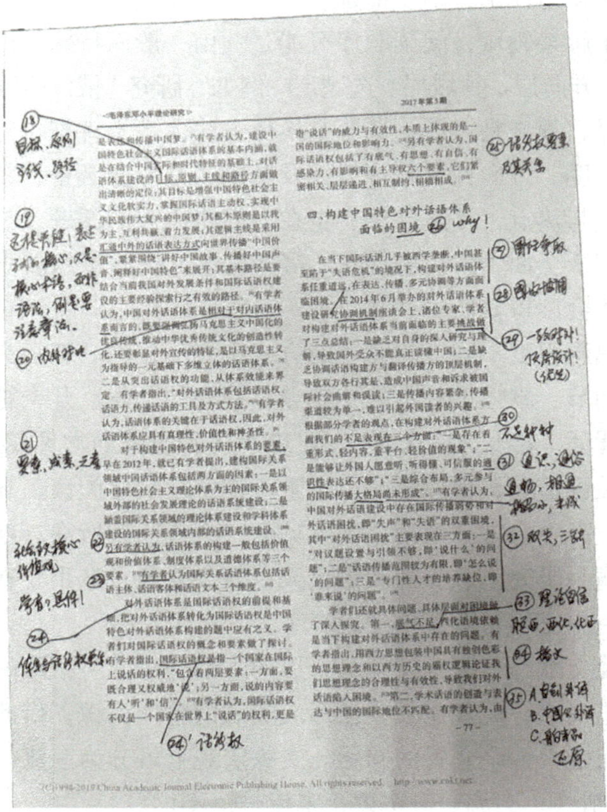

图 1.1　文献精读笔记

前三种较为简明扼要，无须赘言，主要说后五种。

（4）比读　即比较长短式深读，高低、新旧等文献两两比较着读，可出真知；读者是货比三家的学术商人。常言道：不怕不识货，就怕货比货。阅读即对话，甚至是博弈。不是全盘接受既有观点，而是对话以求深化，增知益智。观点相反的论文可以比读，对比双方的观点。同时可读与文献同时或之后发表的相关争鸣与评价，以明差异，发现新问题。边读文献，边厘清理论脉络，以此与自己对话。

（5）疑读　即将信将疑式深读，以质疑的方式读，带入问题，又读出问题；读者是眯眼皱眉的怀疑论者。读中批判和怀疑，与作者碰撞，随时捕捉火花。读时不断地发问，不仅证实，更要证伪。重在提出疑惑，小疑则小进，大疑则大进。提问、质疑、怀疑能力比知识传送重要得多。有疑，才证明需要继续研究；如此深耕式阅读，不出思想才怪。疑读文献时，常遇疑点，若不重要，则不受羁绊；若是关键，如基本概念、核心理论等，则可暂停以求证。

（6）仿读　即取法乎上式深读，在模仿他人中提升自己；读者是照葫芦画瓢而有所超越的偷学者。全文到手，不急于看，先预测自己会怎么写？再细看作者如何展开，体会作者的观点，为我所用。若是彼此思路相似，既增添了信息，又从差异中得新获；在模仿思考中，自己变得更强。仿读，先读薄，吸其精华；再读厚，靠材料、辨析、考订、实证，执着地积累，在模仿中超越。

（7）审读　即攻瑕索垢式深读，是更高层次的深读；读者是横竖挑刺的评论者。挑刺即找不足，先消化作者的思想，再比其看得更深更远，在评中提出新思路。真学者的文章要深读，析其构架，尤其关注他对前人研究优劣的评价、对不足的改进，观察他提出新见的有效路径。

（8）俯瞰　即高屋建瓴式阅读，是立位高的宏观阅读；读者是一览众山小的专家。读者仿佛沙盘点兵，对所究领域的现状与趋势能了然于胸，进而准确做出预测，看出方向。这种强大的文献阅读掌握能力若发生质变，可养成学术高手。他能读文献、抓思路，可用简图、简表几笔勾勒文献的论证逻辑，以此批判性地吸收，抓重点、找思路、学点子、明不足。

深读尤其强调：好记性不如烂笔头，不动墨不看书。深读要做好标记，如眉批、妙语画线、标高亮等是深读的标配。分析或讨论读文献的难点，也最费时；精读时，在做笔记和标记之外，每读一遍，就写一次心得，总结时只需串串珠子即可。通读全文，找观点，善于归纳总结，有思想的段落用词语提炼出标题。最好在要点处做上记号，或者将自己的归纳、评论、感想和相关页码，写在附有不干胶的纸条上，粘在读物上充当活动书签，以便做笔记或文献综述时用。

五、文献提炼与整理

述评要为文献理出脉络，进而概括出新的观点，一为综述，二为评价。

（一）观点提炼

佳作的结论常常是观点的集中体现，至关重要，能回答作者和读者关心的问题。面对文献观点，有三种态度：证实、证伪、存疑。凡事要么证实，要么证伪，要么存疑。恰当的做法是不妄加评论，深读之后再下结论。所有的偏见都起步于误解，止步于遇见。读者只有承认无知，才走得更远；承认狭隘，才看得更广。

提炼观点也循三层而行：what 层，抓文献的关键字，一句话总结；how 层，描绘其逻辑推论的思路与过程；why 层，了解文献的思想或理论核心。整理文献最怕边看边忘，或蜻蜓点水，此时概括成为利器。每本书可概括为 5000 字，压至 500 字；每篇文章可缩至 500 字，甚至 50 字。以领域+目的+结论的方式统括几十篇文献，综述便初具概貌，再作分类。写作正文时若需，再回头细引，实为有效之法。

读好文，细琢磨，发现长短，加以标记，写下评语。读完部分文献，可写阶段性小结，逐渐丰富自己的思想，肯定其精髓，道出其不足和可拓展的空间。阅读旨在消化和吸收文献，化为自己的智慧，将文献精华转为自己的论述。其深化过程是：文献由何开始？说了什么？我来说，该如何说？文献好，我如何说得更好？文献有思想，我又另有何种主张？等等。

读后写总结，先以一句话总括，再以二三段分说。将自己研读文献的所得分点列出，以明条理。汇总对文献的评价，指明优劣，说出启发，也不妨道出自己的新思考等。比较同一问题不同作者的不同看法，比较同一思想所依据的不同方法，再以此为基础，提出自己的看法，探索新的研究方法，力争与每篇文献有点不同，最终与大家有所不同，进而非常不同，便会有所创新。

这种总结，极少数情况下可从原始文献中获得。如赵汀阳的《历史之道：意义链和问题链》（《哲学研究》，2019/1）一句话概括就是文章的核心观点，可视为标题的语句化，即将标题的短语缀连成一个单句。一段话概括是全文的浓缩，也可视为一句话的进一步展开与丰富，详见表 1.3。

表 1.3 思想观点的多次概括

文献标题	一句话概括	一段话概括
历史之道：意义链和问题链	历史是一个意义链和问题链定义的精神世界。	历史是一个意义链和问题链定义的精神世界。历史的核心问题是一种文明的生死问题。只要一个文明的意义链和问题链不断保持生长状态，文明就会一直存在；意义链和问题链中断了，文明也就终结了。因此，历史成了文明的生存方式和根基。要保证历史的意义链和问题链具有开放的无穷性和未来性，就需要将历史不断重新问题化，使历史言说能够始终维持历史问题处于永无定论的状态，这样才得以建构无穷延伸的意义链和问题链。

（二）文献整理

众多文献的观点进入综述，自己的读后倾向进入评价，而自己的观点汇成未来研究的内容。述评基于众多文献，但必须围绕所拟选题的观点进行，要梳理过散、过广、过泛的文献，善用文献，以此为基础，比较他人与自己的观点，力求出新。

读文献，做笔记，这是基本功。读时或读后，容易出现新的火花，或思如泉涌，需及时记下；文献看过易忘，最好分类，加索引。先按文献思路及对相关概念的界定，全面析其观点，阅读时要做好笔记，如做摘要、批注、札记、卡片等，详细、系统地记录各个文献中研究的问题、目标、方法、结果和结论，可按领域、观点、发展阶段、过程、研究方法等分类。文献读完，述评雏形基本浮现，初稿日渐成形；若发现新的文献，补入即可。平时步步为营，到真正撰文时已有大量存货，可随时享用。整理段落，找到段落之间的逻辑联系，隐性地画好枝再添叶，显性地将松散的片段按逻辑组装成完整的内容。

先期按宏观预设文件夹，平时读文献，将不同问题分入各文档。同篇文献可能归属不同文件夹，下载 CAJ、PDF、html 电子版文献，将题目设为文件名，为其编序号，按主题分设文件夹。笔记可按内容分类整理，笔记可以定期总结，随时查阅，时间一久，自然会有新看法。文献打印出来，标以记号，用笔标记或批注，PDF 或 html 格式文献则可标亮或刷色，再逐一下载归档。文献的精华汇作可用的观点，这种整理最好是集中进行，时间越分散，精力浪费越多。集中整理，内容更容易产生关联，形成整体观。

六、谋篇与规范

“评”以“述”为基础，整体是“评”自“述”出，其谋篇方式有三种。全篇写作规范与常规论文相差无几，略带特色。

（一）谋篇推进

述评基于又高于综述。述评系统包括“综述”和“评价”两个子系统及两者间的关系。综述是述而不作，述评则是述而且作，“评”正是“创”与“作”。

如前所述，述评会合并同类观点，先从文献提炼最重要的观点，按同一逻辑将所有相近观点整合，求其同，放入综述；再指出不同甚至矛盾之处，求其异，放入评价。述与评讲究比例关系。选题确定后，先大致设计出述评框架的雏形，定好述与评之比，一般为 6∶1—2∶1，以确保所定述评类型结构的均衡。有框有架好添内容，随后就可按序填入各文献的观点，即便发现了遗漏的或最新的文献，也可随时补入，有了毛坯，就好打磨。

述与评呈先后顺序，各自内部又分序推进，尤其是综述因其涉及面广，信息量大，更要用心设计结构布局。可按事物发展的时间先后顺序层层递进，也可按事物展布的空间顺序按位推进；或可按课题所含的几个方面（主题）的逻辑关系分路挺进；或可按各家观点的联系与区别比较综述。不论用哪种，都应基于全面系统的文献如实反映研究事实，再据内容分层、分侧面，转为若干层级的标题分别合述。

从述评结果呈现看，述评也有“式”可循，由小至大的推进方式大致有三。

第一，片段式述评，表现为一段或若干段，含“国内外研究现状”和“评论”，前者综述主要方向与观点，后者指明现存不足与展望，主要用于论文的前言。如钱申的《王安石变法与制置三司条例司置罢问题再分析》（《南昌大学学报（人文社会科学版）》，2021/2）约 13000 字，前言约占全文的 1/10，见例 1.4。前言共三段，几乎全是述与评——前两段是述，第三段是评，最后点出该文写作的问题之所在，显示其价值。

[例 1.4]

制置三司条例司是北宋熙宁变法初期负责研究、制订变法措施，指导变法活动的重要机构，是“主持变法的总枢纽”[1]（P97）。在神宗的支持下，该司相继制订并颁行了均输、青苗、农田水利等法，研究酝酿了免役、保甲等法。该司自熙宁二年（1069 年）二月建立后，变法派与反变法派围绕该司展开了较激烈的政争。这是青苗法政争的扩展和延续。变法派通过不断地对神宗进行“启沃琢磨”、重视舆论导向、强化变法队伍建设等方式应对反变法派的攻击。随着政争的发展，神宗对该司的态度也经历了从坚决支持设立、运作到坚决罢废的转变。熙宁三年（1070 年）五月，抱守“祖宗家法”的神宗为平息青苗法政争后的舆论，平衡各方势力，运用“异论相搅”之策，发布诏令，罢废该司。此后，制置三司条例司的主要职能转归司农寺。

> 作为变法初期的指导机构，制置三司条例司早已受到研究王安石及其变法问题学者的关注，研究成果如邓广铭的《宋朝的家法和北宋的政治改革运动》[2](P140-141)、漆侠的《王安石变法》[1](P96-97)和余英时的《朱熹的历史世界：宋代士大夫政治文化的研究》[3](P237)。有学者在相关论著中曾辟专节讨论该司的相关问题。如日本学者东一夫先生在论述王安石及其变法问题时，有章节考察了该司内部人员及其与王安石的关系问题[4](P261-333)；迟景德先生论述了该司与中书的关系[5](P607-622)；朱瑞熙先生的《中国政治制度通史》第6卷《宋代》有专节论述了该司的置罢过程、设立原因、内部官员、主要活动、关于该司的斗争等[6](P125-128)。世纪之交研究该司的两篇专文倾向于厘清制度原貌，分析条例司对宋朝财政制度的影响[7](P41-43)[8](P1-28)。21世纪初，邓小南先生倡导"'活'的制度史"[9](P98-102)研究，强调"制度的形成、运作及更革，与政治活动中人的'行为'密不可分"[10](P93)。因此在厘清制度基本面貌的基础上，探究制度与"当时之史事"[11](P33)的关系成为近年来制度史研究的热点。李义琼先生在《熙丰变法时期的利益集团与中央财政制度的变迁——以制置三司条例司的置废为例》一文中，力图透过对各"利益集团"围绕条例司置罢问题博弈的分析，揭示熙丰变法时中央财政制度变迁的动力与关键，指出神宗在变法与反变法的政争中发挥了制衡作用，其罢废条例司之举即为表现之一[12](P102-106)。
>
> 前辈学者已基本厘清了制置三司条例司的基本面貌，亦有学者围绕该司的政争问题进行探讨。然而，就目之所及，尚未有学者将变法与反变法两派围绕该司的政争置于王安石变法斗争的大背景中，联系青苗法的政争进行考察；对于变法派应对反变法派围绕该司的攻击方式与内容也有深入挖掘的空间。李华瑞先生指出："近些年有学者提出国史研究应当注重传统史学对人、事的书写，借以补充百年来国人遵奉西方历史'以事为本位''以问题为本位'书写方式的不足。"[13](P125)《中国史研究》2020年第4期的"发刊词"更是明确指出，在一定意义上，"离开了对历史上'人'的观照，失去的必然是历史的意义"[14](P2)。作为变法最高决策者，在变法中发挥重要甚至是决定性作用的神宗，其与该司的关系问题虽有学者已有所关注，但尚乏专论。

第二，全文式述评，在前者基础上成十倍地扩容，前加"前言"（研究背景/目的/意义或学术史），后加"参考文献"。结论可加，也可不加，与简评合二为一。主要用于会议述评和几年、十年、几十年、上百年等时段类述评等。如陈朋的《中国共产党廉政建设的百年探索：三重逻辑的推进》（《南京社会科学》，2021/4）前三小节展示了中国共产党对廉政建设的百年探索中理论逻辑、历史逻辑与实践逻辑这三重逻辑相互统一的过程，相当于综述；第四小节则道出了百年廉政建设对当下的启示，相当于评价。整个论文是带研究性的述评，或是基于述评的研究。类似模式又可详见第十一章。

第三，全书式述评，相较于第二类述评，本类述评可以理解为将第二类述评中各小节提升扩写为章，容量大大增加，约增大一二十倍。主要用于大规模的专题总结，是对某一领域的集大成，将成为极重要的参考文献。类似模式又可详见第十章，现只说一例。卓新平2011年主编出版了《当代中国宗教学研究（1949—2009）》，以此为基础，2020年又推出《当代中国宗教学》（中国社会科学出版社），字数扩至近 70 万字。全书由多位学者鼎力完成，涉及马克思主义宗教观研究、宗教学基本理论研究、宗教哲学研究、当代宗教研究、宗教与当代国际关系研究、古代基督教思想文化背景及历史影响研究、基督教发展研究、伊斯兰教研究、佛教研究、道教研究、中国民间宗教研究、儒教研究、萨满教研究、犹太宗教与哲学研究、中国犹太教研究等 15 个专题的述评。

不论是哪类述评，面对几十上百篇文献，写是硬道理！基本框架一旦定下，就动笔推进。综述是写出来的，写着写着，方向渐明，逐步完形。先求完成，再求完善，完善永远在路上。完成比完美更重要，写出再说，反正完美是一过程。一步步、一段段地写出来，再为其建立逻辑关联。著书撰文正如打攻坚战，外围越收越小，集中于核心或某点，一切次要内容要隐藏，或转为谈助，作为外援，不可占去过多的篇幅，各级标题的命题力求突出关键词或主题词，让其以逻辑内线贯穿全文或全书。

（二）基本规范

述评的读者是同行，撰写时宜考虑其需求，换位思考，用专业和平实的语言写作。以严谨、准确、规范为佳，不必之乎者也，或用过于诗性的个性化表达。述评是与他人对话，应带敬意与谢忱，行文力求中性平和。

述评语言也力求规范，时态上多用现在时，也用过去时，以显普遍真理，语态上多用被动态和中动态。标题中雷同的内容有时可以省略，同一语境下并不妨碍理解，反倒可节省篇幅。这与一般论文写作方式相似，文理同理，如例 1.5。

[例 1.5]

表 1.4　标题力求简明

原稿	改稿
1. 沈阳市水资源承载力的内涵	1. 承载力内涵
2. 沈阳市水资源人口承载力分析与计算	2. 人口承载力
3. 沈阳市水资源经济承载力分析与计算	3. 经济承载力
4. 沈阳市水资源适度承载力分析	4. 适度承载力

本例文章一级标题是“沈阳市水资源承载力研究”，很明显 4 个二级标题的内容重复，“沈阳市水资源”雷同，显得累赘。此外，“的”“分析与计算”“分析”等赘字可删，可得简洁明了的改稿，更与文章标题相应。再请看杨海蛟与亓光的《中国政治学恢复以来政治思想史研究透视》（见高建与

刘训练的《回顾与展望：中外政治思想史研究》，世界知识出版社，2014）的部分目录：

[例 1.6]

表 1.5 标题繁简对比

原稿目录	试改目录
二、中外政治思想史研究的基本特征 （一）政治思想史研究在政治学学科体系中的地位日益显著 （二）政治思想史研究的体系日益完备和系统 （三）政治思想史研究的思维过程渐趋科学 （四）政治思想史研究的内容逐渐丰富 （五）政治思想史研究的方法日渐多元 （六）政治思想史研究的目的性更加明确并有所提升 **三、中外政治思想史研究的问题与未来展望** （一）政治思想史研究的学科定位仍需进一步明确 （二）政治思想史研究的“学术僵化”问题值得重视 （三）政治思想史研究的原典研究水平有待提升 （四）政治思想史研究的“本土话语权”亟须增强 （五）政治思想史研究的学术队伍建设值得重视	**二、中外政治思想史研究的基本特征** （一）学科地位日益显著 （二）体系日益完备和系统 （三）思维过程渐趋科学 （四）内容逐渐丰富 （五）方法日渐多元 （六）目的性更加明确并有所提升 **三、中外政治思想史研究的问题与未来展望** （一）学科定位仍需进一步明确 （二）“学术僵化”问题值得重视 （三）原典研究水平有待提升 （四）“本土话语权”亟须增强 （五）学术队伍建设值得重视

文章的第二、三小节标题中已含有“政治思想史研究”，下面各点每用一次，就重复一次，若是在正文中还不太突显，在目录体系中列出就有碍观瞻了。而且第二节的“（一）政治思想史研究在政治学学科体系中的地位日益显著”又明显超长，不仅可省去“政治思想史研究”，连“政治学”都可省去，直接用“学科地位日益显著”也能理解。

述评，不论是入文者，还是单独成文成书者，均需好好修改，文不厌改。自己觉得说清了，再换位思考，站在读者角度审视，看别人懂不懂，直到改得准确、生动、流畅、鲜明为止。转述的语言简洁流畅，忌单调；行文要简洁，应学道家“损之又损”的方法，达到“减一分则太瘦”的程度。多数书文废话多，废字也多，如“的的”不休。太厚的书、太长的文不符合当前读者的阅读习惯，如黄忠廉与张潇的《翻译学科百年：演进、反思与趋势》（《上海翻译》，2020/6）局部修改的对比。

[例 1.7]

表 1.6　文字简洁对比

原稿	改稿
2. 学科创建与译学元思考 **2.1 学科创建之应然与必然** 学科之成立与创建标志着某一领域的知识之系统集成与深入思考。从学科内部发展、学位点外部体制建设以及人类对翻译这一实践活动的认识发展轨迹等多方面而言，翻译学创建都是历史的必然。人类从译，对其就必然有思考，加之翻译行为对人类生活、社会交际、国家交往、文化传播等的影响日益显著，相关思考也持续深入、细化、系统化，翻译研究代代相继，所以许钧（2004）说：“翻译学的建立，是一个客观的存在，翻译学之路，是一条必由之路。”译学成立之初，在国内外均曾受到质疑，如 20 世纪 90 年代国内曾质疑翻译学的建立，国外主流也不敢认领 translatology，其实全球早已具备创建的潜能。在孙会军、郑庆珠（1998）看来，“在中国建立翻译学是完全可以实现的”，已有约两千年的丰富翻译实践，已积累特有的翻译思想。20 世纪 80 年代以降引进西方译论，本土译论正逐步形成，使之日趋系统化。 译学创建虽是必然的，但也经历了渐进的过程。“从翻译研究方向到翻译学的发展历程中，翻译学作为一门相对独立学科的地位，是随着翻译研究的对象、目的、方法和研究领域逐渐明确，研究者的学科意识和方法论意识日渐增强而获得的。”（罗列和穆雷，2010）	**2. 学科创建与译学元思考** 学科之成立与创建标志着某一领域的知识之系统集成与深入思考。 **2.1 学科创建之应然与必然** 无论学科内部发展，还是学位点外部体制建设，均表明翻译学创建乃历史之必然。译学草创之初，中外均曾受到质疑，如 Holmes 1972 年提出翻译学框架后十余年内无人再提；20 世纪 80—90 年代国内曾讨论译学成立之或然与必然，国外主流亦对 translatology 之名踟蹰。其实全球早已具备创建的沃土，两千余年的丰富翻译实践，已积累了充盈的翻译思想。人类从译，对其必有思考，深入、细化、系统化的翻译研究代代相继，所以“翻译学的建立，是一个客观的存在，翻译学之路，是一条必由之路”（许钧，2004: 38）。20 世纪 80 年代以降，西方译学东渐，中西会通，催生了本土现代译学的发展，且日趋系统化。

改稿按写作要求，为该小节添加了导语“学科之成立与创建标志着某一领域的知识之系统集成与深入思考”，以引领和概括该节的内容。所加部分又移自“2.1 学科创建之应然与必然”的首句，它放在原位大而无当，不合适。原稿中“在孙会军、郑庆珠（1998）看来，‘在中国建立翻译学是完全可以实现的’”和第二段整个小节来看，一是有所重复，二是关联度不太大，最终只好舍去，以便突显核心观点。

语句如何流畅？可以边综述边朗读，读出声来。语句不顺，诵读最能发现不畅之处；读起来抑扬顿挫的书文一般都符合生命的律动，如例中原句“从学科内部发展、学位点外部体制建设以及人类对翻译这一实践活动的认识发展轨迹等多方面而言，翻译学创建都是历史的必然”前面的状语过长过绕，不如断开，分作两个方面，用“无论……还是……”关联起来，共同作主语，将“历史的必然”与其构成因果关系，改为“无论学科内部发展，还是学位点外部体制建设，均表明翻译学创建乃历史之必然”，便简洁多了。

综述用陈述性语言，写最朴素的、熟悉的专业语言，不必担心用词不前沿、不时髦，更不必玩弄辞藻，过多用大词，或用宏大叙事。同时，综述要讲行文规范，须区分他人与本人的观点，需用相应的动词或短语，如“认为”“在……看来”“赞成……观点”等，处理好直接引语与间接引语的关系，以及文献的最佳标注方式。

文献当引则引，出处当注则注，文末或书末的参考文献请执行国标，或按所投期刊、出版社以及学位论文主管部门的要求执行。比如，例中原稿“人类从译，对其就必然有思考，加之翻译行为对人类生活、社会交际、国家交往、文化传播等的影响日益显著，相关思考也持续深入、细化、系统化，翻译研究代代相继，所以许钧（2004）说：‘翻译学的建立，是一个客观的存在，翻译学之路，是一条必由之路’”删去“就”“然”等字，构成双音节奏，简洁明了；“加之……持续”显得冗余，可删；“许钧（2004）”是附加信息，可移至句末，以保证和突出翻译学的内容前后相接，最终形成简明扼要的改文：“人类从译，对其必有思考，深入、细化、系统化的翻译研究代代相继，所以‘翻译学的建立，是一个客观的存在，翻译学之路，是一条必由之路’（许钧，2004：38）”。

评价用评论性语言。评价时，宜力求“客观”，避免吹毛求疵。评判要公正，避用情绪化语言，对事不对人。比如，原稿“译学成立之初，在国内外均曾受到质疑，如 20 世纪 90 年代国内曾质疑翻译学的建立，国外主流也不敢认领 translatology，其实全球早已具备创建的潜能”与改稿相比，“成立”变“草创”，显得谦虚；对国内外对译学创建的质疑，改稿不再按空间划分，而是按被质疑的时间先后排列，更符逻辑；“不敢认领”情绪化浓，语气过重，改为“踟蹰”更有分寸。为证明全世界已具备译学创建的基础，改稿添加了“两千余年的丰富翻译实践，已积累了充盈的翻译思想”，提供了证据。

第三节 述评方法

述评方法分综述方法与简评方法。前者含摘、编、述、缩、并、写六种方法，后者含二层多视角简评和批评、建议、预测三种方法。此外，述评还有表、图、数据三种辅助方法。

一、六种综述方法

每篇文章或每部著作都可成为综述对象，可单取某一文献信息，也可将若干篇、部文献予以合并。综述方法由内而外可分为摘、编、述、缩、并五种，外加缀联其间使综述内容连贯的第六种方法——写。

（一）摘

摘，即摘取，指据特定需求选取文献主要内容或述评者感兴趣的部分内容。摘在综述中应用最广，最为方便，无须更多加工。其目的在于以少胜多，以需要为标准，充分选取有用信息，是为对文献的取与舍。所摘内容可直接用于综述，属直接引用，带引号入文（如下文中的多数案例）；所摘内容较长时，也可单独成段（如例 1.11），但一般只出现在专著类述评中，国内单篇论文类述评基本未见。

于母语文献，摘即“摘选”，于外语文献，则是“摘译”。因述评的综合性限制，所摘单位涵盖词、语、句、句群、段，而节、篇、章则几乎没有。相应的摘取方法有：句中摘词（短）语、句群中摘句、段中摘句群及章/节中摘段。

1. 句中摘词（短）语

述评者摘取词语作为述评对象的概率较小。但词语主要表达概念，有时为彰显文献思想，只需选取词或短语即可。词和短语的选择可能并非主体，有时摘词选语，是为了与更大的单位合并。因综述的篇幅受限，不大直接引用文献话语，因此常从句中摘用表达作者思想的关键词语，插入对文献的转述之中。如后文例 1.15 中“借鉴新加坡的城市治理经验，组建在城市管理部门主导下的‘公众参与委员会’”就是摘自文献“魏宣利：《“以人为本”新型城镇化背景下城市管理的优化路径》，《河北学刊》2014 年第 4 期，第 211-213 页”第 212 页的短语，而“公众参与委员会”又是该文献中被摘引的术语。又如：

> **[例 1.8]**
> 在具体的少数民族宗教研究中，一些理论关照到了宗教与民族之间“互构”的内在机制问题。有学者依据不同民族宗教的源流，将宗教分为“原生型宗教、创生型宗教（主要是藏传佛教与伊斯兰教）以及综合型宗教”。②

本例第 1 句将民族与宗教分解，研究其间关系；第 2 句据其源流对宗教进行分类，前面是间接转述与背景交代，后面是直接引用宗教的分类结果，这一结果体现为三个短语级概念构成的更为复杂的并列关系短语，整段信息基本取自“牟钟鉴：《宗教学奋进的三十年》，《中国宗教》2008 年第 10 期”。

2. 句群中摘句

句子包括单句和复句，是表达思想观点的基本单位和主体，也是最佳选取单位。然句群有长短之分，选取时也需谨慎。从全段、全文角度看，该法主要用于摘取作者的核心观点，在述评中用得较多。如王雪峰的《我国流通理论研究进展述评》(《中国流通经济》，2013/8)：

[例 1.9]

黄国雄[21]在流通中的劳动是否是生产性劳动、是否创造价值、生产与交换的关系、流通利润的来源等问题讨论的基础上，提出流通中的劳动也是生产性劳动、自身也创造价值、生产与交换的关系在不同发展阶段是动态变化的关系、流通的利润来源是多元化的观点。他对流通价值的分析和判断是对传统流通价值认识的突破，对于提升流通的地位，加强流通理论研究具有一定的理论参考意义，但没有摆脱生产劳动价值论的束缚。孙志伟[22]通过对商品价值形成过程和实现过程的分析，认为“商品价值的形成过程绝对不应结束于生产阶段，只有当产品已经转化为完整意义上商品的时候，商品价值的形成过程才能够终结”，进而提出“商品价值形成过程是生产过程和流通过程的统一”、“生产劳动和流通劳动都是创造商品价值的劳动”的观点，认为商品价值是“在现有社会正常生产条件和流通效率条件下，由包含在商品中能被消费者认可的社会生产劳动和社会流通劳动时间决定的”。这种观点的实质是价值创造和价值实现的统一，是对创造价值劳动的新认识。

例中合并了二人观点，前者观点转自“黄国雄：《加强流通理论创新 推动流通产业快速发展》，《中国流通经济》2010 年第 4 期，第 8-10 页”；后者观点转自“孙志伟：《流通企业价值观》，《中国流通经济》2012 年第 2 期，第 72-76 页”，直接摘引的 4 个具体观点为陈述句表达，单、复句错落，分别取自被综述文献的更大单位——句群。

3. 段中摘句群

句群是完整地表达一个核心思想的单位，由两个或两个以上的句子构成，有意义中心。段中摘句群，服从于段旨。句群或大于或等于或小于段落。前者摘选少，中者也不多，后者较常见。段中的句群有中心与辅助之分、主次之分，摘句群一般注重事实与结论，可省去论述过程与原因等方面的句群。句群的层次和内容关系基本和复句一致，二者区别在于句群中成句的句号、问号与感叹号，然其语义容量毕竟要大于复句，因此该法用得较少。如张广瑞的《国际“过度旅游”现象述评》（《经济管理》，2020/5）：

[例 1.10]

美国著名产业情报平台 SKIFT（这一在线旅游杂志 2018 年将“过度旅游”注册为商标）创始人兼首席执行官拉法特·阿里（Rafat Ali）在 2016 年 8 月为一篇关于冰岛旅游业影响文章写的前言《过度旅游的未来危险》（Ali R，2016）[7]中首先出现“过度旅游”一词。他写道，“我们正在创造一个新的术语‘过度旅游’，它作为一个新的概念来审视世界各地受欢迎的目的地的潜

> 在危险；作为一个不断变化的旅游的推动力，如果管理不善，往往会造成不可避免的负面后果。在一些国家，这可能导致旅游业的衰退，因为从来没有建立起一个可持续发展的框架来应对旅游业的经济、环境和社会文化影响。它对当地居民的影响也不容低估”。

本例由两个复杂句构成，前一句介绍背景，首次提出术语“过度旅游”；后一句是一复句，后一分句为一直接引语；引语本身又是一句群，由三个句子构成。直接引语中第一句为复句，指明该术语的创造及其使用不当的后果；第二句也是复句，列举后果的一种类型；第三句为单句，补说其影响。

4. 章/节中摘段

段落多由句群构成，而章/节中摘段，应服从于篇章的中心主题。以主题统辖，所摘段落须能代表文献的核心思想，也是文献的中心内容或述评者所需的内容。该法用得更少，主要用于专著类述评。所摘段落非常重要且篇幅较长时，一般单独成段，整段内容右向缩进 2 个汉字。如陈福康的《中国译学史》（上海人民出版社，2010：22-23）介绍彦琮的《辩证论》道：

> **[例 1.11]**
>
> 但是，彦琮的意思并不是否定翻译工作。他接着又提到了道安的得失，并提到了翻译要例十条：
>
> > 安之所述，大启玄门；其间曲细，犹或未尽。更凭正文，助光遗迹，粗开要例，则有十条：字声一，句韵二，问答三，名义四，经论五，歌颂六，咒功七，品题八，专业九，异本十。各疏其相，广文如论。

（二）编

编，即编辑，指将文献内容条理化、有序化，使之更完美、更精致。它包括编选（从文献中选取一部分加以整理）、编排（按一定的顺序将文献内容重新排列先后）、编写（将文献提供的材料加以整理成文）等。编的单位可以是句群、段落、一文、一书，亦可是多个句群、多个段落、多文、多书。依主旨需要组织文献，对其进行编辑，旨在使主旨更加鲜明，使内容凝练、明晰、中心突出，给人以过目难忘之感。

编辑是一种加工手段，旨在使文献结构更有序，更富层次，出条理、展逻辑、优化阅读体验。常用方法有摘取、概括、合叙、理顺等。

1. 摘取

所编内容一般有所选择，摘取是编的第一步。编辑时，先速读文献，从中选取有关主旨的单位，可参见前述方法“摘”。又如曾军的《2012：文艺学的回望与前瞻》(《上海大学学报（社会科学版）》，2012/1）的片段：“因此，他主张学科间的‘杂交’，甚至非常绝然地认为‘事实是，学科别无他法；它们的基因程序规定了它们必然生养杂交的子孙后代’。[②]”而且作者是一引再引，在正文里引用后，又通过脚注进一步引用，引自“马太·多冈：《新的社会科学：学科壁垒上的裂缝》,《国际社会科学杂志（中文版）》，1998 年第 3 期）”，且比正文所引更长：

[例 1.12]

他认为：“社会科学之划分为若干正式学科，已经在学科间留下了许多空当；如今每一个学科之分裂为专业，又在原来的空当上添加了更多的缝隙。杂交有时候在这些空当缝隙搭上一座座桥梁，有时候就完全填补了它们。”

2. 概括

概括，即以尽可能少的语言传递尽可能多的信息，以求简明。“简”即简要，求质量；“明”即明白，求效果。最直接的概括办法是找中心句，若无关键句，则要从具体内容中抽象归纳出核心内容，一般分为四步走：确定语义单元；理清各单元内容的逻辑层次；摘出各单元核心内容；对各层内容整理概述。如例 1.10，“情报”一词现一般不用，代之以“信息”，“产业情报平台”与下文的“在线旅游杂志”同义，不必重复。“2018 年将‘过度旅游’注册为商标”似乎是新信息，但价值不大，可略。人名汉译的同时保留英文名似乎也无必要，与文献出处相重；“2016 年 8 月为一篇关于冰岛旅游业影响文章写的前言《过度旅游的未来危险》”与文末参考文献算是远距离叠床架屋，也可删去；连“他写道”也可省去，毕竟前后内容衔接紧密，进而可凝练出更加概括的版本（表 1.7）：

表 1.7 概括前后对比

原稿	概括稿
美国著名产业情报平台 SKIFT（这一在线旅游杂志 2018 年将“过度旅游”注册为商标）创始人兼首席执行官拉法特·阿里（Rafat Ali）在 2016 年 8 月为一篇关于冰岛旅游业影响文章写的前言《过度旅游的未来危险》（Ali R，2016）[7]中首先出现“过度旅游”一词。他写道，“……”。	美国著名在线旅游杂志 SKIFT 创始人兼首席执行官拉法特·阿里（Ali R，2016）[7]首次使用“过度旅游”一词：“……”。

请再看一例：

[例 1.13]

表 1.8　概括前后对比

原稿	概括稿
文献综述可以帮助新研究者在现有知识的基础上不断创新，所以撰写此章节时，要向读者交代论文不同于先前研究之所在。它是一个新的有关此类研究主题方面的重要的学术研究。	文献综述可为后来者奠定研究的高起点，鉴往知来，是一项关涉研究的前生与后世的重要探索。

原稿专业，语言书面，看似无修改必要，实则有雕琢空间，如“新研究者”表达不纯熟，末一句“一个……研究”中的量词值得再考量，虽独立成句，语义上与前文又有所割裂；从作者角度看，用“此”不如“本”，若是只突出文献综述，撰写本章节的目的也似乎不必。概括稿显得更加贯通，一气呵成，将原稿的“往—来”关系点明，总字数仅占原稿一半。

3. 合叙

合叙，即将两个及以上相关的内容合并叙述，是十分凝练紧凑的表达方式。合叙对象可能是一位作者某篇文章内的分散观点，如例 1.9 中孙志伟的观点取自四处：①商品价值的形成过程绝对不应结束于生产阶段，只有当产品已经转化为完整意义上的商品的时候，商品价值的形成过程才能够终结；②商品价值形成过程是生产过程和流通过程的统一；③生产劳动和流通劳动都是创造商品价值的劳动；④在现有社会正常生产条件和流通效率条件下，由包含在商品中能被消费者认可的社会生产劳动和社会流通劳动时间决定。作者则采用衔接手段，将四点连贯起来：通过分析，作出判断①，进而提出②和③观点，最终得出商品价值为④，将文献中散布四处的思想合并叙述了。

合叙的对象也可能是不同作者就某一问题发表的相近观点。此种合叙跨度更大，难度更高，需选取各人的思想观点后再按一定语篇顺序合并叙述。如韩少秀与张丰羽的《城市治理研究综述及其引申》（《改革》，2017/9）：

[例 1.14]

还有学者指出，当前大部分国家对于人口老龄化的关注继续停留在为老年个体提供便利的制度与政策研究方面，如长期的服务与支持、社会保障金的偿付能力等方面。[9]这些传统的做法都是自上而下尽可能满足老龄个体在特定的时间点的相应需求。而与传统项目不同，老年友好型社区行动则是将社区视为一个整体，采取自下而上的做法，核心思想是通过改变老年人生活的物理和社会环境，使老年人成为家庭和社会的重要资源，参与家庭事务和社区发展，从而实现自身价值。菲茨杰拉德等（K. G. Fitzgerald）指出，随着城市化发展和老年人口占比不断增加，越来越多的城市治理者思考如何将社区建设得对所有人都便利宜居，并对全世界的老年友好型城市和社区的建设进行了回顾总结。[10]老年友好型社区建设不仅注重由老龄化所引发的消极影响的治理，而且更加注重老年人的身心健康，以预防老龄人口出现健康问题为第一抓手。老龄友好型社区建设体现了发达国家应对人口老龄化的理念从“健康老龄化”到“积极老龄化”的转变[11]，即从注重延长生命的长度向提高生命质量的转变。

例中文献[10]与[11]实为同一原始文献“Fitzgerald, K. G., Caro, F. G. An Overview of Age-Friendly Cities and Communities Around the World. *Journal of Aging & Social Policy*, 2014, 26(2): 1-8.”。汉译为原文大意转述，是将作者本文献内的两处相关思想合并相连。而文献[9]是“Greenfield, E. A., Oberlink, M., Scharlach, A. E., et al. Age-Friendly Community Initiatives: Conceptual Issues and Key Questions. *Gerontologist*, 2015, 55(2): 1-8.”，强调个体观点，与后文强调整体的观点相对，三篇文献的观点以对应关系而合叙成一段综述。

4. 理顺

理顺，即按信息发展或状态分布与语句章节前后照应，有序地整理文献。整理顺序可分为时间顺序、空间顺序、事物内部的逻辑顺序和论证说理思路顺序。整理顺序的目的一是理顺文献本身的不顺之处，二是在文献顺序的基础上理出述评者自己所求的顺序。如韩少秀与张丰羽的《城市治理研究综述及其引申》(《改革》，2017/9)：

[例 1.15]

（六）城市治理转型

城市治理的转型对破解当前城市治理困局至关重要。魏宣利指出，随着公民民主权利意识的不断增强，政府作为唯一管理主体的模式已有局限，必须引入参与式治理理念，借鉴新加坡的城市治理经验，组建在城市管理部门主导下的“公众参与委员会”，使公众参与城市治理合规、合法。[45]李如刚等发现数字化城市治理模式是成本最低，且公共服务产品供给数量最多的一种城市治理模式。[46]李颖智（2015）则构建了以政府搭建平台、社会组织连线保障运营、市民控制城市重大问题决策的智慧城市管理新模式。焦黎帆（2015）在总结欧洲、北美、亚洲的智慧城市建设经验和教训的基础上，指出我国建设智慧城市应以市民需求为内在动力，而不应以追赶发达国家为目的，并提出了建设智慧城市的一些对策和建议。丛晓男等学者则指出，虽然我国的智慧城市建设与国际同步推进，但观念普及、建设机制等方面仍落后于国外先进国家，并提出建设推动模式、扩展应用体系、强化研发、试点项目整合等应对思路。[47]在城市财政制度转型方面，杨金峰认为，分税制以来，我国的财政制度逐步规范，但对于城市财政没有专门的规定，为此提出应明确城市事权和支出责任，建立以消费税为主、房产税为辅的城市财政收入体系，促进税收制度改革，建立城市横向转移支付制度等。[48]孙德超等指出，应健全财政资金筹措机制，调整财政支出结构，提高财政支出的使用效率，由事后监督变为全程监督。[49]

依据时空要素组织文献顺序最为容易，其次才是逻辑顺序。本例段首亮出观点“城市治理的转型对破解当前城市治理困局至关重要”。如何重要？作者汇集了 7 家观点。“城市治理转型”问题不大可能按空间顺序安排文献，而众作者及其撰文时间分别是：魏宣利（2014）、李如刚（2013）、李颖智（2015）、焦黎帆（2015）、丛晓男（2015）、杨金峰（2015）、孙德超（2014）。由此可见，本小点也并非按时间顺序组织文献。最后只剩下按逻辑顺序组织了：文章分两步走——城市治理模式与城市财政制度转型，前者重于后者。前者按公众参与城市治理、数字化城市治理模式、智慧城市管理新模式以及建设智慧城市的具体应对策略的顺序组织成文；后者则按城市财政收入体系和城市财政支出改革组织成文。此外，经细读，作者与编辑均有小误，李颖智与焦黎帆的文献标注方式不同于全文其他各处，且参考文献杳无踪影。

除了要理顺局部如某小节以及节下某小点的结构外，也应理顺全文的结构，所遵循的原理依然是时间顺序、空间顺序与逻辑顺序。如丰晓旭与李勇坚的《服务业改革研究回顾与前瞻：1949—2019 年》(《改革》，2020/2）的述与评分别包含若干点，述多评少，符合常态，详见表 1.9。

表 1.9　全文的顺序结构

一级结构	二级结构
一、我国服务业改革研究回顾	（一）1949—1978 年：服务业改革的初步探索 （二）1978—1984 年：就业和需求压力下服务业改革的再认识 （三）1984—1992 年：增长压力推动下的服务业改革思想大解放 （四）1992—2001 年：财政压力推动下的服务业市场化改革研究 （五）2001—2012 年：服务业开放背景下服务业改革研究新突破 （六）2012 年至今：新时代服务业改革研究再出发
二、新时代服务业改革研究展望	（一）继续关注新应用、新业态的发展趋势 （二）遵循创新、协调、绿色、开放、共享的发展理念 （三）深化服务业供给侧结构性改革研究 （四）重视网络化时代服务业治理改革问题研究

文献若是源自国外，“编”则应转化为“编译”，即编辑和翻译，是夹杂编辑行为的变译活动。编译一般是先编后译，对某一个或几个语篇单位进行加工整理后再进行翻译。如例 1.10 用的就是英文线上文献“Ali, R. Foreword: The Coming Perils of Overtourism [EB/OL]. In *Iceland and the Trials of 21st Century Tourism by Andrew Sheivachman*, 2016.”。编译与常说的译编有别，后者是先译后编，即全译多个单篇文献，再编在一起，所成之品多为图书。

（三）述

述，即叙述，指将文献基本或主要内容简练地重说一遍，是地道的舍形取意。若是外文文献，与“述”相应的则是“译述”。述比摘、编多了自由转述功能。述不带主观情绪和个人偏好，客观地反映文献内容，而不拘于文献的形式，行止自如。述评者先入乎其中，再出乎其外，统摄文献内容，撇开文献形式，以读者满意的形式呈现文献的主要或基本内容。述的方法及程序如下。

1. 摘编

摘编文献的有关内容，挤去水分，是述的基础。具体见前述的“摘”“编”。

2. 重组与重写

摘编是对文献的解构。解构之后，需要重构。述在结构调整上比编的幅度更大。除了局部结构重组之外，述一般还涉及整个语篇结构的重组。

文献结构重组后，更可重写、重述文献的内容，包括转述与定向复述。转述，指将文献的主要或基本内容再次表达出来。转述的流程如下：找到所需侧重的内容；再次概括；对各要点内容加以宏观安排。转述过程为：①抓重点信息，如关键词句，删除冗余信息；②重组文献结构；③重写，即定向复述，要求复述文献内容时方向明确，去掉枝叶，留下所需内容，再次传达。思路是：从观点出发更改思路，明确方向与重点；吃透内容，抓住要害，删繁去冗；组织精湛的文字。详见例 1.16 的分析。

[例 1.16]

后霍姆斯时期翻译研究范畴的拓展

1. 序言

每一门学科的建立，首先要界定本身的目标与范畴。霍姆斯 1972 年发表的《翻译学的名与实》一文，不仅提出了翻译研究的目标与范畴，还参考语言学的学科架构模式，提出了翻译学学科的构想。该文被西方学者誉为“学科创建宣言”（Gentzler，1993：92）。本人曾在《中国翻译》（2000/2）发表一篇题为《翻译学的目标与结构》的文章，介评霍姆斯提出的译学构想。那时霍氏的译学构想尚未引进我国，我撰文的目的是“希望霍氏的译学构想能为我国学者所了解，并能得到发展与完善”。

霍姆斯这篇被称为“学科创建宣言”的文章发表以来，在全世界的翻译界引起的影响，从 Google 引擎的搜索结果可见一斑（见表 1，本文作者的搜索结果）。从结果看来，关键词“霍姆斯翻译研究”不用一秒钟就出现 297,000 项结果，“霍姆斯翻译研究的名与实”在 0.36 秒钟内出现 131,000 项结果，可见霍姆斯对中文读者的影响是巨大的。

表 1 Google 搜寻结果（2016-12-11）

Keywords search	Result	Time spent
James Holmes translation studies	203,000	0.42 seconds
霍姆斯翻译研究	297,000	0.41 seconds
霍姆斯翻译研究的名与实	131,000	0.36 seconds

为什么霍姆斯的文章能引起如此巨大的反响？下面先回顾一下霍姆斯的译学构想图的优缺点，然后概述过去四十多年来翻译研究的发展，最后对学科的未来做一些展望。

2. 霍姆斯“译学结构图”的优点与局限

霍姆斯提出的译学构想框架最大的优点是分类合理，层级清楚，兼容开放。他（见图 1）吸取了语言学的分类方法，将翻译研究分为纯研究和应用研究（Applied）两大类，纯研究又分为翻译理论研究（ThTS）和描写翻译研究（DTS）。描写翻译研究旨在对翻译现象进行描述和总结，而理论研究的目标则是为了“确立普遍原则”，并对描写研究中发现的现象进行“解释和预测”。由于翻译活动自身的复杂性，这些大的分支下又进一步分类。例如，描写翻译研究包括产品导向、过程导向和功能导向三方面的研究；理论研究又分为普通理论研究和专门理论研究；应用翻译研究则分为四类，即译员培训、翻译辅助、翻译批评和翻译政策，可惜的是，图瑞在绘图时把最后一项忽略了。

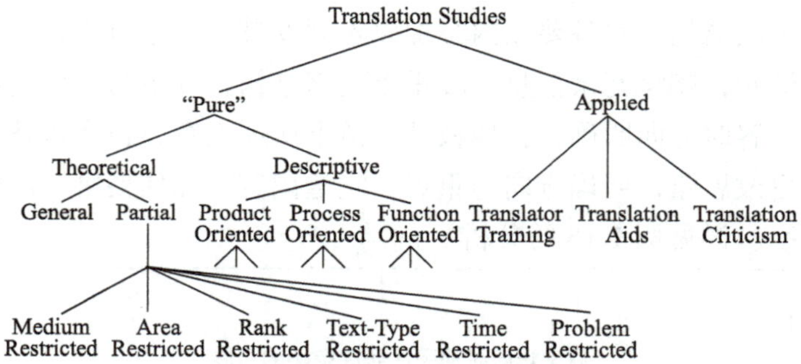

Figure 1. *Holmes' Basic "Map" of Translation Studies*

图 1 霍姆斯翻译研究图（Toury 1995：10）

霍姆斯认为，描写、理论和应用是翻译研究的三大分支，三者之间是辩证的关系。任何一方都在为另两方提供资料，也都在吸取和利用另两方的研究成果。例如，翻译理论离不开描写翻译研究和应用翻译研究两大分支中所获得的全面而具体的数据资料；反过来，如果没有任何直觉的理论作前提，描写翻译研究和应用翻译研究也无从开始。因此，描写、理论和应用三大分支的关系又是辩证的、平等的。此外，霍姆斯译学构想图的开放性是不言而喻的。“翻译研究”是整个架构的核心，也是最上层的概念，各个分支在这个概念下拓展、延伸。

然而，霍姆斯的译学构想也有其局限性。相对于专门理论研究的大片着墨，对普通理论研究、描写翻译研究和应用翻译研究的描述只有寥寥几笔。不过也可以理解，霍姆斯生活在四十多年前，囿于当时翻译研究尚未成气候，他无法预见到后来翻译研究的发展，更不可能预知科学技术会大大地影响到翻译研究的发展。

> 3. 后霍姆斯时代译学领域的拓展
>
> 自霍姆斯于 1972 年提出翻译研究构想以来，四十余年已过去，人类在思想文化领域和科学技术方面都取得了长足的进步；翻译学作为一个与社会实践紧密相连、充满活力的学科更是发生了巨大的变化，归纳起来大概有这么几个方面：一、翻译研究的跨学科特征不断刷新纪录，同时拓宽了翻译研究的途径及方法；二、高科技工具辅助使得翻译研究中的传统分支获得了新的内涵；三、翻译学已经发展成为一门独立的、方兴未艾的学科。
>
> 限于篇幅，下面仅把霍姆斯曾轻描淡写的两个分支，即描写翻译研究和应用翻译研究的发展做个梳理，并在霍氏的译学图上做个补充与说明，希望扩充图有助于我们对翻译学的发展有个整体的概念。需要说明的是，这仅仅是在本文作者视野内的回顾与梳理，肯定还有不少遗漏。幸亏霍姆斯的译学图是开放式的，我们随时可以往里面增加新的内容。
>
> 3.1 描写翻译研究的发展
>
> …… ……

这是一篇近 8000 字的翻译学论文，若是编辑部要求压缩一半，组织一次专题笔谈，许多内容便无法保留，就需要删减内容，调整结构，做出比编更进一步的转述。

首先，框架重构。为保持原作立意不变，“后霍姆斯时期翻译研究范畴的拓展”重点应是“后霍姆斯时期”，那么霍姆斯时期的内容宜少，后期发展的内容宜多。鸟瞰例中内容，1—3.1 要摘要而述，三节标题可合为一节标题“霍姆斯的译学构想”，3.1 小节的内容宜由二级标题提升为一级标题，以与文章题目相应。

其次，内容取舍。新框架下的内容取舍以新的重心为标准，如第 1 段第 3 句作者曾写过什么、所为的目的等是背景旁支信息，可省；第 2 段是检索结果，连检索时间都写明，似乎不必，因此连同表 1 一并舍去；第 3 段是提出问题，表明该文的目标，因融合三小节而融没了。图 1“霍姆斯翻译研究图”本身没有汉化，更因国内译学界已相当熟悉，更可以删除。

再次，逻辑调整。对内容大刀阔斧取舍之后，所剩部分之间的逻辑需要调整。三小节内容均归并于“霍姆斯的译学构想”题下，相似或相近部分合拢，如霍姆斯的译学构想图的内容择要缀联：先分纯研究和应用研究两大类，后再分头对二者层层细分。细分中发现翻译理论研究与描写翻译研究讨论的顺序反向了，则要将其反正，以符合论述逻辑。

最后，重写内容如下。

> **后霍姆斯时期翻译研究范畴的拓展**
>
> 1. 霍姆斯的译学构想
>
> 每一门学科的建立，首先要界定本身的目标与范畴。霍姆斯于 1972 年首次发表《翻译学的名与实》一文，不仅提出了翻译研究的目标与范畴，还提出了翻译学学科的架构。该文被西方学者誉为“学科创建宣言”（Gentzler，1993：92），后来又被图瑞（1995）描绘成树型框架图，

令霍姆斯的构想更加一目了然、深入人心。本人（2000/2）曾发表题为《翻译学的目标与结构》的文章，首次介评了霍姆斯提出的译学构想。

总结后霍姆斯时期翻译研究领域的发展之时，不妨先回顾霍姆斯的译学构想图。霍姆斯将翻译研究分为纯研究和应用研究两大类，纯研究可分为翻译理论研究和描写翻译研究，翻译理论研究又分为普通理论研究和专门理论研究，描写翻译研究又包括产品导向、过程导向和功能导向三个方面。应用翻译研究则分为四类，即译员培训、翻译辅助、翻译批评和翻译政策。可惜，图瑞绘图时把最后一项忽略了。

霍姆斯认为，描写、理论和应用是翻译研究的三大分支，呈辩证关系。霍姆斯译学构想图又是开放性的，分类合理，层级清楚，兼容开放，有助于后霍姆斯时期研究领域的拓展。

（四）缩

缩，即压缩或浓缩，是减少文献中无用的信息，用非常凝练的语言压缩内容，提高信息密度，篇幅由长变短。缩能将文献写薄写精，以求量少质高，内容与结构力求保证文献的逻辑性，而内容缩减为文献篇幅的几分之一，甚至千分之一。与“缩”相应的变译方法是“缩译”，即采用浓缩性译语传达原语文献重要或主要内容的变译活动。缩的单位有句、句群、段、节、篇、章、书。缩的基本单位是段，往上是篇和书。

1. 提要/摘要摘录法

该法主要用于对图书内容提要、论文摘要内容的直接再次摘录。内容提要和论文摘要已是作者对书文内容浓缩的结果，做得好的提要与摘要值得信赖，若能完全借用自然最好，但一般也只是据己所需从中再次摘取，由200—500字内容中选取几十至二三百字。如例1.17的摘要，前两句中一句是知识背景，另一句点明缘由。第3句教育学知识体系的逻辑异质性及其影响均不是该文的核心思想，只有第4句前半句才是，后半句则是述其必要性与重要性以及意义。若是做与该文主题相关的述评，最可取的内容便是第4句的前半句。

[例1.17]

表1.10 摘要的摘录对比

文献名称	原始摘要（233字）	再次摘录（56字）
项贤明. 教育学知识及其辨洽. 教育研究, 2021,（02）: 45-55.	每一学科都从其独特角度为我们生产属于该学科的知识，这是一门学科获得独立地位的基础。由于学科发展历史和师资培养实际需要等特殊原因，导致教育学的知识体系十分庞杂。教育学知识体系的这种逻辑异质性，直接影响了教育学的内在严密性和学科同一性。对教育学知识进行必要的甄别和清理，包括厘清教育学核心知识和外围知识的关系，从而在逻辑上保持教育学知识体系的自洽，这不仅是教育学进行有序且有效的知识生产之需要，而且也是教育学科学化发展的关键环节之一，其科学化意义丝毫不逊于方法的实证化。	对教育学知识进行必要的甄别和清理，包括厘清教育学核心知识和外围知识的关系，从而在逻辑上保持教育学知识体系的自洽。

2. 纲举目张法

该法用于书文的压缩，即根据文献的开头（前言）、正文的各级标题和结语进行压缩。这三项是文献的筋骨，是纲，纲举则目张。有时可直接用目录组织基本内容。书文各级标题如同筋骨，更似思想网络的节点，如同一个个绳结，是思想的交汇点，或是思想的小结，是书文最小的信息单元。有思想的节点或标题，可直接用来缩写书文或其部分，更多的则是要在节点之间加上连线，将散状的节点连成较为简明的思想网络，成为全书、全文或其部分的缩影。如例 1.18 将一章三小节浓缩为 71 字，可用作其由书一章转为一文的摘要的核心内容，巧妙地将各标题串联起来，仿佛是组语成句，形成句群，表达一个意义中心。

[例 1.18]

表 1.11 纲举目张压缩法

原书章节纲目		依纲压缩稿
第五章 知识酿智关 **第一节 亲知** 一、敏感 二、体悟 **第二节 反思** 一、质疑追问 二、融会思辨	三、冥思悬想 **第三节 悟道** 一、才学识 二、纵横贯 三、逻辑化 四、出智慧	能亲知者更富经验；知固然重要，悟更重要；只有悟，善于疑，且能融会，才能贯通，才能产生新见。基于且超越知识，纵横贯通，加以逻辑化，才能酿出智慧。

3. 抓关键词句法

首先抓文献的关键和要点，提炼概括出文献的要点，以选出最有意义的关键词或句作为缩的基础。如果是综述有关知识转为智慧的文献，可利用例 1.19 所示的黄忠廉《外语研究方法论》（商务印书馆，2020），第五章“知识酿智关”原 9000 余字，压缩稿仅 247 字。

[例 1.19]

表 1.12 抓关键词压缩法

文献一章的主要内容摘选	压缩稿
第五章 知识酿智关 第一节 亲知 亲知，即亲身知道，能真正亲知者是具有实践经验的人。	外文研究讲究亲知、反思与悟道。能亲知，则能对实践有感悟，具有敏于问题的能力，能由

续表

文献一章的主要内容摘选	压缩稿
一、敏感 感悟，感悟，有感有悟，有感在先，然后乃能有悟。研究能力首先是敏于问题的能力，敏感性乃学者必备。 …… …… 二、体悟 前述有感，现述有悟。体悟即体验亲历领悟。感可在先，是否一定有悟，就因人而异了。有人有感性，而无悟性，感性上升不到悟性，更上升不到理性，最终难以升至思想，进而升为理论。 …… …… 第二节　反思 “要把淹没在知识中的智慧找回来。”（艾略特语）读得多≠写得深。读书留下思考空间，以启发未来的写作。由他人的知识到自己的思想，需要反思环节。 一、质疑追问 听读之时，先破除从既有概念套语去思考问题的习惯，凭借自己的眼睛独立观察，凭借自己的大脑独立思考，回到事情的本身，抛开成见，追根溯源，直逼问题的本质。质疑需要底气、勇气和才气，需要知识、见识和胆识；质疑含有智慧，给人以启迪与见解。 …… …… 二、融会思辨 融会，把几种不同的事物合成一体，只有融会才能贯通，他人所言所为皆成过往，知识不等于智慧，有时充其量算作小智慧。知识如花粉，智慧才是蜜，知识到智慧还需学者的“酿”。 …… …… 三、冥思悬想 学界固然需要理论，但更需要思想，坊间也有许多无思想的理论。学问需要冥思悬想，所谓深思，即思考触及事物的本质，不浮于表面。 …… …… 第三节　悟道 古人论学，标举才学识，辞章可观才性之高下，考据可明积学之厚薄，义理可知识见之深浅，三者之中，识最难，亦最可贵。无识，则学不能成其大，才亦不能有所归。眼见耳闻终觉浅，心中悟出始知深。读，固然重要；悟，更重要。读而不语，只知表层。 一、才学识 …… …… 二、纵横贯 在陈嘉映看来，道理的贯通并非只是在道理世界中连通，融会贯通，是要让道理在事中贯通，…… …… ……	感性升华为理性。从知识到思想，需要反思。通过对所知产生怀疑，以启智慧，强化“酿”的过程。读而不悟，只知表层，无识，则学不能成其大，才亦不能有所归。眼见耳闻终觉浅，心中悟出始知深。深思，即思考触及事物的本质，不浮于表面。悟的时候，需要纵横贯通：纵向贯通，以了解古今；横向贯通，以便学科间交叉跨越或综合研察。会通之后研究才能形成自己的知识体系，最终产生逻辑化的结果，甚至提出深刻的见解，以不负需要思想、酝酿理论的时代。

续表

文献一章的主要内容摘选	压缩稿
三、逻辑化 逻辑化有两种，一种是随人读书，被他逻辑化；另一种是自我逻辑化，将多家思想逻辑化，形成自己的知识体系，甚至产生逻辑化的结果——思想。 …… …… 四、出智慧 智慧包含且超越知识，更具原创性。当下是需要思想、也酝酿理论的时代。 …… ……	

由例 1.19 可知，除了首句是原书第五章三小节标题的缀联外，压缩稿其他内容均由原书各节之下各点关键词和关键句重新串联而成（见左栏楷体部分），原书所选部分，有的是词，有的是短语，更多是句。前二者也会被再次压缩，如“能真正亲知者—亲知者”等等；也会略为添加，如“有感有悟—对实践有感悟”等等；或略作改造，如“敏于问题的能力—具有敏于问题的能力”等等；或将负面话语正面表达，如“感性上升不到悟性，更上升不到理性—能由感性升华为理性”等等。

4. 内容概括法

该法用于压缩段或句群。可以摘取直接用于压缩的文献内容毕竟不多，更多的是对具体内容加以概括，具体方法见“编”，但此法比“编”“述”的压缩幅度更大。例如：

[例 1.20]

表 1.13 内容概括法

原文	缩文
①宋代涌现了更多竹画家。②苏东坡就是一位画竹的艺术大师。③他画竹气魄极大，“从地起一直至顶”，线条和笔力都很能强劲。④元代文人画兴起后，画竹更为盛行。⑤四大家之一倪云林的画，大都是修竹数竿，意境萧疏，具有独特的风格。⑥明代竹画家蜂起。⑦王绂画竹名驰天下，邵二泉题他的《墨竹》诗说：“萧萧数竹不胜看，到此方知画竹难。谁信中书曾放笔，片时行尽楚江干”，道出了他画竹的高超技艺。⑧徐渭（字文长）创画雪竹的方法，所画极为精绝。⑨有人评论说：“徐文长先生画雪竹，纯以明代瘦笔破笔燥笔断笔为之，绝不类竹；然后以淡墨水勾染而出，枝间叶上，罔非积雪，竹之全体，在隐约间矣。”	宋元明时期竹画家蜂起，风格独特，技法高超。

概括段意，可分三步走：第一步是分层，本例是按时代顺序分阶段说明的，

可分三层，即①②③/④⑤/⑥⑦⑧⑨；第二步是摘要，即摘出每个层次的大意，其大意可归纳如表 1.14；第三步是综合，可得“宋元明时期竹画家蜂起，风格独特，技法高超”，比前述“编”和“述”的压缩幅度更大。

表 1.14 文献内容层次与大意勾勒

层次	大意			
1	宋代	涌现更多竹画家	技艺高超	气魄大、强劲
2	元代	画竹更为盛行	技法高超	风格独特
3	明代	竹画家蜂起	技艺高超	风格独特

（五）并

并，即合并，指将文献中同类或关联的两个及以上的部分合为一体。所并单位可能是句、句群，可能是段、篇、章，甚至是书被压缩或转述之后的内容。“并”主要是按需求将文献相关内容合并为一，结果多表现为段、篇、章和书。与“并”相应的结果就是综述，所综对象既包括母语文献，也包括外语文献，正是本书所论的内容，在此不赘。

（六）写

写，即加写，指在所述内容中添加与其相关的过渡性话语或略带评价性的话语，旨在前后衔接，完成篇章建构。所写单位一般是句子，其次是句群，不过多彰显述评者的观点，只起语篇衔接作用，以便将众多文献的观点连贯起来。写的最大部分应该是评价，在此主要讨论非评价性书写，按所述与所写的顺序，空间上可分以下三种。

1. 述前写

述前写，即先写后合述，写一般是交代背景，为所述做铺垫、导引、介绍。如彭正梅的《德国批判教育学述评》（《外国教育研究》，2002/10）中的片段：

[例 1.21]

布兰凯茨的批判教育学的观点与莫伦豪尔相似。他们的思想均源于对韦尼格（Weniger）精神科学教育学的批判。布兰凯茨受阿多诺的《启蒙的辩证法》和《否定的辩证法》思想的影响较大。他指出，教育学中批判理论和经验研究不能形成一个统一体，两者之间存在着不能缓解的紧张关系。布兰凯茨认为，教育科学的各种假说系统的主要兴趣完全不能通过教育理论和实践的经验方法达到，可以通过哲学的方法或超经验的方法来建构教育理论。教育学应该参考康德关于人的成年状态的论述和哈贝马斯关于解放的认识兴趣理论，这两种理论都赋予理性以优先权。而在布兰凯茨看来，人的理性即自我决定就是教育的目标。布兰凯茨之所以重视人的自我决定的兴趣、解放的兴趣和成年状态的兴趣，不仅因为这些兴趣可以导致人的解放，而且还因为这些兴趣具有重要的社会功能，即它们是社会解放的必要前提[3]（p.74）。

作者在介绍布兰凯茨教育学观点之前有必要交代一定的背景，所以段首将其与他人比较，指明二人思想同源，同时也道出其思想的另一影响者，在此之后才通过“他指出”概括其主要观点；通过“认为”转述其第二个观点的具体内容，继而用“在布兰凯茨看来”列出第三个观点，最后复杂的复合句是其第四个观点。所有这些观点均出自“Blankerz, H. Paedagogische Theorie und em-pirische Forschung [A]. In *Neue Folge der Ergaenzung-shefte zur Vierteljahrsschrift fuer wissenschaftliche Paedagogik* [C]. H. 5. Bochum (Kamp)，1966：74”。

2. 述后写

述后写，即先合述后写，合述在前，写在后。写是为了追补、说明、解释、扩展前面所述的内容。如孙宪忠的《中国近现代继受西方民法的效果评述》(《中国法学》，2006/3）的片段：

[例 1.22]

中国引进民法概念与民法知识体系发轫于清末变法。“司法之革新事业始于清光绪二十八年，自是年设修订法律馆，先后所订有民法律草案、商律草案、公司法制草案、海船法草案、破产法草案各案 ……”。①在这一过程中，关于民法典的编纂的情况是：“宣统三年法律馆编纂成功五种法典，即大清民律草案第一编总则，第二编债权，第三编物权，第四编亲属，第五编继承……”。②虽然这一民律草案不是法律，但它开启了中国接受西方法律知识的大门，而且奠定了中国编制民法典的基础，后来数十年的民法典编纂都是在这个基础上进行的。

段首点明中国近现代民法的草创，第一条文献摘引以证明其发轫起点，第二条文献又具体证之以五种法典，接着便是作者的书写，以指明上述“法典”的实质、历史地位与作用，总体上属于评价。

3. 述中写

述中写，实为所述与所写相成，则是更灵活的方式，二者有机结合，该述则述，该写则写，是述前写与述后写的杂合或叠加。述中写一般是承上启下，巧妙嵌入，为所述补充内容，增大信息量。比如例 1.22 中，两条文献直接引证之间“在这一过程中，关于民法典的编纂的情况是”就有瞻前顾后之用，是典型的述中写，既接叙中国近现代民法开启的过程，又引出具体的法典编纂之运作。

述中写或述写高度融合是综述的高端境界，是学科基础扎实、对所述文献融会贯通的表现，也是学术思想人我合一的状态。再如李林与齐延平的《走向新时代中国法理学之回眸与前瞻》(《法学》，2018/6）的片段：

> **[例 1.23]**
>
> 基于上面的理解，我们认为徐爱国“需要死亡的，首当中国法理学”[6]之命题是对象错误的。[7]中国法理学四十年是伴随中国改革开放逐步成熟的四十年，其在中国已经成为一门独立的学问——即使尚未达到徐爱国期冀的“一门学科称得上是一门值得研究的科学，至少应包括统一的观念主题、连贯的逻辑体系、独到的研究方法等最基本的条件”。[8]由改革开放之初的一元教条理论独尊走到今天研究主题驳杂、研究方法多样、学术观点纷呈，中国法理学研究实现了初步的（仅仅是初步的）精神自由并为实现完全的精神自由提供了基本条件，这也正符合了我们深以为然的——同时也是徐爱国的主张——“法律研究的客观性并不存在于法理学之中，法理学是一门主观性显著的学说。”[9]

“基于上面的理解”承接上一段，是更大的语篇上的衔接手段。“我们认为徐爱国……”直接引出其观点，又对其作出判断“命题是对象错误的”，采用认同的方法，既是引用，又似在借第三方之口为己站队（其实标注[7]并不是文献，而是作者的脚注），这样一箭双雕，巧妙地亮出自己的观点，又在暗含中书写了自己的态度。接着谈中国法理学发展 40 年，已独立成学，并以让步方式再次导出作者并不赞同的徐氏观点。行文一半，作者又写了不少，亮出自己的观点，在这一点上与徐氏观点趋同，便不失时机地再次引用思想。整个述与写（含评）一波三折，跌宕起伏，读来有峰回路转之感。

二、二层多视角简评

妙评怡人，更能启智。妙评是借票入门，将读者导入新的研究领域。评之初级为鉴赏，批评则步入高级。述评之评虽为简评，却可为众多视角中之一角、二角乃至多角。

（一）二层：鉴赏与批评

“评”包括“鉴赏”和“批评”两个层次。鉴赏是对文献的品鉴和赏析，鉴赏之中或有评价，却非主体，鉴赏允许偏好，说文献如何好，是鉴赏，或肯或否而已。批评则以鉴赏为基础，要阐明鉴赏的内在依据，不仅要对文献做出好坏判断，还要说明相应的道理。鉴赏与批评之间，后者居多，因为后者包含前者。先请看以鉴赏为主的例子，如黄柏权的《土家族田野调查回顾》(《民族研究》，2002/6）的片段：

[例 1.24]

1935 年，陈济涛在对川东酉阳少数民族进行调查后，写成了《酉阳苗族调查》。这个调查报告虽不到 1000 字，但对酉阳等地少数民族的语言及居住、婚丧等习俗做了真实的记录。调查报告的开篇就指出："酉阳县与湖北毗连，各地如里耶、隆头、原洞及八面山等处，均为苗、汉杂处，汉人仅占全数十分之四。……关于苗族之民情、风俗、居住、生活、婚姻、丧娶等情形，与内地迥异"。[③]此处所指的"苗族"，主要是后来得到确认的"土家"。陈济涛的调查虽然留下的文字很少，但对土家族、苗族所做的民族志记录是十分珍贵的。

本例只引一篇文献，并未引述该报告如何记录语言、居住、婚丧等习俗相关内容，倒是引了开篇的话，虽说"虽然留下的文字很少"是评价，但最后一句才是作者对文献的赞赏，赞赏的理由并未道明及详细展开。

（二）多视角简评

评，即评论，是对所综内容进行批评或发表议论，包括评估（评价和估计所综的内容）、评价（评定所综内容的价值高低）、评介（评价所综内容并介绍相关情况）、评判（判定所综内容的是非、优劣、强弱、成就与不足等）、评析（评价所综内容并加以分析）等。加评旨在让读者更深入地理解所综内容，知其价值所在。如李慎令的《我国基督教会史研究综述》（《世界历史》，2008/2）的片段：

[例 1.25]

我国对基督教的研究近几年虽然成绩卓著，但我们也应该清醒地认识到，与对其他领域或课题的研究相比，与西方对这一领域的研究相比，我们还有许多不足和缺憾。

首先，对现实生活的回应还显得不足，而且研究缺乏系统性。目前许多学者进行的研究只是在自己感兴趣的领域，或者是相对较为容易进入的领域，而不是积极回应现实生活中的重大课题，通过对基督教的研究，为当代人提供可资借鉴的参照，从而使宗教研究具有鲜明的时代特点，获得社会的关注和认可。

其次，基本史料的建设仍显滞后。历史资料，特别是主要的原始资料的搜集和整理是史学研究最必备的基本建设。在一定意义上说，没有基本史料的汇集和整理，就不可能在某一领域里进行系统的史学研究。这一点也是我国基督教史研究的一个缺陷。由于这一缺陷，我们的中世纪基督教研究学者们只能东开一片荒，西辟一面坡，抓住什么资料就进行什么研究。这样的研究势必从总体看来带有某种分散性和随意性。近十年来，我国中世纪基督教的基本史料建设虽然有所进展，一些高校和科研机构陆续购进了一些有关基督教的基本读物，但相对其他学科的资料来说显然偏少。

再次，作为一个独立的研究领域，基督教史的研究还刚刚起步，对基督教自身发展规律的探索还远远落后于西方学术界。这既是与我国世界史学科的整体发展水平相适应的，也与我国世界史学科的人才培养模式有关。例如，作为基督教研究必备的语言条件来说就很难满足，古拉丁语、中古拉丁语精通者屈指可数，全国能够开设此门课程的人在高校也不多见。语言这一关通不过，就很难对研究有所深入，我们应该有计划地培养这一方面后备人才，为其打下一个良好基础。

> 我们相信，随着改革开放的进一步深化、思想解放程度的进一步提高以及国家对人文社科研究的进一步重视，在学界同仁的潜心努力下，我国对基督教的研究今后定会取得更大的成就。

本例全文标题未见“评”，文章按传统写法，只分“首先”“其次”“再次”部分，但文中也未单设“评”的部分，含评价内容嵌入第三部分，为其煞尾。读其批评，是典型的只指不足，未指“出路”。仅指不足，也是批评，但相信读者还是会期待建议的。此外，文章末尾一段话，带有口号性，有久违之感。

评，可加深对文献的理解，提高鉴赏力。评所占的篇幅不多，却至关重要，常从研究的对象、方法、深度、广度、前沿性、前瞻性、理论性、现实性等角度切入。这些角度的简评与综述结合的方式有四种：先译后评、边译边评、引译作评和自译自评。二者的关系如前所述。如周建新与杨啸的《中国跨国民族研究的脉络与趋势》（《湖北民族学院学报（哲学社会科学版）》，2019/6）的片段：

> **[例 1.26]**
>
> 清末以降，随着西方列强的入侵，清王朝边疆危机全面爆发，激发了梁启超等一批精英人士对边疆问题的关切和研究，推动了“边政”研究的兴起。及至中华民国，“边政”研究逐步升级为“边政学”。“边政学就是研究关于边疆民族政治思想、事实、制度及行政的科学”[①]。其时，边政学研究虽没有提出具体的跨国民族概念，但已经涉及跨国民族的研究内容。[②]因此可以说，中国跨国民族研究最初是在“边政学”的母体中孕育的。如徐松石[③]、刘介[④]等，都涉及跨国民族的研究。类似的研究还有凌纯声、周光倬、芮逸夫、王婆楞等，当时已经呈现出从历史学传统转向实地社会调查的倾向。中华人民共和国成立后，国家组织了民族识别和少数民族社会历史调查，民族学的田野调查方法得到了直接的广泛应用，整理出了大量有关边疆地区少数民族的第一手资料，为以后的跨国民族相关研究打下了坚实基础。其总结性的成果以石钟健《有关中缅国境线上少数民族的专著及论文索引》为代表。至 20 世纪 60 年代，出于国际政治的需要，国家对跨国而居的边疆民族较为关注，注重相关民族及其迁移历史的研究，形成了一批供内部参考的专题研究成果，出版了《沙俄侵略中国西北边疆史》等著作。总的来说，这一阶段的研究，主要还停留在对边疆民族历史、生活状况、生活习俗、文化特征等方面的一般叙述，侧重于收集、整理资料以及为应对时势需要而进行的分散研究，但跨国民族研究资料的积累，已经使得这一特殊领域的核心概念呼之欲出。

本例先是介绍清末以来边政研究的原因，引向边政学，然后适时地直接借来文献为其下定义。随后指出边政学研究虽未提出跨国民族概念，但已有涉及，进而得出跨国民族研究是在“边政学”母体中孕育的结果，这是第一次肯定。接着引出两位学者的研究，又列出同道四人，点明其研究倾向，至此是 1949 年前的研究。此后，介绍了国家组织的田野调查所奠定的基础，列举了两部代表性成果，最后总结，为其收集整理性研究定位，对其前期性作出了充分的肯定，已跃升为肯定的第二层次。

三、三种简评方法

综述完毕，要揭示众文献的研究价值，指出现存的主要问题，描绘趋势，展望远景，仿佛画完了龙，最后点睛。综述如画龙，简评如点睛。前面是张三和李四说，后面由述评者说。在此再次强调：述评之“评”定位于简评，篇幅不能超综述的内容，大概包括批评、建议、预测等。

（一）批评

批评，是对所综内容加以评价或分析，即评定综述内容的优劣、定出其高低好坏、分析其中的原委等，是简评的主要方式。述评坚持欣赏与批判兼顾，综述重在事实肯定，评价重在指弱。他人观点是否正确，均要指明理由；尤其是对有争议的观点可抒己见，在一个更高的层面，从原理上、方法论上和系统性上加以评价。如卢玲的《近年来我国特殊体育研究的综述》（《成都体育学院学报》，2005/2）中的批评：

> **[例 1.27]**
>
> **4 当前尚存的不足之处与努力方向**
>
> 我国的特殊体育的研究起步虽然较晚，但随着特殊教育事业大环境的飞速发展，特殊体育科研阶段的结构正在不断优化，研究力量正在逐步加强，这是特殊体育科研工作取得上述成就的重要前提。然而，在肯定成绩的同时，我们也应看到尚有需要改进与努力的地方。
>
> **4.1 研究范围不够广，存在薄弱环节**
>
> 4.1.1 师资环节 随着社会对特殊人群的关注度加深，……
>
> 4.1.2 对残疾人体育康复手段及其效果评定的研究环节 由于残疾人体育运动的主要目的在于医疗疾患、康复功能……
>
> 4.1.3 横向合作和学术成果交流环节 特殊体育与其它学科的横向合作和学术成果交流不够是我们特殊体育科研工作中存在的一个较大的问题。……
>
> **4.2 没有很好地把握特殊教育与特殊体育发展的价值取向**
>
> …… ……

本例简评含两部分，前半部指明不足，后半部预测方向。作者先让一步，说特殊体育研究起步虽晚，但研究态势见好。因“然而”而话锋一转，就涉及问题与方向。从标题的逻辑结构看，不足当一点，方向看似在一点，但实际上作者未分清（见下文分析）。由三级标题系统可见，作者只讨论了不足，用词皆是负面的。4.1 小节中三个观点不鲜明，统统用“环节”标示，未见观点，宜用表不足的具体的词语标示。另外，三级标题宜单列，评论文字另起一行。

批评文献更要讲客观，忌讳夸大别人的不足，不可过于指责他人研究的“明显不足”“不够深入”等，否则，可能是每每狠批一次，就在画地为牢一次，为己设篱。过度批评他人或炫耀自己的原创，会堵住别人的路，反逼自己走投无路。为此，研究求自明，语言要谦逊，慎用甚至是忌用“独创性”“填补空白”“无人研究”之类的表述，只因学界说“有”易，说“无”难，世界宽于眼界，未知远多于已知。要小心使用不周延归纳法。如陈捷与谢松林的《我国民族传统体育文化保护策略研究述评》(《体育学刊》，2017/1）中的批评：

[例 1.28]

总体来看，大家习惯性地陷入了宏观叙述，很多研究都是以民族传统体育整体的保护为研究对象，均认为只要是传统的都应该传承，而很少考虑什么样的传统体育文化才是应该传承的。如习近平总书记 2014 年 10 月在文艺工作座谈会上提出：“实现中华民族伟大复兴需要中华文化繁荣兴盛”，但“传承中华文化，绝不是简单复古，也不是盲目排外，而是古为今用、洋为中用，辩证取舍、推陈出新……实现中华文化的创造性转化和创新性发展。”现有研究成果中严重缺乏如何对民族传统体育进行“辩证取舍”和“推陈出新”的成果。相应地，我国民族传统体育文化保护的现实效果也是令人担忧的。从程序上来看，没有辩证取舍的评判标准，保护就无从下手。所以，民族传统体育传承的取舍标准是亟待攻克的课题。

本例在此为总评，批评宏大叙事，用了“大家”，这种用法大而泛，就怕大家不服。“很少”虽说模糊，用词是否也过度？“严重缺乏”，批的是否过“严”过“重”，业界能否认可？民族传统体育文化保护的现实效果真“令人担忧”？此前的工作取得了如何的进展，会不会令人产生虚无的印象？此类问题，评价时均需掂量。

批评要有针对性，防止无意义的评价，如批评他人的研究“文献太少”“不全面”“缺乏系统性”等，没有意义。这种全称否定不仅妨碍自己发现他人文献的优点，更表明自己不知已有研究所存在的问题。不能生疑，也就难以解惑。这样的批评即使有，也是平淡空泛，反倒多余，成了累赘。如程志勇与夏绮若的《国家战略能力研究综述》(《国际研究参考》，2019/10）中的批评：

[例 1.29]

三、关于国家战略能力研究的反思

梳理相关文献，可以看出经过学界的探索和努力，我们在国家战略能力的研究上取得了许多阶段性成果，基本上涵盖了国家战略能力研究的核心领域。近代以来，受西方国家思想影响，我们在大战略领域和国际关系领域的研究很多概念都借鉴的是西方国家的学术理论。当然，借鉴这些理念以为我用无可厚非，但食之不化很容易导致水土不服，不能有效指导中国的实际战略制定。而国家战略能力这一概念则不是舶来品，我们可以自豪地承认这是我们的开创性研究，是中国特色的学术表达，我们属于这一领域的佼佼者。但是，由于国人擅长的是宏观思维，所以当代中国学者在有关国家战略能力的研究方面，基础性研究居多，国别和具体案例研究并不多见；方法上主要是运用历史分析方法和理论演绎方法，实证研究和定量研究较少；在关于国家战略能力的基础研究中，主要集中于对国家战略能力构成要素的研究上。虽然学者们各抒己见，拓宽和深化了对国家战略能力的认识，但也应看到，很多能力要素的划分只是简单的罗列，关于构成要素之间的逻辑关系以及划分的标准，学者们并没有给予理论分析，很多时候变成了想象力的竞赛，就看谁想得多，结果国家战略能力就变成了一个筐，只要是能力都往里面装。因而，在国家战略能力基础理论研究中，我们还需要在以下几方面继续深化研究和探讨。

一是什么是国家战略能力？……

二是哪些因素影响国家战略能力？……

三是国家战略能力是如何形成的？……

四是国家战略能力如何运用？……

总体而言，虽然目前关于国家战略能力的研究取得了很多研究成果，但不可否认的是目前还没有形成一个统一的理论基础研究框架，仍缺乏对国家战略能力的理论基础、基本内涵和外延、制约因素、生成机理、体制支撑、评估指标及提升路径等方面的系统研究，不利于深化对国家战略能力的认识。因此，在新的社会历史条件下，我们需要在基础研究和实证研究上，进一步把国家战略能力研究向深度和广度拓展，提高运用和发挥国家战略能力的效果，以确保能在未来的国际竞争中立于不败之地。

本例所摘文献原文共6页，其反思部分占16开本1页半，比例恰当。若从精益求精角度看，尚可商榷。首先，除讨论的四个方面外，一头一尾有重复之处，如对基础研究的意见、实证研究的缺乏等，可以写得更精准一些，尤其是开头引言段，过渡稍多，针对性略弱。其次，首段批评过“基础性研究居多”，末段又说未形成统一的理论基础研究框架，仍缺理论基础，多少相互矛盾。再次，四个反思的研究领域概括得略粗了些，因为前面指出国家战略能力基础研究主要集于其成素研究，其能力要素划分只是简单罗列，既然未见各成素间的逻辑关系研究，倒不如将第一个问题表述为“国家战略能力及其成素逻辑关系研究”直点问题更具针对性。其他三点也还可以直奔问题的实质。

最后，批评要讲文德，要勇敢地肯定文献的优势与贡献，先肯定其成绩，再指其不足，即便谈自己的新意，也不忘恰当地交代他人文献对自己的启发。

（二）建议

建议，即对问题的处置或解决方案，具体指针对所存在问题或发展趋势提出自己的见解或意见，使其具备一定的改进、改良甚至是改革的条件，使其更加完善与发展。建议是述评的精华，是现状分析的必然结果与归纳，理论性研究的述评一般针对研究的发展趋势，面对现状，提出有关方向、方案、措施、规则、对策等方面的建议，为决策服务，这是人文社会科学研究述评的主体。如吕晓凤的《越南高校马列主义理论教育研究述评：成果、不足与展望》(《思想政治教育研究》，2020/5)：

> **[例 1.30]**
>
> **三、未来研究的展望与建议**
>
> 通过梳理国内外学术界关于越南高校马列教育的基本概况，解析其成就与不足，借鉴越南学者的研究经验以推动国内学术界关于越南高校马列教育的研究，为创新我国高校马列教育内容与方法提供思路，也为未来研究提供进一步挖掘的空间。
>
> **1. 拓宽研究思路，加深研究深度**
>
> 近年来，国内学术界关于越南高校马列教育的研究内容逐步丰富，但仍需要拓宽研究思路，加深研究深度，以突破传统模式。
>
> 第一，将宏观研究与微观研究相结合……
>
> 第二，将越南高校马列主义理论教育同越南马列主义理论体系的发展相结合进行研究……
>
> **2. 科学运用研究方法，加强实证研究**
>
> 国内外学术界较多运用比较研究法、实证研究法，研究中越高校马列教育及越南各高校马列教育的区别与联系，未来研究中还应注意以下几点：
>
> 第一，科学运用比较研究方法，加强横向比较与纵向比较相结合……
>
> 第二，加强实证研究……
>
> **3. 拓展收集一手文献资料的渠道，完善研究的基本文献**
>
> 掌握一手文献是开展越南高校马列教育研究工作的重要条件之一，国内学术界因一手文献的缺乏与语言障碍等困难难以深入推进研究工作，突破寻找一手文献的渠道，是推进越南高校马列教育研究的关键点，可从以下角度进一步探索：
>
> 第一，从不同方面积累一手文献，应重视收集以下素材：……
>
> 第二，语言障碍是当前研究的最大阻碍之一，搭建语言学习与越南高校马列教育研究的桥梁是推进该领域科研工作不可缺少的步骤……

应用类研究的述评在综述之后若能发现新的问题、新的优点或者缺点等，均可给予肯定或提出改进方法及对未来工作和发展前景的建议和设想，可能涉及实践性建议，针对方法、方案、推广、应用等提出具体实施措施、方法、步骤及技术指导等，服务于实践；或是提出改进性建议，基于过往的对比发现理论与实践中存在的问题，提出改进革新的方案。如包特、王国成与戴芸的《面向未来的实验经济学：文献述评与前景展望》(《管理世界》，2020/7)：

> **[例 1.31]**
>
> **（三）实验经济学发展前景**
>
> 展望实验经济学学科建设及在中国应用的发展前景，未来一段时期可能会展现出如下的主要趋势。

首先，科技依然会是推动实验技术和实验经济学研究发展的第一推动力。随着人工智能技术和虚拟现实技术（visual reality）的发展，可预见：人机交互实验和虚拟现实实验将成为未来新的重要实验手段。人机交互实验对于理解人类与人工智能的互动，以及人工智能的普遍应用对人类行为和福利的影响有着重大意义；而虚拟现实实验也可以帮助实验经济学家更好地向实验参与者再现决策的现实环境，以增强实验的真实性和实验结果的外推有效性（external validity），甚至创造出兼有实验室实验的控制性和实地实验的真实性的“实验室中实地实验”（field in the lab experiment）。

其次，从“入地”角度，通过对微观主体行为的自利、利他、合作、信任、公平感、满意度等异质行为偏差的深化分析，有助于拓展夯实经济（管理）学的理论基础；并随着实验经济学对个体偏好和行为特性度量精确性的提高，它将可能被越来越广泛地应用于消费者偏好观测、职业测试和人力资源管理、教育普及和精准扶贫调查、市场交易制度（魏立佳等，2018）等与人的经济活动和日常生活密切关联的领域；还可扩展到收入分配领域研究基于差异化个体体验的幸福感和满意度、混合所有制改革的产权制度、对资源配置起决定作用的市场机制、复杂情景下的临界决策和树立主流价值观的社会秩序等对个体行为影响的群组实验，以代替目前的定性问卷来提高调查的科学性和精确性。

最后，从“上天”角度，从微观行为动因到结构层面的传导机理，再到宏观现象的生成，通宏洞微一体化地重塑理论体系的范式和评价体系，促进和加快经济学科学化进程。经济学实验将被越来越广泛被应用于宏观层面政策效果的风洞检验；同时，像 Amazon Turk 等大规模实验平台可能在以后被用来作为系统化的政策制定、兵棋推演模型和教学工具，帮助宏观调控、公共管理和政策制定者更好地了解政策与社会成员的个体行为决策互动产生的各种效果，更为主动和有效地应用实验经济学。

作者从科技是第一生产力出发，演绎出“科技依然会是推动实验技术和实验经济学研究发展的第一推动力”的观点；又形象地从“入地”与“上天”两个视角切入，指出实用经济学对微观主体行为的深入研究及其互动互促作用，进而转向宏观层，最终宏微一体化，以加快经济学学科化进程。不过，有一处可以讨论：建议之中一般不再旁征博引，如魏立佳等人的文献不宜出现。所有的建议最好为己所出，全然是自己的思想。

（三）预测

趋势是事物尚未明朗或模糊时呈现的可发展的方向。对趋势的把握与揭示便是预测，也常以展望等形式呈现。根据国内外发展动态，于纵横对比中发现其主流和规律，指出几种发展的可能性，对其潜在的影响和可产生的问题等进行预测，提出新设想、新选题，这是读者对任何一篇述评最钟情之处。

前面在综述时，就同时批判地分析了所存在的问题和观点的不足，以便发现尚未研究的问题，做出预测。综述之后，可立足于事实，科学地推理，对未来发展方向做出预测，既展望前景，又给人以希望，也指出可能出现的问题。

预测分三种类型。

首先，理论发展趋向预测是人文社会科学述评的主流，即基于综述反映已知动态，推测潜在的新方向或可能产生的新课题，如例 1.27 文章最后所提出的未来“努力方向”就与所存在的不足合在最后一段，层次不太分明，也仅是大致点明：“因而我们要多从社会学的角度研究残疾人与体育的关系，研究残疾人体育运动的产生和发展状况及其规律，这是特殊体育宏观研究与微观研究中的重要课题。在这些研究中我们必须考虑到如政治、经济、法律、文化、教育、福利、医疗、康复和健康人体育运动等各方面的因素。同时我们还要认识到，残疾人体育运动的目的不在于创造纪录，而是通过体育运动达到康复与补偿身心功能、增进健康、培养独立生活的信心、勇气和更好地适应社会。只有在建立这些理论基础的认识上，我们的研究才会更加有社会价值。”请再看邓绍根与李兴博的《百年回眸：中国新闻传播教育史研究回顾与前瞻》(《兰州大学学报（社会科学版）》, 2018/4）中的展望：

> **[例 1.32]**
>
> **五、中国新闻传播教育史研究的未来展望**
>
> 随着百年中国新闻传播教育纪念的到来，越来越多的研究者进入到中国新闻教育史研究领域，热度持续升温。但是，回眸百年中国新闻传播教育研究，展望未来，仍会发现研究尚有诸多值得拓展和创新的空间，需要后续研究者深耕细研。
>
> （一）加强新史料挖掘和整理工作
>
> （二）改进研究方法
>
> （三）提升理论思维，探索研究新角度，继续拓展新领域
>
> （四）拓宽中国新闻传播教育史研究的新视野
>
> （五）搭建学术交流平台，培养中国新闻传播教育史研究专业化队伍

其次是影响与效益预测，即新的成就与进展对本领域乃至其他领域发展可能产生的影响与效益。最后是对新问题的预测，即基于发展规律、现有水平、既有条件，经具体分析揭示可能出现的新问题，甚至是可能遇到的困难、挫折等，使同仁知悉，以便应对。如游丹丹与陈福集的《我国网络舆情预测研究综述》（《情报科学》，2016/12）的展望：

> **[例 1.33]**
>
> **4.2　研究展望**
>
> 通过对网络舆情预测分析的研究，本文认为接下来可从以下几方面改进。
>
> （1）从建模过程的角度看，应引入更多的影响网络舆情发展趋势的因素。如考虑网络舆情数据中存在的隐信息、隐关系、语言情感及倾向性等因素，考虑这些因素并对其进行挖掘能更精确地进行预测。

（2）不同领域、不同类型的舆情事件的发展规律存在些许不同，如非常规突发事件舆情、微博网络舆情、高校网络舆情等，有必要建立有针对性的预测模型。

（3）群体智能算法具有较强的实施并行性和分布式处理的能力，而在当前大数据的背景下，能够及时有效从大量的低价值密度的网络数据中浓缩并提取有价值的信息是重要的挑战，因此，建立基于智能信息处理技术的预测模型也是一种有效途径。

四、三大辅助手段

文献研究的手段愈发多样，述评借图、表或数据等说明研究动态的概率也越来越大，既增加了述评的科学性与画面感，也部分消解了述评的枯燥之感。因此，需要巧妙地用好图、表和数据三大辅助手段。因表与图有不少相似之处，在此可以合叙；具体的制作、编辑与排版技巧在此从略。

（一）图与表

图与表有多种类型，总体上的作用就是将所综述内容进行可视化呈现，也可用作整理数据的工具。表格可据相应内容画成格子，也可设为无格表，图也可据内容制成饼图、柱形图等，再分别填入文字或数字，便于统计与分析。如沈楠的《“国家社科基金项目之党史党建课题”研究综述》(《党史博采（理论版）》，2020/6）运用文献计量分析方法，通过对国家社科基金项目数据库创建以来所记录的党史党建研究课题进行分析，分别探讨了关于党史党建课题的项目类别、热点问题、结项时间、研究成果获奖和出版情况，以及作者所属单位、所在地区和专业职务，共用表10个，全文以数据为主，略为分析。

一篇述评不可大量嵌套图表，适于图表化时才应采用。能用文字说清楚时一般不需用图表。图表的形式与内容均需精心设计，设计时至少可以考虑以下几点。

第一，具有自明性，即无须证明或不证自明，一目了然。如例1.34就是对中国译论关键词出现的频次进行分析，捕捉其研究热点30年内的趋势，由年份、关键词和频次即可看得一清二楚。

第二，图表中内容按规律与特定顺序排布。图表中内容不与正文表述重复，但相关术语、符号、单位等应一致。如例1.34主要是按年份的先后顺序完成了全表布局。

[例1.34]

中国译论研究还可根据关键词分析观察其研究热点变化。由表1.15可知，1990年代和2000年代是中国译论研究热点大量涌现期，关键词也由比较宏观宽泛的“翻译理论”“翻译学”等逐渐细化到具体的译论研究领域的各分支、各视角和各种转向，如“翻译史”“女性主义”等。2007年之后没有可以入表的高频关键词，侧面反映了翻译学研究越来越发散，越来越细化。

表 1.15　中国译论研究热点 30 年趋势

首次出现（年）	关键词	频次	首次出现（年）	关键词	频次
1991	翻译理论	98	2001	译学研究	13
	中国译学	56	2002	西方译论	19
	翻译工作者	22		翻译学科	17
	翻译家	12		主体性	13
1993	传统译论	150	2003	翻译标准	11
	中国传统译论	89	2004	对外传播翻译	27
	翻译学	43		女性主义	25
1994	文学翻译	24		翻译策略	16
	中国翻译理论	11	2005	翻译	50
1996	翻译实践	27		中国	14
	中国翻译学	13		翻译活动	10
1998	翻译理论研究	18	2006	中译英	29
	中西译论	15		译者主体性	26
2000	中国翻译研究	15		译论	17
	译者	14		翻译思想	13
	《中国翻译》	13		解构主义	10
2001	翻译研究	58	2007	翻译史	15

第三，图表结构力求简洁，便于排版。结构复杂，不利于阅读与制作。绘图占幅宜适中，线条均匀。如例 1.34 为了减少版面，特将表格在通栏上重置一次。

第四，表中参数需标明量和单位的符号，如百分率“%”、资金单位“万”等。若全栏单位一致，只需统筹标注，不必多次出现。如可将该单位标注在表的右上角，不写“单位”二字。图中不便于写量或单位的符号时，可在图下专门注明。如表 1.15 中“首次出现”指的是时间，在其后标注“(年)”，下面就不必多次出现时间单位了。

第五，表中左右栏或上下栏内容相同时，应重复显示或以通栏或通列用同一内容，不宜用“同左”“同上”字样替代。

第六，图表随文排版，先出文字后设图表，最好在同一页面内；表若过长，需换页，则在第二页表的右上方标注“续表”等。图表格若不太宽，可以设计得相对紧凑，左为文字，右为图表，或相反，如例 1.35 中的图 1.2。

[例 1.35]

“中国翻译理论发展史”，一指中国译论客观发展史，二指对其认识史，具体指历时性地追寻、描绘和探索中国译论的起源、演进、变革、延续等环节，细分为基建史、重建史与创建史。整个研究贯通古今，立中融西，史论兼顾，旨在构建中国译论话语体系，巩固翻译学科地位，促进中国由翻译大国走向译论强国（见图 1.2）。

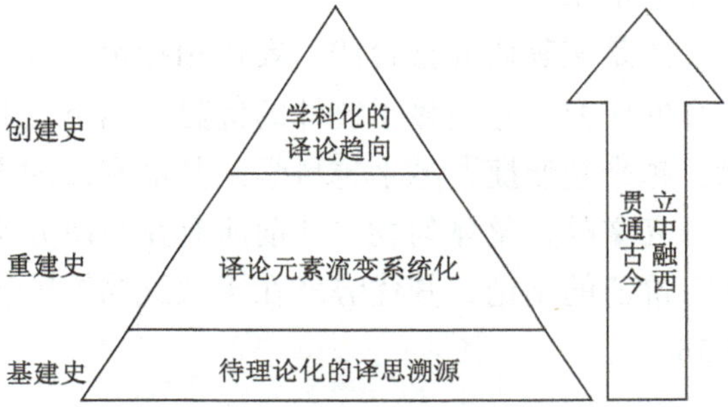

图 1.2　中国译论发展史图解

注：1）基建：发掘史料，译思夯实译论基础；
2）重建：完形改造原有译思与译论书写；
3）创建：基于传统与外来创造建立译论。

第七，设图表序。文章若是图表不多，不影响理解，也未前后反复利用某图表，则不用设图表序。若是图表较多，则需为图表排序，用阿拉伯数字连续编号；全文或全书图表不多，不易混淆，则可全文或全书排序，如“表 1”或“图 1”；若全书图表较多，容易混淆，则可各章分别排序，如“表 1-1”或“表 1.1”，表示第一章的第一张表；以及“图 1-1”或“图 1.1”，表示第一章的第一张图。

第八，设图题或表题。图表宜设简明的图题或表题，尤其是图表较多的述评。图序与图题或表序与表题之间空 1 个汉字空间，图序与图题居图的正下方，表序与表题居表的正上方，如例 1.35。

第九，图表的所有文字一般比正文小半号，图中植字时需注意字号大小，局部可以更小。图表的序、图题及表题的文字一般用黑体；表中第一栏文字若是所属的类别，一般用黑体；西文和阿拉伯数字一般用 Times New Roman 字体。

（二）数据

数说思想，是利用技术手段论述人文社会科学思想的巧妙方式，使综述显得更加有理有据。其实，前述图表都含有数据，在此单说，旨在强调，更在于提醒作者将数据贯穿行文，做到图文并茂、表文并茂。

思辨性研究仍然是人文社会科学的主要研究方法，量化研究的比例仍然很小，只是一种实证手段，但所呈趋势逐年略有上升。重视文献述评的实证方法之一就是利用数据。有数据，整个综述就显得客观，可证实、可重复、可提升综述的质量，将更令人信服。

文献综述首用之法是文献研究整合法，要运用特定工具或手段系统地分析研究文献，是对研究的研究。它突显了统计的优势，当下尤其是借系统分析技术整合与综述文献，越来越便捷，越来越科学。其最有效的方法之一便是元分析法：基于大量的研究文献，整体勾勒出此前所有在线研究文献的轮廓。这种方法有助于推导出有价值的结论，其优势就在于通过描绘整体趋势，清晰地把握现状，请见例 1.36。

[例 1.36]

表 1.16　引用突现最高关键词与研究深度的关系

关键词	突现强度	起止年份	1991—2020
翻译工作者	8.6	1991—2005	
科技翻译	3.5	1991—1999	
翻译理论家	4.0	1995—2001	
中国翻译学	3.7	1996—2002	
翻译理论研究	4.7	1998—2007	
译学研究	4.0	2001—2005	
翻译标准	3.6	2003—2009	
对外传播翻译	7.8	2006—2009	
中译英	5.1	2006—2009	

续表

关键词	突现强度	起止年份	1991—2020
女性主义	3.9	2006—2012	
译者主体性	4.8	2008—2011	
翻译	4.6	2008—2015	
译者	4.4	2008—2012	
翻译研究	4.1	2009—2011	
中国传统译论	5.8	2011—2015	

与图 3 高频关键词相比，突变词动态变化能更准确地反映中国译论发展研究的热点。运用 CiteSpace 统计关键词的引用突变，得出突现强度最高的关键词 15 个，图中粗线条代表该关键词发生的时段，标注了具体的起止年份。突变强度越大，表明该关键词在特定阶段的影响力越大。由表 1.16 可知，影响力最大的 3 个关键词为“翻译工作者”（8.6）、“对外传播翻译”（7.8）和“中国传统译论”（5.8）；而突现持续年份最长的 3 个关键词为“翻译工作者”（1991—2005 年）、“翻译理论研究”（1998—2007 年）和“科技翻译”（1991—1999 年），说明国内研究之“究”普遍不深，许多专题需深入发掘。

文献综述是一项研究的基础与前提，而非目的。采用元分析之类的研究整合法可服务于研究目的。文献的元分析对研究的前期积累有量的要求。数据具有量化特征，量化分析方法因此属于元分析。

当今学术信息爆炸，文献海量，数据获取与分析越发关键。面对大量同构的结构化数据，可利用数据挖掘、数据精简、聚类分析、可视化等手段更好地把握学术动态，捕捉热点。动态地观察研究方向，由热点考量研究的关注度。判断热点的指标包括引用率与下载量。当然，对高被引文献要批判地看待，被引率不是绝对值，需作主观分析。以常用的文献计量学工具 CiteSpace 软件为例，可对网上文献进行检索与梳理，得出可视化结果。

第二章　期刊论文类述评[①]

本章题目是一模糊表达，含两类述评，既指期刊论文前言的微型述评，即文首微型述评，亦指作为论文见诸报刊的整篇述评，即独立成文的述评。本章讨论内容以前者为主，谈特色；以后者为辅，略谈与一般论文的相同之处。

第一节　文首微型述评

较之于全文，融入期刊论文前言的述评多是微型的，部分前言中的述评因论文篇幅增长而有所增容，《中国社会科学》《历史研究》等均是典型代表。国内学者不太注重前言中的述评，常见无述评的论文，这反映了当下与传统学术范式的博弈。

一、微型述评作用大

目前期刊论文前言中的述评是最短的一种，篇幅在全文中占比最小，属袖珍型，却具奠基之效。期刊论文若无述评则不可思议，常被审稿人诟病。

前言所含述评其形虽微，作用却不小。其首要作用是穿针引线，瞻前顾后。作为引子内容之一，微型述评虽入前言，但上连标题，下启正文。承上启下旨在推陈出新，立于当下衔起研究的历史和未来，既具历史的厚重感，又启同道的未来梦。其次是定位定点，前沿与前瞻彰显了研究价值。微型述评是最常见的一类述评，即背景式述评，蕴含于学术论文开篇的前言，以介绍研究的意义或背景为主，为研究铺陈大背景，显其比重与位置。紧随其后的简评，既反映了现有研究之不足，又展示了拟作研究的发展空间。如张波的《保障性住房社区研究：回顾与展望》(《浙江工商大学学报》，2017/2）前言中的述评：

① 本章为广东外语外贸大学刘丽芬教授、黄忠廉教授所撰。

[例 2.1]

保障性住房是社会保障体系的重要内容，是旨在保障城市中低收入群体的住房问题，实现“居者有其屋”、维护社会公平正义的重要社会政策之一[1]。近年来，中国保障性住房的建设正在以空前的速度发展，使得越来越多的人已经或将要获得保障性住房政策的惠及[2]。与此相随的是，保障房社区①普遍出现。这类社区是一种典型的特殊社区，是根据国家住房保障政策及相关规定引导下，由政府统一规划设计，享有一定政策优惠及建设标准，专门向城市中低收入群体提供带有保障性质的住房所形成的社区，主要涵盖因整体成片开发解困房、安居房、经济适用房、廉租房、重大工程或旧区改造等建设项目的拆迁安置住房而形成的社区[3]。保障房社区的快速扩展并不意味着保障性住房政策功能的实现，保障房社区居民安居乐业才是保障房政策促进社会包容与和谐功能的关键。然而，目前保障房社区存在着入住满意度低、公共服务配套差、财政资源紧张、居民认同感差等问题，所以，对保障房社区研究势必会成为今后政府管理部门、学术领域、民间组织等共同关心的话题。而对目前我国学术界有关保障房社区的研究情况进行系统总结，分析研究取得的成果，指出研究中的不足，明确以后的研究方向，则是当前学界的一项重要任务，这对进一步促进保障房社区建设，实现保障性住房政策功能都有着重要的理论和应用价值。

前言开篇导入三篇文献，先点明保障性住房的政策要义，再正面肯定其建设成效，继而导出保障房社区，说明其典型性与特殊性。作者由此开始切题点评，并指出保障房社区成功的背后存在至少四个方面的问题，将问题升级为各方共同关注的话题，并将其确立为论文选题。最后几句道出了研究的价值与意义。

二、述评的常位与变位

微型述评入文位置灵活多样，述与评的比例更是见仁见智，但却有律可循，有常位与变位之分。常规学术论文结构中，微型述评一般在前言部分。请看李秉震的《语体视角下“关于”的语用功能研究》(《中国语文》，2016/2)，前言开门即综述，有述有评，是典型的述评。

[例 2.2]

对“关于”功能的讨论，着眼于语义的较多，这又分两种情况：第一种，关注于话题名词的语义角色，如……第二种，关注于话题和述题之间的语义关系，如……

然而，无论是哪种语义研究，它们都是以话题句的内部语义结构，甚至某个组成成分的语义角色为对象，是一种静态的研究，没有将整个“关于”话题句置于语段甚或语篇等更大的语言环境中来考察，而话题本身就是说话人借以组织语篇的组成单位，因此，脱离语篇的研究不利于我们深入了解“关于”的功能。

事实上，也有一些学者关注到了“关于”的语用、语篇功能，如……然而，上述研究也存在以下几个方面的问题：

第一，功能概括过于宽泛……

第二，衔接和连贯不是“关于”本身的功能……

> 第三，未对“关于”话题句做更为细致的切分……
>
> 第四，研究没有区分语体，因而忽略了很多值得关注的语言事实。比如……
>
> 以上前两点说明，对“关于”的研究仍有进一步探讨的余地；后两点则表明，要想对“关于”做深入分析，必须进一步区分语体以及“关于”话题句的类别。

虽有常规，但也可破规。微型述评的位置与形式均可灵活变通，比如将综述或述评移出前言，紧随其后专列一节或一点，标以“文献综述”“文献回顾”“以往的研究”等类似题目。如裘晨晖与文秋芳的《概念迁移研究新路径：认知对比分析》(《外语教学与研究》，2020/2）在引言之后是“2. 文献回顾”，分为三小节：“2.1 物体域概念迁移研究概述”“2.2 认知对比分析”“2.3 本研究概述”。

有些论文的前言综述相当少，一句带过，但会另设一节专做综述。如朴正九的《从类型学视角看汉语形容词谓语句的信息结构》(《中国语文》，2016/4)，其前言综述是：“对于光杆形容词谓语，学者们虽然已经提出了‘对比’或‘比较’的语义特征，然而对汉语的形容词谓语为何具有这样的特征尚未做出令人信服的阐述。”随后，他另起一节“2. 以往的研究”专门综述。所述居多，所评者少。全文共 9 页（剔除参考文献），“以往的研究”占了 3 页，相当于整体篇幅的三分之一。

还有论文将述评贯穿于结论之外的全文，出现于正文各处。如陈保亚和张婷的《对立的充分性和最大对立环境 ——从兰银官话的四声调说起》(《中国语文》，2018/1）既不设前言，也不单设综述一节，而是将述评的内容分散入文，成其逻辑内容。再如叶建军的《“果不（其）然”的形成及其演变》(《中国语文》，2016/2）的述评没出现在前言，而在“2.‘果不（其）然’的形成”的“2.1 已有观点存在的问题”部分。

不同学界的述评大相径庭，有的学界破规行之更远。如中文界不少论文无前言，分析某个语言现象，一般是先举例，再将综述设为第二部分。如陆俭明的《“施—受—动”主谓谓语句“功能—认知”探究》(《中国语文》，2020/4）开篇通过实例提出问题，第二部分以“引发探究‘施—受—动’句式的原因”为题，只在其“第三个原因，也是更重要的原因，早期乃至今天有影响的一些语法著作，以及现代汉语教材……”中指出“都没有谈论这类主谓谓语句”，又列举了吕叔湘等人的研究，指出他们并未对该类现象进行解释。

三、内外比例宜平衡

前言中述与评的有无及组合的形态丰富多样。众所周知，前言含对已有研究成果的述与评，这是当下的应然，是学术西化的结果，且逐渐成了规范。而实际上，据文史哲期刊论文的检索可知，论文前言或有或无，综述或有或无，无前言或无综述者也不在少数。

含述评的前言与全文的比例要恰当。一般情况下，前言占全文十分之一以内为宜，超过则为多。如江蓝生的《再论“们”的语源是“物”》(《中国语文》，2018/3)，正文 13 页，述评“1. 语源众说”约占 2.6 页，所占篇幅较多。

与之相应，前言述多评少是常态。通常情况下，评占述的十分之一至六分之一，超过四分之一者不多。述多评过少也很常见，有时是观点列举，而评价较少；有的文章在开篇前言中未见综述，而是以表综述义的其他标题呈现。如完权的《“领格表受事”的认知动因》(《中国语文》，2017/3)开头便是“经典评析”，共四小节，分别列举“1.1　吕叔湘(1946)”“1.2　丁声树等(1961)”“1.3　赵元任(Chao，1968)”“1.4　朱德熙(1982)”的观点，简评堪称“点”评，用字极少。作者指出吕叔湘的观点是其研究的基础，丁声树等书中有例已突破“完全没有普通的领属意义”的限制，并分析赵元任书中用例，指出“这些事件在汉语普通话中的概念结构并不同于与格结构”。

还有人重述轻评，综述简练，高度浓缩，但量并不小。相比之下，评价一句带过，颇显微弱。常用极抽象的高度概括词句，如“……尚未研究”“尚未进一步研究”“研究很少”“鲜见……研究”“……鲜见形成一系列有代表性的理论和观点”“有关……的讨论则尚欠全面和深入”“在……中未能涉及”“对……并未作出充分、合理的解释”，等等。此类表述对当下研究无批评之意，少了实质性评价，对研究的未来展开无根预测。重述轻评者中述而不评的也大有人在，无思想批评，全文写作则驱动力不足，会缺乏思想性，力度明显下降。更有甚者，不仅前言无述评，全文也未见综述，这样的文章在当下势必越来越难发表。

四、彰显核心之核心

简述学术史可明前人研究之脉络，亦可定自己未来研究之起点与方向。新创论文要提出新问题，而新问题常以质疑旧文献的结论为起点。由述导评，据评引研，三者是前后联动、水到渠成的关系。简练的综述可铺陈背景，提出问题。必要时导出研究思路，如当下有何问题、已做什么、由何切入等。受篇幅辖制和管控，前言中微型综述的文献数量受限，对所选文献要求极高极精。文献与主题的关联度须最大，最终选定的文献应是核心中的核心。如冯梓琏的《科学与宗教：从史实到理论》(《自然辩证法通讯》，2021/5)的前言：

[例 2.3]

一个多世纪之前，人们还习惯于将科学与宗教理解为势同水火的对立与冲突的关系，并且二者关系发展的历史进程就是科学不断对宗教发起挑战并且战而胜之的历史。[1, 2]然而，随着科学发展的不断深入推进，越来越多的科学家意识到科学并非无所不能，其中最为明显地体现在处理伦理问题。另一方面，科学与宗教之间的“冲突”观念也在历史研究中被认为某种程度上属于社会性的产物。由于诸如此类的内因与外因，导致人们在科学与宗教的关系问题上日益对冲突论进行更多的思考与反思，宗教社会学的新范式表明科学的发展与宗教并非此长彼消的关系。[3]科学与宗教的关系问题也成为经久不衰的热门话题。

这是一篇非常简明的微型述评，以述为主。篇幅较短，所用三篇文献皆是精挑细选的结果：“[1] Draper, J. W. *History of the Conflict Between Science and Religion* [M]. New York: D. Appleton & Company, 1874. [2] White, A. D. *A History of the Warfare of Science and Theology* [M]. New York: D. Appleton & Company, 1896. [3] 方敏. 从宗教社会学新范式看科学与宗教[J]. 自然辩证法通讯，2016，38（5）：88-95.”。从所选文献的标题上可以看出其关联度极高：第一篇论及科学与宗教矛盾史，第二篇论及科学与神学之争的历史，第三篇是科学与宗教的社会学考察。三篇文献可谓“重中之重”“核中之核”。

由例窥斑知豹，精选文献的原则可概括为：①选代表性作者的代表作，或权威学者发表、权威期刊刊登或权威出版社推出的作品；②重要的、经典的、前沿的文献紧扣研究视角，接近研究核心；③主次分流，主要文献入前言，次要文献可分流入正文，既求主次各得其所，又为正文增添论据。

五、高度概括篇幅短

简述之后简评，简评之后旋即提出论文的问题。期刊论文的述评一般不独立成段，而是选取 5 篇左右最相关、最经典或最新颖的文献，遵循一般到特殊、宽泛到窄专的规律，一一道来。期刊论文的微型述评是选择性综述，入选者须具有典型性。又因篇幅有限，文献得精选，才会中用，更会切题。

以万字论文为例，前言中的述评若过千，可算超。说到底，要明白论文最关心的是什么。前言最好不过 1000 字，其中述评可占 700 字左右。其他篇幅的论文可据此比例做相应伸缩，以保证论文前言与正文在比例和结构上保持恰当的张力。能入前言的内容须思精语简，经浓缩后可成为凝练性转述。短小精悍决定了从文献中所取的对象是“什么”，而非“如何”与“为何”，只述作者的观点或研究的结论，而无须赘言转述方法与理由。因此，引文宜少而精，与主题关联度高，直接引文极少，分量极重者才用，多数是间接引文，转化与浓缩文献观点。如贾璐萌与陈凡的《当代技术伦理实现的范式转型》（《东北大学学报（社会科学版）》，2021/2）前言中的文献概括：

> **[例 2.4]**
>
> 世纪之交，技术伦理学界出现了一股研究范式的转向潮流，具体表现为伦理关注的对象从技术工作者和技术后果转向技术活动的内部机制和动力，伦理反思的时机从技术应用阶段拓展到技术研发阶段，伦理研究的方式从批判性反思转向经验性描述。国外学者将这种研究范式的变化概括为从“外在进路”（externalist approach）向“内在进路”（internalist approach）的转向，即技术伦理研究不再执着于站在外在于技术活动的立场上进行批判与说教，而是积极致力于深入技术发展的过程当中考察技术语境中的伦理问题[1]。这一转向进一步投射到践行技术伦理的实践活动中，影响到技术伦理实现的范式选择，从而引发了技术伦理实现范式的当代转型。

述评的整体篇幅不能过大，二者比例亦不可失衡，列出长串人名和时间的方法更不可取。只见多人成“众”，不见观点被“综”，点评更是不见踪影，空占了篇幅，有喧宾夺主之嫌。与其相反，例 2.4 前言不长，综述未综。文献仅一篇：“[1] van de Poel, I., Verbeek, P. Ethics and Engineering Design [J]. *Science, Technology and Human Values*, 2006, 31(3): 223-236.”。例中直引原文献术语“外在进路”和“内在进路”，按关联度顺序，介绍了文献的主要观点“技术伦理研究不再执着于站在外在于技术活动的立场上进行批判与说教，而是积极致力于深入技术发展的过程当中考察技术语境中的伦理问题”，语句具有转述性，也更具概括性。

六、引而不发细斟酌

文贵在曲。学术论文开头不能直奔主题或直露观点，述评时要尤为细心。述评是基于前人时贤的思想，通过批评引出自己的思想。因此，在评的部分最容易混淆他人与自我，过早暴露思想会使论文缺乏吸引力。最好的办法就是由述转评后引而不发，在“引”“发”之间保持平衡，需要作者反复揣摩拿捏。如林少阳的《西学相遇中的章太炎“引申”概念新解——与其文论、语言思想的关联》（《杭州师范大学学报（社会科学版）》，2020/2）前言中的片段：

> **[例 2.5]**
>
> 本文包含如下的内容。首先，将从概观章太炎小学的主张入手，阐述他的小学何以与其“文”论相关。这样的论述方法虽略嫌迂回，却是理解其独特的批评理论和语言思想的必要途径。其次，在此基础上，本文将重点讨论章太炎的“引申”（引伸）概念的内涵，探讨章太炎透过日本明治宗教学学者姉崎正治（1873—1949），与德国学者、牛津大学比较语言学、比较宗教学开创人马克斯·穆勒（Friedrich Max Müller，1823—1900）相关理论的关联。所谓“引申”，原本

> 属朴学中文字训诂方面就字、词之衍生、流通、使用情况的研究概念。本文将阐明章太炎思想中如何将传统的小学概念作为基础，对语言文字之学的理论予以重构。章太炎的这一重构，一定程度上也契合同时代马克斯·穆勒的比较语言学理论（comparative philology 或可翻译为比较古典语文学）。再次，章太炎对“文”的思考与时代的关系，也将是本文关注的一个方面。面对忘却现实、萎靡不振的“文”，章太炎所重构的“文”之理论，目的之一，也是以改变现实为鹄的——具体而言是改变知识分子与语言、语言与现实的关系。而他对“文”以及与之相关的“修辞”概念的解释，亦与如何面对“西洋”这一新的普遍性课题相关涉。最后，在以上讨论的基础上，本文还将关注章太炎与对压抑历史性和现实性之“美”的意识形态批判之间的关联，以彰显其重要的思想史意义。

该片段取自原文前言的第三段。此前两段也是在做小综述，本段则引出了要研究的三个问题，层层深入，讨论了“引申”及其与其他方面的关联。但一直是“犹抱琵琶半遮面”，产生了前言引而不发的效果，勾起了读者的阅读欲望。

这与通常所说的开门见山并不矛盾。所谓开门见山，指论文开篇之末提出问题，段末提问之前有述评。期刊论文的述评重在陈清已有文献与所究问题之间的差距。述，转道他人思想，无须多言；评，则在分析问题之后，先肯定前人成就，指明优势，更说其不足，尔后揭示并表述问题，不急于对问题直接作答或抒发己见，但可提出所要解决的问题与思路或方法。前言述评的最大作用是引而不发，作者独特的思想留待正文逐一展露。

第二节　独立成文的述评

除入期刊论文前言的微型述评外，还有刊发于报刊的整篇述评，按照发表形式可分为期刊论文和报纸两类。前者是整篇述评的典型，后者在综述格式方面区别于前者，且不具典型性。述评以期刊论文形式发表，首先需照单篇论文的格式要求撰写，人文社会科学论文一般由标题、摘要、关键词、绪论（前言）、本论（正文）、结论、致谢、参考文献等构成。此乃常识，在此不赘，只在常识下谈特色，点明可注意之处。

一、述评的前言有别

前言的常规不宜变。作为单篇论文述评的前言，极具特殊性。前言是述评的开头部分，除含有目的、意义、主要方法、范围、背景之外，还应言简意赅地阐明当前述评的问题，交代述评意图、创新之处及其理论或现实意义。因全文要做文献述评，具体或一般的文献不宜进入前言。前言中的述评至多只涉及已有述评，点明本次述评与以往述评的区别和联系。此外，还可着重介绍文献整合的方法等。如崔凤与王伟君的《国外海洋社会学研究述评——兼与中国的比较》（《中国海洋大学学报（社会科学版）》，2017/5）的前言：

> **[例 2.6]**
>
> 自国内发表首篇以“海洋社会学”为题的学术文章以来，中国海洋社会学发展至今已有十余年的历史。[1]作为社会学应用研究的一个新领域，海洋社会学的产生与海洋世纪的到来以及海洋强国战略的提出密切相关，在确立研究对象和建构理论体系的过程中完成了作为独立的社会学分支学科的建立，成为了具有鲜明中国特色的学科之一。在学科发展的最初十年，从事海洋社会学的学者们在学术研究上主要做了两件事情：一是从理论上论证“海洋社会学作为社会学的一个分支学科”何以可能；二是展开大量的经验研究以佐证海洋社会学对经济社会发展，尤其是对中国海洋大开发战略的价值所在。[2]然而对国外海洋社会学的研究却鲜见于学术期刊。国外是否存在海洋社会学，假如存在的话，其当前发展状况如何？诸如此类问题并未进入当前学者的视野。因此，本文试图以国外海洋社会学的产生与发展为研究出发点，利用 EBSCO、ResearchGate、Academia 等外文数据库进行检索，在建立于数量有限的学术文献基础之上，发现国外学者对海洋社会学已进行了数十年的研究，所涉及的国家包括波兰、加拿大、澳大利亚、德国等，同时这些国家之间的交流与合作日渐频繁，跨领域跨学科的比较研究成果不断出现。他山之石，可以攻玉。国外海洋社会学如何产生又如何演变？独自发展而来的中国海洋社会学与国外之间存在哪些异同？在海洋世纪和全球化的背景下，国外海洋社会学的产生与发展对中国海洋社会学又有何借鉴意义？上述问题就是本文要重点回答的。

本例述评了国外海洋社会学研究，前言选用了两篇文献，分别是：“[1] 庞玉珍：《海洋社会学：海洋问题的社会学阐释》，《中国海洋大学学报（社会科学版）》，2004 年第 6 期，第 149-152 页。”“[2] 唐国建：《建构与脱嵌——中国海洋社会学 10 年发展评析》，《中国海洋大学学报（社会科学版）》，2015 年第 4 期，第 29-37 页。”前一篇交代所究对象的概念，必用；后一篇综述了所究对象的十年研究的概况，与本例所究主题相适，非用不可，同时也呼应了文章副标题“兼与中国的比较”。海外学者对海洋社会学数十年研究的文献涉及波兰、加拿大、澳大利亚、德国等国，此时不必列出，留待正文充分展示。此外，文中述评所用数据库有 EBSCO、ResearchGate、Academia 等。

二、综述呈伞状系统

述评类论文的核心是综述，综述选材广泛，却不可“散”。为防止松散，需将所综述的内容条理化，至少需要遵循以下原则：①连贯性，即完整、连贯、前后一致地讲清学术故事；②递进性，即所综各部分或各观点环环相扣，层层推进，走向完整；③逻辑性，即前后内容按时空或事理结构布开，有层次，思路明，逻辑清，便于理解；④简洁性，即述评单独成文，篇幅比微型述评成十倍地扩充，但也要求思精文简。体量虽有放大，但简述简评仍是标准。

综述易出现的“散”状可聚集为“伞”状。首先，核心论点或总论点的明确犹如红线贯穿全文，又如伞柄操控整个雨伞系统，起到收合作用。再将总论点分解，分论点围绕主轴自由开合，依次横向张开，紧扣住纵向的主干。众家学说不论多少，均可借此层层递进地呈现，每节每段甚至每句的大小论点均与总论点相关，条理清晰且逻辑严谨的综述体系自然成形。如刘云刚、叶清露和许晓霞的《空间、权力与领域：领域的政治地理研究综述与展望》(《人文地理》，2015/3）综述的结构（表 2.1），总论点是权力赋值于空间的产物，这是解读现实世界权力-空间关系的重要视角；下分三个分论点，每个分论点又分出两到四个具体论点，各论点以短语形式呈现为二级标题；三个层级的标题构成了述评“金字塔”。

表 2.1　综述伞状系统

题目	各级标题	
《空间、权力与领域：领域的政治地理研究综述与展望》	1 引言	—
	2 空间、权力与领域	2.1 空间：从物质实体到社会建构
		2.2 领域：空间、权力与边界
	3 人文地理学中的领域内涵及其发展	3.1 从生物领域性到社会领域性
		3.2 从国家领域性到多尺度领域性
	4 政治地理学中的领域概念运用	4.1 领域增殖
		4.2 身份政治
		4.3 领域化
		4.4 领域政治
	5 讨论与展望	—

“金字塔”状的伞状综述自上而下分别是：总论点—分论点—分分论点。总论点由分论点支撑，分论点又由分分论点支撑。在文章结构上则是一级标题下分二级，二级标题下分三级，三级论点足以反映某一领域研究的动态。各级标题简明扼要，上下位概念包孕与被包，同级概念语法形式以同构为好。

三、述与评详略分工

简单的合述无益于知识的精进，批判性或解释性诠释才有益于知识创新。

与前言中的微型述评不同，独立成文的述评篇幅更为丰满，结构也更为复杂，具有完整的学术论文形态。因而，不仅要阐明“是什么”，还要阐明“如何”与“为何”。由“是什么”与“如何”显示综述，告诉读者已做哪些研究，以及是如何研究的；还要由“为何”显示评价，告诉读者为何有此成果，因何而显优劣。

文献思想转述还会受制于文献量。一般而言，只“述”列前人观点，再在评价中提出自己的看法。内容高度概括，不展开；若与本研究高度契合的核心文献可稍作展开，对主要文献的观点需点明突出，可以展开分析与发掘。若关联度稍弱，文献又较多，则只需浓缩观点，不用再展开。对众多文献的整体把握与反思，合并同类项，提取公因式，作出概括。如此一来，点面结合可提出更深更新的问题，推出更值得探究的选题。如刘小燕与崔远航的《中国共产党百年新闻政策的研究图谱与未来落点》(《新闻与传播研究》，2021/2）的前言：

[例 2.7]

新闻舆论工作一向被中国共产党视为重要工作内容之一。早在 1921 年中国共产党第一次代表大会通过的第一个决议和第一个纲领中，对宣传队伍的组织构成和政治思想、党内宣传委员的设立等就有所规定。而中国共产党新闻事业的发展、中共领导人新闻思想的沿革等等主题均是新闻史、新闻理论等新闻学领域研究者长期关注的重点。相较而言，作为中共新闻活动重要组成部分之一，新闻政策较少作为主要研究对象。部分研究并未明确界定何为“新闻政策”，仅从新闻史学的角度将其纳入整个新闻事业予以考察[①]；鉴于当前中国尚未出台专门的新闻法，还有一些研究从新闻理论视角将之与新闻法律法规一起解读，并着力剖析如何推动新闻政策法律化，或将新闻政策等同于新闻思想[②]；另有部分研究从新闻实务出发，将新闻政策视为新闻活动的路线、方针等[③]。整体来看，若以“中国共产党”或“中国”与“新闻政策/媒体管理/宣传政策/新闻纪律/舆论管理/新闻制度/新闻体制/宣传制度/媒体政策”等关键词在中国知网进行初步检索，可见此主题下国内相关研究在上世纪 90 年代以前都较为有限，此后数量逐年增长，尤其在 2008 年以后，以媒体运营政策、媒体监管政策为主要研究对象的文献不断增多。但整体来看，当前研究对于何为“新闻政策”或者说“中国共产党新闻政策”的概念外延仍未达成共识，在具体的研究议题上也呈现新闻学视角下某些问题规模性聚焦，对另一些跨越政治学视角的问题仍存在大块空白。本文旨在梳理并厘清“中国共产党新闻政策”概念的基础上，总结现有相关研究的兴趣落点，发掘该领域仍待填充的空白点，勾勒当前中国共产党新闻政策的研究图谱。

例中下划线为本书笔者所加，其前内容主要是综述，涉及几位作者，以脚注方式标明所涉文献。如第一个脚注中包括如下文献：“兰芹：《新闻政策法制化：对传媒实施依法管理的探索》，《新闻知识》2008 年第 8 期；向长艳：《新中国成立以来中国共产党新闻政策法制化历程及启示》，《云南行政学院学报》2011 年第 2 期；陈昌凤、杨依军：《意识形态安全与党管媒体原则——中国媒体融合政策之形成与体系建构》，《现代传播》2015 年第 11 期。”对其内容可概括为一句，即“部分研究并未明确界定何为‘新闻政策’，仅从新闻史学的角度将其纳入整个新闻事业予以考察”。下划线部分才是评论，可谓是简评；下划线之后的内容是该文的内容与目标。

四、结论可有可无

时下，不痛不痒的结束语越来越多。已是“日用不知，习焉不察”了。作为论文，述评应当给出结论。所谓结论，是论文的主要结果、各论点的总括。一般的结论是对前面综述与评语的再次概括、简括。例如，邓绍根的《正本清源：“马克思主义新闻观”概念的生成与发展》(《湖南师范大学社会科学学报》，2021/2）就用了“结论”，近 1500 字，使得正文篇幅达 17 页之多。结论可以略长，但略简更佳。该文是述评过渡到原创（具体参见第十一章）的例子，是“马克思主义新闻观”概念史研究，由几十篇文献的综述深入历史发展的研究，更多带有自己的思想，因此作出结论也是十分必要的。

若不能得出结论，也可无结论而继续讨论，甚至是结论之后再加“余论”，或是写上结束语，在其中提出建议、设想、改进的意见或待解决的问题。这在功能上近乎评价，与述评的“评”相吻合。既如此，何不就以评价作结论？！从综述到简评，已给出了意见和方向，顺水推舟，也可算作不是结论的结论。若是再写结论，不免有画蛇添足之嫌。处理好评与述的顺接关系，内容的逻辑性自会一致。

五、文献的参考与标注

图书与期刊等正式出版物的文献述评可执行《信息与文献 参考文献著录规则》（GB/T 7714-2015）之规定。单篇论文的参考文献不是越多越好，有人建议每千字约 2 篇文献，一篇万字文的参考文献 20 篇左右即可。这一建议值得参考，不妨借鉴。不过，述评类论文并不在此列，因为其本身由十几、几十、上百篇论文的综合叙述加评论构成。述评的研究性参考文献主要是被综述的文献和极少数的方法论文献。

超过 50 条文献附在文末，阵势过大，成为述评的特色性“累赘”。为解决“尾大不掉”的问题，有的期刊以脚注方式标注文献，取得了意想不到的效果。如刘炳辉与熊万胜的《人口流入型地区社会治理研究述评》(《华东理工大学学报（社会科学版）》，2017/3），全文参考文献共 72 条，若全部集于文末，会显得冗长。随文脚注则巧妙地化解了这一难题。

还有一种处理方式，即不论是脚注还是尾注，作者或者编辑将所有论及同一观点的文献连排，整体当作一条集合文献，脚注或尾注只标注一个序号。如周建新与杨啸的《中国跨国民族研究的脉络与趋势》（《湖北民族学院学报（哲学社会科学版）》，2019/6）中的片段：

> **[例 2.8]**
> 一批学人多使用和论及“跨界民族”的概念，显示出对此概念的高度认同。[②]

文中第二次文献的标注使用了脚注：②参见葛公尚：《试析跨界民族的相关理论问题》，《民族研究》1999 年第 6 期；朱伦：《“跨界民族”辨析与“现代泛民族主义”问题》，《世界民族》1999 年第 1 期；曹兴：《跨界民族问题及其对地缘政治的影响》，《民族研究》1999 年第 6 期；曹兴：《论跨界民族问题与跨境民族问题的区别》，《中南民族大学学报（人文社会科学版）》2004 年第 3 期；曹兴：《中国周边安全中的跨界民族问题》，《中南民族大学学报（人文社会科学版）》2015 年第 4 期；丁延松：《“跨界民族”概念辨析》，《西北第二民族学院学报（哲学社会科学版）》2005 年第 4 期；吴楚克：《为什么选择“跨界民族”而不是“跨国民族”？》，《中国民族报》2016 年 9 月 16 日，第 8 版；黎海波：《“一带一路”战略下“跨界民族”概念及其逻辑连接》，《湖北民族学院学报（哲学社会科学版）》2017 年第 1 期。

六、与相关著述的关系

述评类论文与硕博士学位论文、博士后出站报告、专著、科研项目均有关，既可产于前，也可成于后。先期产出的述评类论文，有助于判定选题是否有价值，能否写成相应的学位论文或出站报告，能否驱动书稿面世，以及是否利于项目申报。若可，则完全可以去掉论文的相关格式，按学位论文、专著或项目书的要求改造，入乎其中，成其有机部分。

更有可能的是，在学位论文或出站报告、专著与项目申报书撰写过程中或之后进行拆分，并整理成文，以求发表。所析出的内容不能直接发表者，必经文类转型改造，方可生成学术论文。书文和项目报告的一部分按论文格式可逐项改造，为其“穿鞋戴帽”，缀补各种零部件，摇身一变，一篇完整的论文便活脱脱地现于眼前。

第三章　学位论文类述评[①]

学人是一群孤独求智者；做研究，旨在训练独立发现与解决问题的能力，学会享受求智的孤独。进入学术前沿，仿佛登顶者，环顾四周，一种孤独感油然而生。求智路是寂寞之路，所究领域无人或少有人碰，所成之作很小众，导师未必能全懂，遑论大同行和外行。无论学习、研究的起点在哪，对于学人而言，阅读文献都是增加知识宽度和厚度的必经之路。在求学数载最终形成的智慧结晶——学位论文中，文献综述正是那一束光，照亮自己的同时，引领着读者一步一步地走进你的研究世界。

第一节　走近学位论文述评

学位论文是本科生和研究生为了毕业并获得相应学位而撰写的研究报告或学科论文，是学习、研究与实践成果的全面总结。学位论文述评，即学位论文中的文献综述，是学生对与论文选题相关文献中的研究问题、观点和方法等进行的梳理、整合与评价。

一、学位论文述评聚焦

在对学位论文选题进行述评之前，首先需要了解什么是学位论文述评。学位论文述评主要包括文献综述的结构、内容及其重要性。

学位论文的文献综述与发表于期刊的一般学术论文有所不同。从结构安排上看，一般学术论文包括摘要与关键词、正文和参考文献，而学位论文由封面、摘要与关键词、目录、正文、参考文献、附录、致谢等部分构成（表 3.1），文献综述通常占学位论文正文的一章或者绪论（也被称为前言、引言、导论等）的一节。其次，在正文内容上，学术论文主要由绪论、主体和结论/语组

① 本章为中南大学袁圆副教授、广东外语外贸大学黄忠廉教授所撰。

成，学位论文的前言与结论则是针对整篇研究论文而言，具体到文献综述的章节，开头无须再单列前言标题，可以简短的概括性语言引出述评内容，综述主体则主要是对论文选题国内外研究现状的回顾与分析，最后总结评价，导出研究问题。

表 3.1　学位论文与一般学术论文的区别

<table>
<tr><th colspan="2">章目</th><th>学位论文</th><th>一般学术论文</th></tr>
<tr><td colspan="2">封面</td><td>包括论文题目、学院、年级、专业、姓名、学号、指导教师等信息</td><td>无</td></tr>
<tr><td colspan="2">摘要与关键词</td><td>简述研究目的、主要内容、研究结果、结论、科学意义或应用价值，一般 200—400 字；
关键词供检索使用，应为通用专业词汇，一般 3—5 个</td><td>有</td></tr>
<tr><td colspan="2">目录</td><td>包括摘要、正文主要层次标题、结论、参考文献、附录以及致谢</td><td>无</td></tr>
<tr><td rowspan="3">正文</td><td>绪论</td><td>选题目的、背景与意义、主要内容，对所研究问题的认识，以及提出的问题等</td><td>部分有</td></tr>
<tr><td>主体</td><td>研究主要内容</td><td>几乎相同</td></tr>
<tr><td>结论/语</td><td>全文主要成果的归纳，可评价论文的主要工作，提出建议、研究设想及尚待解决的问题，突出创新点</td><td>有</td></tr>
<tr><td colspan="2">参考文献</td><td>论文中引用文献出处的目录表</td><td>有</td></tr>
<tr><td colspan="2">附录</td><td>不宜放在正文中但有重要参考价值的内容（如公式的推导、程序流程图、图纸、数据表格等）</td><td>无</td></tr>
<tr><td colspan="2">致谢</td><td>对导师和给予指导或协助完成研究的组织与个人表示感谢</td><td>一般无</td></tr>
</table>

作为对学位论文研究领域相关成果的综合思考与归纳总结，文献综述是学位论文不可或缺的重要组成部分。

1. 撰写要素

高等院校本科生和研究生的培养方案对学位论文写作有着明确规定，其中包含了文献综述的撰写要求。文献综述首先是构成学位论文开题报告的基本内容，学生需在导师指导下，根据选题原则，在调查研究、文献查询、理论分析及文献综述的基础上，形成书面的开题报告，如《上海外国语大学研究生学位论文开题论证实施办法》（上外研〔2017〕22 号）的规定。部分高校直接将文献综述列入学位论文格式要求，例如，一般在绪论部分指明，其内容应包括“国内外研究状况和相关领域中已有的成果”（《湖南大学本科生毕业论文撰写规范（大文类）》），或“要对本研究主题范围内的文献进行详尽的综合述评”（《北京大学研究生学位论文写作指南》)，有的说明了国内外文献综述应包括的具体内容，即“国内外文献分析，以及文献评述等，突出本研究和已有文献的差异”(《中南大学研究生学位论文撰写规范（2020 年修订版）》)；还有的则从写作内容及要求上提出“作者应在了解本研究方向国内外发展动向的基础上突出自己的工作特点”(《清华大学攻读硕士学位研究生培养工作规定（2010 年修订版）》)，“能够梳理和归纳同类问题的研究或实践现状”(《北京大学法律硕士专业学位（涉外律师）研究生指导性培养方案》)。可见，无论是哪一级的毕业论文，阅读、梳理文献并对文献进行述评都是撰写论文的一项基础性工作，文献综述是学位论文的基本要素。

2. 评审重点

学位论文是各高校授予毕业生学位的一项重要指标。一方面，学校要求学位论文撰写需反映出学生的能力水平，除了综合运用所学知识解决问题的能力，还应包括查阅与整理文献资料的能力(《广东外语外贸大学本科毕业论文（设计）指导手册（2016 年 12 编制）》)，即文献综述的能力。文献综述是论文选题的主要依据，因此，在论文开题论证中，专家将通过阅读文献综述对论文选题的可行性进行论证，分析难点，明确方向，以保证学位论文按时完成并达到预期结果[《上海外国语大学研究生学位论文开题论证实施办法（2017）》（上外研〔2017〕22 号）]，博士研究生更需要在广泛调查研究、阅读文献资料、搞清楚主攻方向上的前沿成果和发展动态的基础上，提出学位论文选题，由导师和指导小组严格把关(《北京大学博士研究生培养工作规定（最终版 2019）》)。

另一方面，随着跨学科研究不断发展，研究内容及方法不断深入与拓展，学生的创新思维得到激发，催生了很多新兴选题。然而，无论是指导教师、答辩评委还是盲审专家，他们都有其各自精专的研究领域，掌握的知识不一定面面俱到，因此有可能并不熟悉学生学位论文的选题。在这种情况下，专家们会极其重视文献综述的内容和写作规范，因为他们能够在有限的评阅时间内，通过文献综述快速了解选题背景、研究现状及意义，从而理解整篇论文的内容，给出中肯的建议与评价。

3. 价值体现

对于任何学生而言，文献综述都是学位论文写作与学术研究的起点和动力。撰写文献综述能帮助他们找出尚未回答或解决的问题，为学位论文写作和学术研究做准备，还能从他人的研究中获得发现、分析、评估和整合信息的经验与技能，并习得有助于论文写作的研究方法与途径。此外，学位论文述评本质上是一个长期持续的过程，从阅读第一篇相关研究文献开始，直至论文的终稿，研究逐步深入，阅读文献数量不断增加，学生要一直对引用文献进行再梳理和再总结，述评内容也随之调整与修改。在此过程中，学生的分析归纳能力和写作能力都将得到提高。可见，学位论文述评不仅是获得学位需要攻克的一个关键环节，其写作过程和文字成品都可成为一个学生学术或职业生涯的基础。

学位论文述评将研究主题置于语境之中，展现历史背景，介绍相关术语及该领域的研究情况，并对已有知识进行总结和评价。除了更好地帮助读者了解其论文主题，向答辩专家表明自己对所在研究领域的熟悉程度，学位论文述评还将为正在研究或解决的实际问题提供有力支撑，从而突显其研究主题的重要性。任一研究成果都非凭空想象而得，也不是孤立存在的，理论的产生及应用、知识的更新都需要前期的积累，每一篇文献或每一个研究都会加深学生在该背景领域内对知识的理解，能够发现研究空间或空白，揭示出一个研究问题而进行更深入的研究；一篇优秀的文献综述甚至能描绘出一个脉络清晰完整的学科发展史，成为该研究领域的重要转折点和奠基石。

二、学位论文述评级差

根据《中华人民共和国学位条例》的规定，我国高等教育学位分为学士、硕士、博士三级，学位论文则分别对应学士学位论文、硕士学位论文和博士学位论文。该条例对不同等级学位的授予条件做出了明确规定（表 3.2），各高等院校和科研机构在此基础上制定学位论文撰写规范。这三个阶段展现了一个循序渐进的学习过程，即求知者由被动接收者转变为主动探索者，从学习知识逐渐上升到创造知识。对文献综述的写作要求同样由简入繁，无论是文献量，还是撰写内容及方法，都是逐级递进的（表 3.3）[①]。

表 3.2 不同等级学位的授予条件

学位层级	学生	授予学位条件
学士学位	本科生	1. 成绩优良； 2. **较好地**掌握本门学科的基础理论、专门知识和基本技能； 3. 具有从事科学研究工作或担负专门技术工作的**初步能力**

① Chris Hart. *Doing a Literature Review: Releasing the Social Science Research Imagination*[M]. London: Sage Publications，1998.

续表

学位层级	学生	授予学位条件
硕士学位	硕士研究生，或具有硕士研究生毕业同等学力人员	1. 通过硕士学位的课程考试和论文答辩，成绩合格； 2. 在本门学科上掌握**坚实的**基础理论和**系统的**专门知识； 3. 具有从事科学研究工作或独立担负专门技术工作的**能力**
博士学位	博士研究生，或具有博士研究生毕业同等学力人员	1. 通过博士学位的课程考试和论文答辩，成绩合格； 2. 在本门学科上掌握**坚实宽广的**基础理论和**系统深入的**专门知识； 3. 具有**独立从事**科学研究工作的**能力**； 4. 在科学或专门技术上做出**创造性**的成果

表 3.3　不同研究层次文献综述的要求与特点①

学位论文类别	文献综述的特点及形式
学士学位论文	以描述为主，聚焦研究主题；最能体现出研究主题的主要及当前来源。分析正当有理
硕士学位论文	以分析总结为主，涵盖研究方法、研究或论文写作技巧和研究主题。可能有两个以文献为基础的章节，一个是关于研究方法的综述，用以展示对优点及不足的认识，另一个是关于与研究主题/问题有关的理论综述
博士学位论文	以分析综合为主，涵盖关于研究问题的所有已知文献，包括外语文献。能在理论内部和各理论之间进行高层次概念思维。对之前关于该问题的研究进行总结性和形成性评价，并对与之相关的哲学传统及方式进行有深度和广度的探讨

（一）学士学位论文述评

本科毕业论文（设计）是高等院校本科实践教学的重要环节，旨在培养学生综合运用本学科基本理论、专业知识和基本技能，进行科学研究的基本训练，提高分析和解决实际问题的能力。通常，本科生在大四第一学期末便开始其毕业论文的各项准备工作，包括在导师指导下确定论文选题，大四第二学期进行论文的整体撰写，并于 6 月完成论文的评阅与答辩工作。

相较于硕士和博士学位论文，学士学位论文的写作时间较短，不同学校、不同类型的毕业论文对字数的要求不尽相同，一般在 6000—10000 字②。根据学士论文写作要求，本科生应习得文献综述的特点及写作规范，并熟知文献综

① Chris Hart. *Doing a Literature Review: Releasing the Social Science Research Imagination*. London: Sage Publications, 1998: 15.

② 《中南大学本科毕业论文（设计）管理办法》："经济管理、文、法、外语、艺术、医学类专业一般不少于 0.8 万字（外文按双倍字符计算）。"《广东外语外贸大学本科毕业论文（设计）指导手册》："非外语专业本科毕业论文（设计）正文不少于 8000 字；外语专业本科毕业论文（设计）应用外语（所学专业语言）撰写，正文不少于 6000 字（单词）。"

述的完整过程，包括选题、文献检索、文献阅读、文献评价和综述撰写等多个环节。综述内容一般归入论文的“绪论”部分，受字数限制，写作时应力求精简，根据选题可将综述单列为小节标题，分类述评，也可将其与研究背景、目的等结合起来，分段进行简述与简评（例 3.10、例 3.11）。虽然学士学位论文述评以描述为主（表 3.3），但本科生应在对研究知识进行描述、分析与总结的基础上，提出个人的基本观点或建议，从而表明论文主题的意义。学士学位论文综述的写作训练十分重要，能够培养本科生的科学研究意识。

（二）硕士学位论文述评

硕士学位通常被视为从本科基础性学习通向博士高级学术训练的过渡阶段。硕士学位论文应具有一定的学术价值或对国民经济建设具有一定的理论和实践意义，要能体现出硕士研究生坚实的基础理论和系统的专门知识，以及所运用的科学研究方法和技能，并具有新的见解和一定的科研或技术成果。

我国普通硕士研究生分为学术型硕士研究生和专业型硕士研究生，基本学制为 2—3 年,硕士研究生要求至少用一年时间从事与学位论文相关的科学研究工作。硕士学位论文的字数一般在 3 万—5 万字，是一篇系统的、完整的、有一定创新性的学术论文，可以达到公开发表的水平。从硕士学位论文开始，对文献综述部分的要求更加明确与严格，有学者曾提及，综述在整篇学位论文中的占比一般应占全文的 20%[①]。硕士研究生应具备基于广泛阅读文献初步确定论文选题的能力，对文献检索、阅读和评价的能力都应有相应的提高，在文献综述的撰写方面，不仅能对研究主题依据现有知识进行梳理、分析和归纳，还能从研究兴趣或研究话题出发，找到研究的问题，展开较深层次的研究，更加注重原创和文献综述的写作规范。

（三）博士学位论文述评

博士学位论文要求博士研究生所研究的课题在学科专业领域方面属于学术研究或应用研究的前沿，具有较深的科学研究意义，研究工作应对促进国家经济建设和社会发展具有一定的应用价值，更重要的是能产出创造性的成果。

目前，博士研究生基本学制为 3—4 年，经过高级阶段的学术训练，博士研

---

① 安小米按照国际惯例，给出了社会科学学位论文的结构和各个部分的比例：①前言（占全文的 10%）；②文献综述（占全文的 20%）；③研究方法（占全文的 15%）；④研究结果（占全文的 22%）；⑤研究结果分析及讨论（占全文的 20%）；⑥结论（占全文的 12%）；⑦参考资料（占全文的 1%）（安小米. 学位论文写作如何符合国际学术研究惯例[J]. 中国研究生，2003（2）：41）。

究生应具有独立从事科学研究工作的能力。博士学位论文字数要求不少于 5 万字，而一篇博士学位论文涉及多个方面的研究问题，尤其在学科交叉与渗透的大背景下，想体现其研究的创新性和前沿性，需要更全面、更系统的文献综述，提供其研究主题的知识脉络地图，在创造性拓展论证视角、框架、方法和途径等的同时，不断获得新的启发，突显论文的创新价值。一篇好的博士学位论文文献综述应达到学术期刊论文发表的水平，是博士研究生高水平检索、阅读、归纳总结、逻辑推理和写作能力的集中体现。

第二节　分类综述巧训练

不同学科或专业学位论文的内容和性质不同，其研究领域、对象、方法也存在差异，因此，学位论文在撰写形式上是有区别的，文献综述的写法也应根据选题及其撰写特点有所调整。

一、定位论文类型

学位论文最常见的撰写形式主要有理论研究、实证研究和专业学位三大类型。

（一）理论研究类

理论研究类学位论文属于基础研究型论文，学术专业性较强，包括理论研究、人文社会学科的本体研究，主要探讨前人没解决的问题、没发现的规律，或是新理论、新观点，或是新的理论背景及研究方法的学位论文。对单个研究问题的文献回顾可采用两小节格式——“国外研究现状+国内研究现状”（例 3.1），若有多个研究问题，则需根据具体情况进行分类述评（例 3.2）。文献综述应系统全面，在透彻认识研究背景基础上对理论的各个相关研究进行细致梳理和分析，才有可能在理论及其研究方法上有创造性发现。

[例 3.1]

《论技术异化对人类生活的负面影响——基于马克思异化理论》

第一章 绪论

1.1 研究背景与意义

1.2 国内外研究现状

1.2.1 国外研究现状

1.2.1.1 人本层面

1.2.1.2 社会层面
1.2.1.3 精神层面
1.2.2 国内研究现状
1.2.2.1 技术异化的概念
1.2.2.2 技术异化的根源
1.2.2.3 技术异化的消除
1.3 研究思路与方法

（焦莹，硕士学位论文，中南大学，2012）

[例 3.2]

《跨文化语用学视角下的外宣翻译策略研究》

2 文献述评
2.1 外宣翻译研究述评
2.1.1 外宣翻译的概念界定及其内涵
2.1.2 外宣翻译的特点
2.1.3 外宣翻译的要求
2.1.4 外宣翻译的问题及成因
2.2 外宣翻译研究理论借鉴
2.2.1 国学视阈下的外宣翻译理论研究
2.2.2 西学视阈下的外宣翻译理论研究
2.3 跨文化语用学述评
2.3.1 跨文化语用学的概念界定及内涵
2.3.2 跨文化语用学研究的起源及发展
2.3.3 跨文化语用学研究的内容及方法
2.3.4 跨文化语用学研究的现状及发展趋势
2.3.5 跨文化语用学研究中注意的问题
2.4 本章小结

（王守宏，博士学位论文，上海外国语大学，2012）

（二）实证研究类

实证研究类学位论文属于应用型论文，是指通过收集观察资料，为提出理论假设或检验理论假设而展开的研究论文。此类论文可结合一定的理论研究，从理论逻辑论证、实证数据或案例调查分析等方面进行验证。目前，在国内社会科学研究领域，因实证研究过程客观，结果可靠，被越来越多的学者所重视并运用，实证研究类学位论文数量日趋增加。实证研究类学位论文有其固定的撰写格式，一般包含研究设计、实证分析、分析结论与建议等部分，硕士学位论文一般只做一组数据的分析，而博士学位论文需扩大样本量或案例数，进行多组数据的比对分析。

实证类论文因需结合一定的理论来展开假设或进行实验设计，理论部分自然成为综述的主要内容，而这个部分一般不按照国内外研究现状来构建章节，多为理论自身发展情况的述评，可以是单个理论（例 3.3），也可以是多个理论（例 3.4）。

[例 3.3]

《在线评论对网络消费者购买决策影响的实证研究》

第 1 章 绪论
1.1 研究背景
1.2 研究问题提出
1.3 研究目的
1.4 本文的架构和研究流程
第 2 章 文献综述
2.1 消费者行为相关理论
2.2 网络购买相关理论
2.2.1 网络购买及其一般模式
2.2.2 网络购买中消费者行为的特点
2.2.3 网络购买影响因素的相关研究
2.3 在线评论相关研究

（郑小平，硕士学位论文，中国人民大学，2008）

[例 3.4]

《情绪智力组合理论的建构与实证研究》

第一部分 文献综述
一、情绪智力思想的渊源及孕育过程
二、众说纷纭的情绪智力理论
（一）J. D. Mayer 和 P. Salovey 情绪智力理论的能力模型
1. Mayer 和 Salovey 的情绪智力概念
2. Mayer 和 Salovey 情绪智力的结构模型及发展
3. Mayer 和 Salovey 等人的情绪智力测量
（二）Goleman 的情绪智力理论及发展
1. Goleman 的情绪智力概念
2. 以 Goleman 为代表的情绪智力理论结构模型及发展
3. Goleman 等人情绪胜任力的测量
（三）以 Bar-On 为代表的情绪智力理论结构模型及发展
1. Bar-On 的情绪智力概念
2. 情绪的和社会智力的结构
3. 情绪智力的测量

（许远理，博士学位论文，首都师范大学，2004）

（三）专业学位类[①]

硕士专业学位是相对于硕士学术学位的一种学位类型，旨在培养具有理论基础，并适应特定行业或职业工作需要的应用型人才，其学位论文要求来源于真实的行业实践，反映某一专项任务的特征。因此，这类论文形式要以专业实践与应用为导向，突出职业特色，其代表性专业学位论文有实践报告、调研报告和案例分析。

1. 实践报告

实践报告是专业型硕士研究生在参加完本学科专业实践以后，对实践过程中所发现的问题进行深入分析，寻求解决问题的途径方法，并提出对策建议，从而形成的符合学位论文规范的案例分析、研究报告、调查报告等。实践报告主要包括任务描述、过程描述、案例分析、实践总结四大部分，如翻译专业型硕士研究生实践报告（表 3.4），应以学生实际参与的翻译实践为素材，以具体、鲜活的翻译案例为特色，恰当地提出翻译实践中的问题，分析并解决问题。

表 3.4 翻译专业型硕士研究生实践报告基本结构[②]

主要部分	具体内容
翻译任务描述	任务背景、任务性质、委托方要求（如果有的话）、选择该项目的理由
翻译过程描述	译前准备、翻译计划的执行情况、译后事项（如审校质量控制）
翻译案例分析	翻译实践中出现的问题类型、对翻译问题的理论思考及解决过程、建设性的翻译对策
翻译实践总结	翻译过程中遇到的问题、得到的收获，以及自己的一些构想、反思等

对于实践报告是否需要以章节形式列出“文献综述”，目前并没有统一的规定，但学界普遍认为，不宜硬性规定论文应有“文献综述”一章，或必须有一个宏观理论的指导[③]，也就是说，实践报告如有相关理论的指导，可参照研究型论文格式将文献综述单列为章或节。如果实践报告没有特定理论或理论性不强，并不意味着不需要阅读并梳理文献，只是文献综述的表现形式不同。一般在绪论或引言部分，有的培养单位会明确提出要对所从事实践工作的国内外现状进行清晰的描述与分析，阐述实践研究的必要性和重要性（《上海市硕士专业学位论文基本要求和评价指标体系（2017 年）》），而有的

① 专业学位论文中也有专题研究类，这一类文献综述的写法可参照理论研究类学位论文，此处不再重复。

② 孙三军，任文. 翻译硕士学位论文模式探究[J]. 中国翻译，2019（4）：82-90，189.

③ 孙三军，任文. 翻译硕士学位论文模式探究[J]. 中国翻译，2019（4）：82-90，189.

则规定应交代与研究问题相关的背景，提出研究问题，阐述实践报告的主要内容（例 3.5）。

[例 3.5]

《对美国学生一对一汉语教学实践报告》

绪论
0.1 研究背景及意义
0.1.1 研究背景
0.1.2 研究意义
0.2 相关研究现状
0.2.1 汉语一对一教学发展的必然性与存在的问题
0.2.2 对教师的新挑战
0.2.3 教材使用问题
0.2.4 教学对象分析
0.2.5 美国学生汉语学习特点
0.3 研究工作
0.3.1 研究方法
0.3.2 研究创新之处
0.3.3 研究步骤

（王爽爽，硕士专业学位论文，苏州大学，2016）

还有一些涉及文献综述的内容，如对相关术语的介绍、实践内容的分析框架、理论的作用或应用等，会分散在实践报告的其他章节，格式并无统一要求（例 3.6）。

[例 3.6]

《联合国新闻部〈非洲振兴〉杂志翻译实践报告》

第三章 分析框架
3.1 “理解、表达、取舍”框架
3.1.1 理解
3.1.2 表达
3.1.3 取舍

（李月莎，硕士专业学位论文，北京外国语大学，2018）

2. 调研报告

学位论文中的调研报告是运用科学、规范的社会调查方法，对专业实践领域中的某一问题，针对某一地区、某一行业或某些群体进行实地调查或案例研究，取得第一手的资料，或收集整理形成新的数据，经过科学分析、总结归纳、寻找规律、揭示本质、提出建议等所形成的符合学位论文规范的研究报告。目前有关这类论文结构的要求也没有统一规定，但通常应包括引言、调研设计、结果分析、结论建议几个部分。

调研报告一般要求撰写文献综述，对调研命题的国内外现状应有清晰的描述与分析，重点阐述被调研命题的国内外相关研究状况以及本调研的必要性和重要性（《上海市硕士专业学位论文基本要求和评价指标体系（2017 年）》）。大部分调研报告的文献综述与研究型学位论文写法相似，即在绪论中列出“文献综述”或“国内外研究现状综述”（例 3.7）。

[例 3.7]

《“美丽乡村”建设的路径选择——来自湖北省 P 村和 G 村调研的报告》

绪论

（一）研究背景及意义

1. 研究背景

2. 研究意义

（二）国内外研究现状综述

1. 国内研究现状

2. 国外研究现状

（三）样本介绍

1. P 村概况

2. G 村概况

（四）本文的研究方法、写作框架及创新意图

1. 研究方法

2. 写作框架

3. 创新意图

（崔花蕾，硕士专业学位论文，华中师范大学，2015）

3. 案例分析

专业学位论文还有一种常见形式，即案例分析[①]，是在专业领域中选择一个或多个案例或者某一类型的案例，运用所学专业知识和理论知识，对案例进行分析，并在此基础上对实践过程和解决方案给予总结所形成的符合学位论文规范的分析报告。案例分析的论文组成一般包含引言、案例描述、案例分析、案例启示、结论与建议几个部分。案例分析可以帮助受教育者、受训者或者读者通过每一个案例处理得到重要启示和思维训练，举一反三、触类旁通地掌握

① 不同于研究型学位论文，这里特指以专业实践为基础的案例分析。

学习和实践的技能。

这类论文对文献综述并无统一要求，根据学科、专业及选题特点，可将综述内容放入绪论部分（例 3.8），包括对相关概念的界定、国内外相关研究及实践处理的基本现状以及作者对此的基本评论，同样可参考研究型论文文献综述的写作要求；也有部分学生将文献综述单列为章（例 3.9），对理论及相关研究现状进行描述与分析。

[例 3.8]

《我国上市公司股权激励实施效果影响因素研究——基于恒康医疗2013年股权激励的案例分析》

1 导言

1.1 研究背景与意义

1.2 国内外研究综述

1.2.1 股权激励效果研究

1.2.2 股权激励效果影响因素研究

1.2.3 研究评述与启发

1.3 研究框架和方法

1.4 本文创新与不足

（魏雪婷，硕士专业学位论文，厦门大学，2014）

[例 3.9]

《初创互联网企业价值评估方法研究——基于 M 公司的案例分析》

1 绪论

1.1 研究背景

1.2 研究目的及意义

1.3 研究内容与方法

1.4 文章的创新与不足

2 文献综述

2.1 初创互联网企业的定义、特征及分类

2.2 企业价值评估概述

2.3 传统企业价值评估方法

2.4 互联网企业价值评估理论与方法

2.5 文献评述

（潘锐荣，硕士专业学位论文，暨南大学，2015）

二、述前初步训练

在学位论文选题、定题时，各级别学生都应重视文献综述能力的训练，这样有助于进一步了解自己的研究主题，按部就班地查找、阅读、梳理和归纳文献内容，为顺利通过开题和最后的论文答辩做好准备。

（一）学会读文献

读是写的逆行。不善写者，不算真正的读者。真正地写，先是灵感来袭，之后演绎，用细节点亮思想的火花，由宏而微成为书文体系。用心地读，要直面成系统的书文，读其文字，理其来路，探其机理，回溯由微而宏的过程。真了解了，正如登泰山而小天下。硕士研究生应真正阅读 50—100 篇文献，博士研究生阅读 100—200 篇文献，精读其中的 20—30 篇，所精读的篇章，必须能如数家珍，对自己所待解决的问题一清二楚。

在选题和准备开题的过程中精读哪些文献呢？第一，是与研究主题相关的最新文献、代表性文献、经典文献，以及研究领域内重大项目课题组的文献；第二，在文献的质量上应选读具有权威性、前沿性且直接相关的文献；第三，因综述需考察国内外研究现状，选读的文献应既包含国内学者的研究成果和现状，也包含国外最新研究动态；第四，慎读与论文观点相矛盾的文献，读任何文献都需客观、中立，要能通过有争议或冲突的文献找到问题，并能够阐明其不同之处，为自己的观点所用。

阅读过程并不被动，而是互动的！新手读书之初是被动的，但久而久之就会与作者互动，越读越快。阅读应常伴有预测，需用先验知识预测、填补，以完成逻辑的缀连。许多思想常常是“猜”出的。所谓一目十行，不是在读，是在速查，因了博闻强记，读只是证己所想，所以，熟语不看，废话放过。

（二）范文当参照

学位论文中的文献综述属于应用文写作，有着相对比较类似的写作格式和惯用表达。正所谓“观千剑而后识器”，参考与选题或撰写形式类似的学位论文综述范文，能够潜移默化地将他人的写作经验变成初写综述者自己的领悟体会。文献综述的范文可以给写作者一个大致的方向，帮助他们快速建构“文献综述”的概念和写作模板，积累学术性的语言表达方式。通过范文学习，学生应慢慢培养从机械模仿述评格式，到“鉴赏”或“判断”范文综述水平的能力，这也是构思、写好自己文献综述的前提。

当然，我们也要正确看待综述范文的作用，虽然好的学位论文综述对我们的写作大有裨益，将其为我所用，但也不能让这些范文限制了我们的思想，每一篇文献综述都应经过精细打磨，使之成为属于我们自己的范文。

（三）小题累经验

文献综述并不只是学位论文中最终呈现的文字，而是学生求学期间文献阅读、分析、归纳和评价等综合能力的体现，在平时学习中还应注重多练手，积累综述经验。

通常，课程论文是训练综述写作的一个重要途径。这类论文是学生在学完某一门课程之后，探讨与本课程相关的具有一定学术价值或亟待解决的问题，能够发表个人见解，撰写符合学术规范的文章。本科生的课程论文旨在培养学生的论文写作能力及初步科研的意识，掌握基本论文写作技巧，而硕士研究生和博士研究生的课程论文则更应突出问题意识和创新意识，体现更高的论文写作能力。无论是哪一级的课程论文，都应建立在查阅和阅读文献基础之上，将所思所想用几句话概括总结，引出研究问题，或撰写综述类文章，给出建议，进行展望。这样的文献综述可参照期刊发表论文的撰写要求。其他类型的综述，比如会议综述、书评综述、项目申报综述等都是训练综述能力的途径，具体技巧可参考本书的相应章节。

此外，还可选较简单的小问题进行练习，旨在培养科研敏感和文献阅读能力，尽快写出正宗的论文，但不指望靠它出佳作。小题训练，新手上路，由导师定题为好，因为新手不具备选题能力，不必在此费时费力。先将阅读范围聚焦于一点，与问题直接相关的最新文献一般不超过 10 篇。先泛读了解背景，定位问题；再解决问题，根据需要，有针对性地选读文献章节，学会解决问题的方法与思路。小训练积累大经验，使写作水平有所提升。二三篇之后再自行读文献，便能以一当十，更能渐入佳境，正应了眼过千遍不如手过一遍的道理。

三、巧选综述方式

根据对综述要求及写法的熟悉程度，初写文献综述的本科生可采取演绎的方法，直接借鉴已有综述模式，而有经验的研究生则应进行更深层次的思考，再拟定综述框架。

（一）本科生演绎模式

本科生刚开始梳理文献资料，可能对文献综述写作了解不多、写法不熟。一般要求学生在精选、精读文献的基础上，能列出文献综述的大纲要点，再按照大纲或要点一步步将述与评的内容填充进去。可根据论文选题，确定综述类型，简单地对背景、历史进行回顾，也可选择对理论或研究方法进行述评。

本科学位论文不要求将文献综述单列为章节标题，但仍需在绪论部分简述、简评与论文主题相关的研究情况，目的是展示现有研究基础，突出自身研究的意义。绪论中“简述”+“简评”的两段式撰写结构是较常见的一种综述方式，如例 3.10 所示。

[例 3.10]

《浅析汉代刺史制度相关的几个问题》

刺史制度的研究是汉朝地方官制研究以及监察制度研究的一个重要方面，学术界对这一制度已经有了不少探讨。陈长琦《汉代刺史制度的演变及特点》、刘欣尚《汉代的刺史制度》、袁刚《汉代郡国督察制度》等文章，对刺史制度的创设原因、历史背景以及在两汉的演变过程都一一做了比较详尽的论述。万孝行《“异体”监察与西汉刺史制度》、崔向东《论西汉刺史制度的产生及对郡国的监察》、杨宽《战国秦汉的监察和视察地方制度》等文章，则从刺史监察官的角度，对刺史的职能演变、刺史的特点等进行了分析，其中还涉及学术界广为争议的刺史隶属与有无治所的问题。应步潮《汉武帝时期刺史制度对现代检察制度的借鉴意义》、李耀建《汉代刺史制度研究及其现实意义》、陈宇《现代视角下的秦汉监察制度》等文章，则从现代的目光看汉代刺史制度，主要从汉代刺史制度的优劣得失进行分析，从中得到一点经验教训，以期对我们现代社会有所启示。

要对汉代的制度进行研究，必然少不了对史料的研读。因而本文将依托司马迁《史记》与班固《汉书》这两部研究汉史最为重要的文献，广采众家的研究成果。王鸣盛《十七史商榷》对刺史制度的研究有诸多贡献，严耕望《两汉太守刺史表》为刺史官的考据提供了较为确切的资料，安作璋、熊铁基合著《秦汉官制史稿》则记述了关于秦汉官制的大量史料，对本文的论述颇有裨益。

（毛诗怡，学士学位论文，苏州大学，2013）

第一段是“简述”，按照汉代刺史制度研究的不同方面，归类列举了不同学者的研究成果，第二段作者虽未直接点评目前研究的不足，但提出了自己的研究依据，认为研读相关史料“对本文的论述颇有裨益”，属于一种简评。此外，针对一个研究问题的不同方面，本科生也可分段采用“边述边评”方式，概述相关成果，如例 3.11 从“一些学者……又有人……”到“医疗服务利用的理论……具有指导意义”“没有……研究”“研究主要集中于……缺少……”“……前沿问题”，简要将相关研究一个接一个进行总结和评述，逐层递进，这也是新手较易模仿的一种综述模式。

[例 3.11]

《残疾人健康不平等问题研究——基于湖南省千户问卷调查》

由于研究视角的不同，学术界对于健康不平等的定义存在很多争议，并且定义的不同也导致了对健康不平等的衡量指标及衡量方式的不同。上个世纪 70 年代，一些学者开始了用“健康寿命”来描绘健康不平等状况，后来又有人提出通过健康风险差异来研究健康不平等。

> 除了以上用健康寿命、死亡率等对健康水平直接衡量外，健康的不平等还体现在个体对医疗服务的可得性上。关于医疗服务利用的理论研究大致可以归纳为……它们对变量的定义、阐释变量间相互关系、医疗服务和相关政策具有指导意义。
>
> 目前国内还没有专门针对残疾人健康不平等问题的研究。残疾人的健康不平等问题主要体现在对康复与医疗服务利用的不平等上。……但对于康复与医疗服务现状的研究主要集中于对康复需求影响因素的讨论，缺少对不同残疾群体间康复与医疗服务利用状况差异的对比分析。
>
> 目前测量健康水平的指标主要有儿童身高、自评健康等几类指标，衡量方法目前最常用的是洛仑兹曲线、基尼系数和集中指数。……对健康不平等的分解是当前该领域研究领域中的前沿问题。
>
> （林婷婷，学士学位论文，中南大学，2013）

（二）研究生依题优选

硕士研究生经过学士学位论文的初级训练和相关课程学习，应该熟悉文献综述的基本撰写方法和要求，最好能结合研究选题的基本情况和文献资料的特点，优选综述模式。在硕士、博士学位论文中，较常见的述评结构是国内国外式（参见例 3.1 和例 3.2），即分别考察国内和国外的研究成果与现状，最重要的是，作者需发挥逻辑判断能力，根据国内外的研究特点与视角对文献资料进行归类与整合，尽量避免使用同样的小节标题同时对国内外研究现状进行考察。除此之外，还有按照不同学派或观点进行的综述（例 3.4），以及理论框架式的综述（例 3.12）。

> **[例 3.12]**
>
> **《大学生认同与践行社会主义核心价值观研究》**
>
> 二、国内外研究现状综述
>
> （一）社会主义核心价值体系与社会主义核心价值观的关系比较研究
>
> （二）社会主义核心价值观内涵研究
>
> （三）社会主义核心价值观与大学生思想政治教育的研究
>
> （四）大学生对社会主义核心价值观认同与践行研究
>
> （刘峥，博士学位论文，中南大学，2012）

例 3.12 目录虽冠以“国内外研究现状综述”之名，但小节标题却没有按照国内与国外安排，而是对与“社会主义核心价值观”相关的四个方面进行了梳理，这四个方面结合起来正好构建成作者整篇论文的理论框架。

在求学的高级阶段，研究生的文献综述能力得到更多的训练与提高，不能只限于模仿、演绎现成模式，而是要写出具有自己研究特色的“文献综述”。通常，硕士、博士学位论文写作并未固定文献综述的格式，在某种程度上不会局限学生的思维，让其灵活选择述评模式。高水平的综述需要研究生以研究问题为导向，以逻辑式引导，按照研究问题、目的、价值等层层深入，庖丁解牛般对所有问题和观点进行探析与解构。

第三节 诠释批评催新知

各高等院校学位论文的基本要求中都有提及“创新性成果”，“创新性”成为评价学位论文，尤其是硕士、博士学位论文质量的核心指标。对文献的回顾与述评正是探求新知的开始，合理的述评方法有助于发现新问题、提出新见解、产出新成果。

一、空白隙缝首发力

在阅读和梳理文献的过程中，学生应着重考量的一个因素是能否提出新的命题或概念性的理论模型，或者论文选题的研究意义能否填补研究缝隙。这是通过整合研究现状，发现研究空白及差异以体现论文创新点最直接的方法。学生可在评述部分通过对比分析，揭示现有研究的不足或空白，引出有待深入探究、完善或全新的问题。

如例 3.13 所示，评论的前半部分是对“技术异化”现有研究的总结，指出研究的局限，而用“没有全面地分析”“也没有对……进行系统、深入的理论分析”来定位该研究的空白所在。

> **[例 3.13]**
>
> 近年来我国科学技术迅猛发展，而科技成果带来的异化影响也越来越被人们关注，甚至成为国内学者研究的热点问题。与西方学者相比，国内学者对技术异化的根源和出路方面的研究较为深入，但在对技术异化的本质进行探讨时，大多数学者把眼光局限于资本主义制度的缺陷上，没有全面地分析技术异化在人类生活中的具体表现，也没有对异化现象进行系统、深入的理论分析，这正是本文所要研究的重点和创新点。
>
> （焦莹，硕士学位论文，中南大学，2012）

例 3.14 则直接用了“空白”二字，虽不是发现新的理论或构建新的模型，但“将大数据、电视媒体、营销这三者进行结合，探寻……”体现的是在研究方式上的一种创新尝试。

[例 3.14]

《大数据时代的电视媒体营销研究——基于网络整合营销 4I 原则的视角》

通过以上五个部分的文献综述可以看出，随着大数据技术在全球范围内的推广，相关的研究也呈现出了很高的“热度”，在较短的时间里不同的行业都已经出现了如何应对大数据时代挑战的研究成果。对于传媒行业来说，大数据技术所带来的影响更为直接，并且能够应用于不同的环节，所以更应当加强这一方面的探讨。新媒体和传统媒体在大数据时代的生存环境是不同的，新媒体有着“天生”的优势，而传统媒体在海量数据搜集和应用方面处于落后的地位。大数据对商业发展有着深刻的影响，最直接的领域体现在营销方面，通过大数据技术能够实现传统营销活动的“升级”，而这也已经成为研究的热点。另一方面，电视媒体也越来越重视营销活动，力求通过有效地营销赢得传媒市场的竞争。通过综述可以发现，目前将大数据、电视媒体、营销这三者进行结合，探寻如何在大数据时代实现电视媒体的创新营销的研究成果还是一个空白，也很少有研究者从网络整合营销 4I 原则的视角来审视分析以上问题，而这也成为本文研究的意义所在。

（刘峰，博士学位论文，华东师范大学，2014）

这一类文献综述的学位论文通常具有较高的学术价值，能为学生以及该领域的后续研究指明方向与重点。

二、历史语境解新意

任何研究都是在一定历史背景下进行的。论文研究问题的性质及其形成的相关研究决定了有的学位论文要专门将研究主题置于历史语境中，并按一定顺序进行梳理与分析，比如对当前研究产生影响的某些历史事件或政策变化的描述，对研究领域本身发展历程的梳理，能够帮助学生从宏观上了解相关研究或理论的演变过程，但更重要的是有利于预测未来发展的趋势，而产生新的知识。这是一个知识不断扩大、观点持续演进的过程，为研究提供了创新途径。

如例 3.15《翻译的跨文化解释——哲学诠释学和接受美学模式》的综述目录，作者正是将翻译研究放在历史语境中，考察其流派的发展与变化，回顾翻译研究的发展历程；参考综述最后小结的评述内容，作者提出“翻译研究的哲学学派”，而其中“哲学学派虽然至今尚未正式命名”“我们建议称之为哲学学派”这样的表述，都表明该研究的独特性，而且是从历史发展的角度构建新的翻译研究范式的。

[例 3.15]

表 3.5　《翻译的跨文化解释——哲学诠释学和接受美学模式》综述章节标题与节选文字对比

文献综述章节标题	节选文字
第二章　文献综述 2.1 关于翻译研究流派的分类 2.1.1 对现有分类情况的分析 2.1.2 对翻译研究流派的分类考察 2.2 翻译研究——由从属走向独立 2.3 翻译研究的哲学学派 2.4 问题与方案 2.5 小结	首先，我们从翻译研究各流派的分类入手，认为目前对翻译研究流派的分类由于标准不统一而显得有点逻辑混乱，因此我们分别从研究层次、研究对象、研究方法、对翻译（学）性质的认识、对目的语文本与源语文本关系的认识等几个方面考察了翻译研究各个流派的情况…… 接着，我们从翻译研究由从属走向独立的过程入手，指出翻译研究走向独立主要经历了两条途径…… 然后，我们集中探讨了翻译研究的哲学学派，认为哲学学派虽然至今尚未正式命名，但它实际上已经存在那儿了。我们认为，以下两个事实足以证明哲学学派在翻译研究中的存在：第一，由于六十年代哲学研究的语言论转向，致使许多当代著名的哲学大师都十分关注与语言密切相关的翻译问题，发表了很多深刻而独到的见解；第二，这些哲学家的翻译思想已经渗透到了翻译研究之中，对翻译研究产生了巨大的影响，在他们的影响下，翻译理论家们发表或出版了大量从哲学的高度讨论翻译问题的论文论著，这些译论在当代翻译研究中显得非常独特而又突出，但它们既不能归为语文学派，又不能归为语言学派，也不能归为文化学派，因此，我们建议称之为哲学学派。但是不可否认，这个学派并不像其他学派那样有基本相同的观点或立场，而且它本身似乎也还不十分成熟。 （朱健平，博士学位论文，华东师范大学，2003）

三、一致与否示延续

任何思想、知识和方法都具有一定的延续性，在阅读文献时，会遇到与自己论文选题类似的研究成果，可能是不同研究者采取了不同的研究设计和方法，也可能是同一研究者撰写的一系列观点递进式的文章。这是因为，一方面，研究者可以从不同角度来理解这个主题，并考察同一类型研究问题的不同方面；另一方面，则是研究不断出现新的发展变化。这类综述首先需要写作者深入文献，比较各研究内容或方法的异同，通过差别及其相应的支持证据，找到研究者对同一问题的不同看法、思路演变。

研究主题或者观点相似，并不代表其研究没有价值，重点在于如何突出思想的演进和研究的新进展。利用新的研究视角，采取新的研究方法或者提出新的研究假设都能成为论文出新的方式。如例 3.16 所示，论文综述最后的评述总结了“高校思想政治理论课教学方法体系”研究及观点所起到的积极作用，但提出了新的研究视角“马克思理论学科建设”以及新的研究层次“微观的视角”，由此展开更深层次的研究。

[例 3.16]

《高校思想政治理论课教学方法改革研究》

综观近年来学术界、理论界和思政课实际工作者对高校思想政治理论课教学方法体系的研究及其成果，我们可以看到，这些研究和观点对推动思想政治理论课教育教学方法的改革，促进思想政治理论课教育教学质量的提高，推动马克思主义理论学科建设，都起到了积极的作用。并且这些思想观点和认识主张对于改革和构建思想政治理论课教学方法体系的研究，提出了诸多可资借鉴的研究思路。但是如果从马克思主义理论学科建设的角度看，从高校思想政治理论课教学方法体系的角度看，还需要我们做进一步的工作和努力，特别是要进一步研究思政课教学的具体方法及其基本要求，要对高校思想政治理论课教学方法体系进行经验总结和规律性阐释。本文试图在已有成果的基础上，从微观的视角，对高校思想政治理论课教学的具体方法、思政课教学方法体系如何构建、高校思想政治理论课教学方法体系改革的基本规律等问题做进一步的深入研究。

（雷濡金，博士学位论文，武汉大学，2012）

四、争论冲突辟蹊径

学术研究常常出现争论和意见分歧，特别是越前沿或创新的研究成果越容易引起争议。有争论或相互矛盾的观点会给初写文献综述的学生带来一些困扰，增加论证的难度；但实际上，这并不一定是坏事，反而是对学生逻辑思辨能力和创造能力的一种训练，最大限度地加深他们对某一主题的认识和理解，同时促进相关研究的深入开展。新思想和新知识正是在不断争辩、重新审视和阐释的过程中产生，并最终获得普遍认可的。

面对有争议的问题或与自己观点相左的问题，学生首先应保持一种客观的态度，仔细比较分析两种或多种观点的异同，再对自己的想法进行重新评估，并思考可能帮助解决这些争议的方法或途径，重要的是要能够对争论观点产生想法，做出回应，如此才能显示出自身论点的合理性。一般来说，可以指出相反观点论证得不充分，也可吸收其中部分有价值的论点，并对其他论点继续质疑。如陈宏辉博士学位论文《企业的利益相关者理论与实证研究》中的文献综述（例 3.17），分别对利益相关者理论的支持和批评观点进行了梳理，在客观评价之后，作者表明了个人观点，正是基于来自批评方的意见——该理论不完善和存在缺陷，引发了研究动机，用两个“更”表明个人对该理论的支持，并指出该研究的“诱人”前景，即很有可能催生新的认识和知识。

[例 3.17]

表 3.6 《企业的利益相关者理论与实证研究》小节标题与节选文字对比

小节标题	节选文字
2.3 对利益相关者理论研究的评价 2.3.1 关于利益相关者理论的不同声音 2.3.1.1 赞同的意见 2.3.1.2 批评的意见 2.3.1.3 简短的评论	总的来看，对利益相关者理论的批评意见和赞同意见都显得有一定道理。…… 两种观点的争论最后不可避免地要用宏观经济增长率来衡量各自的优劣，……看来，争论还将一直进行下去。 总而言之，关于利益相关者理论有各种不同的声音。笔者认为，尽管利益相关者理论尚不完善——正因其不完善和存在缺陷，我们才有兴趣对其进行细致的研究——但是它比主流企业理论具有更大的包容性，也更贴近现实，从而为我们展示出了诱人的理论研究和实践研究的前景。 （陈宏辉，博士学位论文，浙江大学，2003）

五、数据图表易改进

数据和图表在撰写文献综述之前就可加以应用，因为在细读文献和考察文献观点时，使用汇总表可对与研究主题直接相关的论点、信息进行总结，还可标记出论点与论点之间的关系，这样有利于学生组织、检索相关研究信息并进行排序，为撰写文献综述做好准备。

通常，当学位论文综述需考察多个变量时，也可利用数据、图表将核心观点集中呈现。这是一种非常有效的方法，既能帮助读者直观地了解各变量之间的关系，更有利于学生对比相关研究内容，从趋势或差异中发现新事物，解决新问题。陈宏辉的论文综述（例 3.18）就以表格形式对“主流企业理论”和“利益相关者理论”之间的差异进行了归纳，对照综述的小节标题可知，作者从四个方面进行全面系统梳理之后，再提取各自核心思想进行对比，看到两者的分歧与差异，从而总结出自己对“利益相关者理论”核心思想的新理解。

[例 3.18]

2.2.3 两种理论的根本分歧点：剩余索取权和剩余控制权的分布问题

2.2.4 两种理论的总体差异

2.2.4.1 企业的目标是什么

2.2.4.2 企业的本质是什么

2.2.4.3 公司治理模式的走向是什么

2.2.5 小结：利益相关者理论的核心思想

表 2.2　主流企业理论与利益相关者理论的分歧和差异

	主流企业理论	利益相关者理论
两权分布方式	剩余索取权和剩余控制权集中对称分布于物质资本所有者	剩余索取权和剩余控制权非均衡地分散对称分布于企业的物质资本和人力资本所有者之中
企业的目标	追求企业的所有者（或股东）利润最大化	为所有的利益相关者和社会有效地创造财富
企业的本质	企业是契约的联结体，物质资本所有者通过权威来行使对经理人员和员工的契约关系	企业是其利益相关者相互关系的联结，它通过协商来执行各种显性契约和隐性契约
公司治理模式	“股东至上”的公司治理模式是最优的，在全球化背量下各种公司治理模式将最终趋同于英美模式	“关注利益相关者的日德模式”必将成为21世纪全球公司治理的标准范式

从表 2.2 中可以看出，利益相关者理论与主流企业理论之间存在巨大的分歧和差异，理解了这些分歧和差异以后，我们也就把握了利益相关者理论的基本观点。至此，笔者将利益相关者理论的核心思想归结为：企业是其利益相关者相互关系的联结，它通过各种显性契约和隐性契约来规范其利益相关者的责任和义务，并将剩余索取权与剩余控制权在企业物质资本所有者和人力资本所有者之间进行非均衡的分散对称分布，进而为其利益相关者和社会有效地创造财富。

（陈宏辉，博士学位论文，浙江大学，2003）

第四节　策略转述避查重

无论是本科生还是硕博士研究生，都需要通过论文查重检测方能参加学位论文的送审与答辩。目前，很多高校采用中国知网“学术不端文献检测系统”作为检测研究生学位论文学术不端行为的技术工具和监控学位论文质量的主要手段。从整个论文查重的要求上来看，去除“本人已发表文献复制比”（简称去除本人复制比），基本上学位论文的查重率不超过 10%[①]，才可直接送审学位论文，未达到送审要求的或由导师和学术委员会审核，或延期复检，严重者直接取消学位申请资格。毕业论文查重的重要性显而易见。

学位论文引用较为集中的章节一般出现在文献综述部分，此部分大多是在梳理、整合前期成果及他人观点，因此这个章节撰写的好坏是影响查重率的直接因素。合理恰当地引用参考文献，尽量体现出文献综述的“原创性”特征，才能达到降低查重率的目的。

① 有的学校要求小于 5%，检测结果的处理及认定请参照所在学校的规定。

一、熟悉引文规范

引用文献的目的是通过对比和评价他人研究成果，为自己的主张和论点提供理由和支持，举例说明你是如何发展自己论点的，也有助于读者获取原文更多信息，最重要的是尊重他人成果，避免抄袭。

（一）注重参引格式

通常，学生会因不清楚引文学术规范或引文格式错误，导致论文查重率偏高。目前，中国知网查重系统如果检测出连续 13 个字以上的重复，就会判定这段话为抄袭，学生仅简单改变这 13 个字的顺序，也不能通过。合理引用文献并降低查重率，首先要从了解引文规范开始。在引用文献时，学生容易出现的错误引用行为主要有六种，分别是著而不引、引而不著、有意漏引、过度他引、不当自引和模糊引注（参见《科学道德与学风建设宣讲参考大纲（试用本）》，2014）。正确的引用必须在自身论文中明确标注哪些部分属于他人的思想、观点或研究成果。

其次，引文格式要正确，引用的部分一定做好标识，并在论文后面的参考文献部分按照格式要求进行标注，标注序号应与正文中的序号一致。直接引用可证明观点或文字的权威性，必须用双引号，在引用文字的最后使用句号，并标明作者、出版年份和具体页码。需要注意的是，双引号中间的引用部分不能使用句号，因为句号代表引用的结束，其后文字都会被认定为抄袭。

（二）综合引文模式

为了建立论文主题研究的可信度与可靠度，文献综述需要引用相关学者的观点和想法，而引文决不能东拼西凑、整段罗列。多种引文模式的综合运用，不仅能体现论文语言表述的多样性，也能从中看到学生对文献进行思考和归纳的痕迹。

文献综述中的直接引文应尽量避免大段引用，要么引用文献中完整的一句话，与综述上下文自然融合，要么仅引关键词；间接引文更为常见，即学生在总结原文大意基础上的一种引用，间接引用在一定程度上有助于降低查重率。按照引文在文章中的融入程度，又可分为非融入性引文和融入性引文。非融入性引文是将引用的信息包括作者、年份、页码等置于句末的括号内，放在句子信息之外，这样的引文强调的是引用信息本身，而非提出观点的人（例 3.19）；融入性引文则是将引用的作者信息列于句子结构内，作为句子的一部分，比如“X 认为/提出”“根据 Y 的观点/解释”或者“正如 Z 所说/所建议”等，这是对特定学者的理论、思想或研究的概述。

> **[例 3.19]**
> ……正因为如此，在我国翻译界目前又出现了“特色派”与“普遍派”之争（张南峰，2000）。
> （朱健平，博士学位论文，华东师范大学，2003）

要突出写作者的观点，除了综合不同引文形式，还应多运用自己的语言对研究类型、现象或成果进行分类论述。如例 3.20 中作者对翻译语言学派的发展趋势进行了总结，继而列举了相关研究成果，而在例 3.21 中，作者首先指出“对等”是一个有争议性的概念，并将研究者的观点分为赞成、反对和中立三类，再列出研究者或加入引文予以证明和支撑。

> **[例 3.20]**
> 同样，在以解构主义翻译思想为主导的九十年代后期，语言学派也并未就此偃旗息鼓，而是在不断地努力拓宽视野，寻找新的切入点，比如，申丹的《文学文体学与小说翻译》（1995），奈达的《跨语言交际的社会语言学》(*The Sociolinguistics of Interlingual Communication*, 1996)……
> （朱健平，博士学位论文，华东师范大学，2003）
>
> **[例 3.21]**
> 就像语文学派的“忠实”概念一样，“对等”也是一个颇有争议的概念。各个流派的翻译理论在对待这个概念时分歧很大，有持赞成态度并为之辩护的（如 Catford，1965；Nida & Taber，1969；Toury，1980；Pym，1992，1995；Koller，1995），有对它表示反对，认为它并不重要（irrelevant）（如 Snell Hornby，1988）或有害无益（damaging）的（如 Gentzler，1993），也有采取中间道路的，比如，贝克（Baker）声称自己只是为了方便才使用这个概念，她之所以要使用这个概念，是因为多数译者都在使用，而不是因为它有什么很高的理论价值（Baker，1998：77）。
> （朱健平，博士学位论文，华东师范大学，2003）

二、区分彼此观点

文献综述也可视为写作者与其他研究者的对话，如果不能仔细区分写作者与研究者的声音，一方面会让评审专家无法确定写作者的真实想法，另一方面直接导致论文查重率的升高，甚至会因混淆文献来源而被认定为抄袭。因此，在综述时，学生一定要明确自己的研究主题和个人观点，以及与其他研究者观点之间的联系和区别。

（一）选用自称代词

区分两方观点最直接的方法是使用自称代词，如“我”“我们”“笔者”来陈述自己的观点。如例 3.22 中“笔者”强调写作者本人，给予客观评论——“有一定的道理”，并进一步说明他人观点发挥的作用。例 3.23 中“我们”的反复出现更是一种强调，尝试与读者建立联系，引起共鸣，起到召唤读者一起探索思考的作用。但是，自称代词的使用在很大程度上取决于研究领域及其文体惯例，任何时候都应避免主观性或情绪性表达。

[例 3.22]

笔者认为，马特比和威尔金森对利益相关者理论的批评意见是有一定的道理的，他们的批评其实也为利益相关者理论的进一步发展指出了方向。

（陈宏辉，博士学位论文，浙江大学，2003）

[例 3.23]

我们的认识也许会并不完全符合翻译的真相，或者更有甚者，也许会与其他人的认识有差异，甚至彼此矛盾，但我们认为，这都是十分正常的现象。因为，正如哲学诠释学所一再强调的，我们作为个体的人都是具有历史性的，我们的理解都是历史的理解。我们在理解和认识事物之前就总是带有各自不同的“前见”，我们对事物的认识都是囿于各自视域之内的认识。

（朱健平，博士学位论文，华东师范大学，2003）

（二）详明逻辑关系

在引用他人观点时，学生即使对原文大意进行了部分总结，但也会出现某种形式的罗列，比如，在从一种观点转引至另一种观点时，常见由“X 认为”到“Y 提出”，再到“Z 声称”等表述，而避免这种情况比较有效的方法是点明引文之间内在的逻辑关系。也就是说，不要被前人的观点牵着走，要善于发现引文间的相似或不同之处，找到它们彼此是如何互为支撑或相互对立的。最后，利用必要的逻辑词将这些联系与区别展现出来，达到突显个人观点的目的。

如例 3.24 所示，作者用一句话表明个人观点：“‘企业所有权’归于某一类型的企业参与者并不符合现实”，接着按照“X 曾指出”“Y 更为深刻地认识到”“随后，Z 的研究还注意到了”，最后以“有鉴于此”为小结的总—分—总的顺序，既表现出不同学者在同一问题上的认识不断深加，也显现出写作者在整合文献上具有原创性和逻辑性。

[例 3.24]

主流企业理论认识到固化地将“企业所有权”归于某一类型的企业参与者并不符合现实。张维迎教授就曾指出，“自 80 年代以来，研究企业理论的经济学家越来越认识到，企业所有权只是一种状态依存所有权（state-contingent ownership）”。即企业处于不同的经营状态时，就会有不同的“企业所有权”分配结构。……（张维迎，1996；1999）。Dewatripont & Trirole（1994）更为深刻地认识到单一的债权仅仅能促使债权人在企业状态不好时实施控制权，但是却不能在企业状态良好时发挥作用。为了实现企业价值最大化或代理成本最小化，引入外部股权投资者就显得十分必要，因为他们会在企业经营状态良好的情况下实施控制权。随后，Berglof & Thaddan（1994）、Hart（1995）的研究还注意到了长期债权和短期债权的不同作用……。有鉴于此，主流企业理论的研究者也不得不承认，“‘股东是企业所有者’显然是一个过分简化的说法”（张维迎，1996）。

（陈宏辉，博士学位论文，浙江大学，2003）

三、添加评论总结

任何的文献综述都包括“综”和“评”两个部分，即在梳理整合文献之后进行评价。评价不能只是简单地对已有文献进行描述性、统计式的评论，而应体现学生的原创性观点。当前学位论文文献综述“评论”常常是有述无评，或一笔带过，或评价较浅、缺乏独到见解。“述”与“评”的比例普遍认为是 7∶3，在第一章通常定为 6∶1—2∶1，因此，必要且充分的评论也能够起到降低查重率的作用。

硕士、博士学位论文通常将文献综述列为章节，在这种情况下，可以在章节末尾直接添加单独的“小结”或“评价”节标题，目的在于专门突出引文中的某一个观点或方法，或者建立起引用文献观点与论文主题之间的关系。如例 3.25 所示，理论述评部分除了在每个小节后面增加了评论性总结，还有一个专门围绕该理论的评价小节，最后还有“本章小节”，可以说真正做到了细致入微的边述边评，这种述评多次交互的方式引导读者层层加深对理论的认识，并过渡到论文研究的主题上。

[例 3.25]

2 利益相关者理论评析

2.1 利益相关者理论的缘起与发展

2.1.1 理论背景

2.1.2 现实背景

2.1.3 研究进展

2.1.4 简短评价

2.2 利益相关者理论的主要内容：与主流企业理论的比较

2.2.1 主流企业理论框架的一个简单概要

2.2.2 主流企业理论的漏洞与缺陷：一个批评性回顾

2.2.3 两种理论的根本分歧点：剩余索取权和剩余控制权的分布问题

2.2.4 两种理论的总体差异

2.2.5 小结：利益相关者理论的核心思想

2.3 对利益相关者理论研究的评价

2.3.1 关于利益相关者理论的不同声音

2.3.2 利益相关者理论研究的缺陷

2.3.3 改进思路：本文的尝试

2.4 本章小结

（陈宏辉，博士学位论文，浙江大学，2003）

任何学生都要通过文献综述的训练，学会如何与其他研究者进行对话，要培养出自己的学术自信，能够吸收他人的观点，同时敢于发出自己的声音，才能在学术研究的道路上不断进步。

第五节　答辩前后先发表

学位论文中好的文献综述本身就能成为一篇独立的综述型论文，可以投稿发表，进一步树立学生的科研意识和学术自信。

一、重视述评修改意见

在学位论文的整个撰写过程中，学生都将获得多次修改意见，其中也会提及文献综述的写作问题，而每一次的修改都将学生的综述往更规范的写作推进一步。

从文献综述的写作过程来看，第一次的修改意见来自学位论文开题，开题报告的一个重要内容是“国内外在该方向的研究现状及分析”，老师将对学生的开题报告进行集体审议，检查学位论文选题是否可行、研究内容是否恰当、研究方案是否合理、前期准备是否充分，以及对相关研究领域研究现状了解是否全面；第二次修改意见是由学位论文查重系统提供的，主要是从学术规范上的客观反馈，学生可采取有针对性地选择策略来降低综述部分的查重率，可精进综述撰写的技巧和语言表述；第三次则来自论文的盲审专家，目前仍然有很多学位论文因文献综述写作不规范、缺乏条理性或评述不够等，被专家给出“差评”，无法顺利参加答辩。所以在论文送审之前，一定要确保文献综述符合规范、格式正确；第四次是答辩专家的意见，博士研究生可能还多一个预答辩意见，通常是对论文整体质量的审核，专家们也会从学术规范、撰写要求和语言表达等方面进行提问，智慧的评委所提的问题会略超学生的水平，以启发他，让他跳一跳，摘下够得着的桃子，促其向前思考。写好述评，珍惜评委对述评的反馈，每一次高水平的对话与碰撞，都将使学生受益终身。

文献综述的修改和后续发表还离不开导师的意见和建议。开题、送审和答辩的每一个流程都需将学位论文提交给导师，让导师审阅，经导师同意后，才能提交申请。学生应主动与导师交流，定时汇报学位论文进展和研究中遇到的一些问题。导师也会根据论文的文献综述了解你对研究主题的熟悉程度，并指出写作中的不足，一方面规范学位论文综述的写法，另一方面也会从综述的学术价值角度，建议可以将学位论文综述改写为适于发表的期刊论文，学生要在导师的指导下，了解两种综述类型的差异，并按照期刊论文的要求对原综述内容进行精修，提高期刊录用率。

二、述评发表修改方式

学位论文的综述内容不能直接投给期刊，两者格式要求不同，在结构、内容的安排上也需要做出相应调整，之后方可投稿。学位论文文献综述转变为期刊发表论文可主要采用由点到面扩充法、由散到专拆补法、由一到多关联法等不同修改方法。

（一）由点到面扩充法

将文献综述的内容由点到面地进行扩充，主要针对那些对相关要点并未进行详细解说的综述类型。这类综述通常简单介绍与研究选题相关的基本情况或代表性成果，若要发表，必然需要补充更多的支撑材料或对某一主题做进一步细分，并能够围绕主题进行更为全面的分析。如叶志桂在其硕士学位论文《优异顾客价值的识别与建立》综述中，仅用一小段梳理国外“顾客价值”研究，研究成果主要分为顾客价值的定义与内涵、企业为顾客提供优异顾客价值的方式、顾客价值的定量化研究、认识和实施顾客价值工程存在问题四个方面（例 3.26）。对比作者发表于《北京工商大学学报（社会科学版）》2004 年第 4 期《西方顾客价值研究理论综述》一文，从论文框架来看，其学位论文在对“顾客价值”定义和内涵两个方面的综述更全面。

[例 3.26]

表 3.7　学位论文综述文字节选与已发表论文纲目对比

学位论文综述文字节选	已发表论文纲目
《优异顾客价值的识别与建立》 国外学者对顾客价值的研究主要集中在两个方面。一个是什么是顾客价值，也就是顾客价值的定义与内涵问题，西方学者们从自己的研究角度出发提出了各自不同的定义，其中比较有代表性	《西方顾客价值研究理论综述》 一、引言 二、关于顾客价值定义的研究 1. 顾客价值权衡观 2. 顾客价值满意观

续表

学位论文综述文字节选	已发表论文纲目
的如菲利普·科特勒、Woodruff、Zeithaml、Gutman以及波特等。另外一个就是在正确认识顾客价值的基础上，企业如何为顾客提供优异的顾客价值。在这方面，菲利普·科特勒、波特、Woodruff、Alexander Chernev和Gregory S. Carpenter等人都相应提出了自己的看法。此外还有一些学者试图对顾客价值做定量化研究工作的努力，如Wayne S. Desarbo, Kamel Jedidi和Indrajit Sinha（2001）的研究。另外一些学者对当前企业在认识和实施顾客价值工程时存在的障碍问题也进行了研究等等。 （叶志桂，硕士学位论文，福州大学，2002）	3. 顾客价值情感观 4. 顾客价值层次观 5. 顾客价值构成观 6. 顾客价值综合观 三、关于顾客价值内涵的研究* 1. 顾客感知质量与感知价格之间的一种权衡 2. 顾客价值的驱动因素 3. 顾客价值的两个重要特性 四、关于顾客价值识别工具的研究 五、简要评论

*第三点下面的1—3小节节标题原文并没有，是本章作者基于原文内容的提炼。

（二）由散到专拆补法

由散到专是指将学位论文综述中相对较为分散的思想、观点按照某种方式，如时间顺序、逻辑关系、因果关系等重新组合，对原综述内容进行拆分或增补，以突显发表论文的专业性。学位论文文献综述通常会根据研究主题从不同方面梳理并整合文献，从小节标题上呈现一种并列关系。对于学位论文来说，这种结构并无不妥，但按照期刊发表的要求，这样的论文没能展现综述论文各观点间的内在关系，会因缺乏条理而遭退稿。另一方面，期刊论文受篇幅限制，以系统和逻辑的方式呈现相关论点，会使小论文结构更紧凑，读者更容易获取信息，从而体现作者的学术专业性。

例3.27分别列出了贺寨平博士学位论文《农村老年人社会支持网——个人地位、网络结构、社会支持与身心状况》文献综述章节标题，和其发表于《国外社会科学》2001年第1期论文《国外社会支持网研究综述》的纲目。通过对比，学位论文综述首先并未按照国外国内式安排小节标题，仅有“国内研究成果”，另2.1—2.4也没有体现其内在的逻辑关系，而经过修改刊发的综述文章，论文题目上明确了综述范围，即“国外研究综述”，而相比学位论文中“不同关系特质与社会支持的提供”，作者则是进行了拆分修改，分为“支持网成员”和“支持网”两个部分，并分别加入“初步研究”和“进一步的研究”内容，点明两者关系；此外，发表论文还增加了对“网络特征与社会支持”的分类研究描述。拆分部分都突出了研究内容的持续性和深入性，向读者展现更精专的研究成果。

[例 3.27]

表 3.8　学位论文综述章节标题与已发表论文纲目对比

学位论文综述章节标题	已发表论文纲目
《农村老年人社会支持网——个人地位、网络结构、社会支持与身心状况》 第二章　文献综述 2.1　社会支持网的测度 2.2　个人特征与支持网结构 2.3　支持网成员中的不同关系特质与社会支持的提供 支持类型的划分 网络关系的个人特征与社会支持 　关系强度与社会支持 　空间接近、交往频度与社会支持 　网络关系的社会角色与社会支持 2.4　个人社会地位、社会支持与身心状况 2.5　国内研究成果 （贺寨平，博士学位论文，中国社会科学院，2001）	《国外社会支持网研究综述》 引言 一、社会支持网的测度 二、支持网成员中的不同关系特质与社会支持的提供：初步研究 三、支持网中的不同关系特质与社会支持的提供：进一步的研究 关系强度 亲属关系与朋友关系 空间接近与交往联系 相似性 四、网络特征与社会支持 网络规模（Size） 紧密度（Density） 中心度（Centrality） 网络成员间的互惠（Reciprocity） 五、小结

（三）由一到多关联法

由一到多是指以学位论文文献综述为基础，可挖掘修改出多篇与研究问题相关联的综述类小论文。学位论文文献综述是整合与研究主题相关的文献，引出研究问题；但以发表为目的的期刊论文不必局限于学位论文的文献成果，可多元化综述主题，也就是说，待发表的综述性论文在体现与原综述已有成果的承继关系基础上，可与学位论文研究问题相关联，或进一步拓展，与新的研究主题相关联，从而突出发表论文的前瞻性与创新性。

例 3.28 表格左栏仍然引用了陈宏辉博士学位论文《企业的利益相关者理论与实证研究》中部分目录，右边则是以他的研究主题“利益相关者理论”为基础所发表的一系列期刊论文，从题目“述评”“新发展”“演进趋势”“演进与发展”可以看出这些文章的综述特征，但作者并未完全照搬博士学位论文的综述内容，而是将综述内容与其他重要观点相联系。比如，“利益相关者”重在梳理其界定方法，通过“利益相关者理论”的研究现状介绍“企业伦理管理”的新进展，并增加了“企业社会绩效”的新内容；“公司治理模式”是将博士学位论文综述与 6.4 小节进行了关联，而第四篇论文中的“企业社会责任观”则是综述与 4.1.1、4.1.2 两个小节相关联，这都是与博士学位论文研究内容相结合的一种综述形式。由此可见，作者由点及面、由面成体，尝试给读者描绘出一个更系统的企业利益相关者理论发展史。

[例 3.28]

表 3.9　学位论文章节标题与已发表论文题目对比

学位论文章节标题	已发表论文题目
2 利益相关者理论评析 2.1 利益相关者理论的缘起与发展 2.2 利益相关者理论的主要内容：与主流企业理论的比较 2.3 对利益相关者理论研究的评价 2.4 本章小结 3 利益相关者的界定与分类 3.1 利益相关者的界定 3.2 利益相关者的分类：前期研究成果 3.3 利益相关者的分类：实证研究 3.4 本章小结 4 利益相关者的利益要求 4.1 利益相关者利益要求概述 4.1.1 利益相关者利益要求的根源：综合性社会契约 4.1.2 利益相关者利益要求的形成：企业社会责任观 4.1.3 利益相关者利益要求的内容：一般性描述 4.2 各类利益相关者的利益要求 4.3 对企业员工利益要求的进一步研究 4.4 本章小结 5 利益相关者利益要求的实现 5.1 利益相关者利益要求的实现方式 5.2 对企业员工利益要求实现方式的进一步研究 5.3 利益相关者利益要求的实现程度 5.4 员工利益要求实现方式与企业绩效的关系 5.5 本章小结 6 利益相关者的利益协调与平衡治理 6.1 利益相关者的利益冲突 6.2 利益相关者的利益协调机制：公司治理 6.3 公司治理有效运作的平衡原理 6.4 全球化背景下公司治理模式的演进：平衡治理的宏观思考 6.5 我国公司治理模式的选择：进一步的思考 6.6 本章小结 （陈宏辉，博士学位论文，浙江大学，2003）	1.《利益相关者的界定方法述评》 外国经济与管理. 2002（5） 2.《利益相关者理论与企业伦理管理的新发展》 社会科学. 2002（6） 3.《全球化背景下公司治理模式的演进趋势分析》 中国工业经济. 2003（1） 4.《企业社会责任观的演进与发展：基于综合性社会契约的理解》 中国工业经济. 2003（12） 5.《利益相关者理论视野中的企业社会绩效研究述评》 生态经济. 2007（10）

第四章　科研项目类述评①

科研项目类述评主要指科研项目申报书中的述评，既含综述，又含评论，可体现申报者对选题历史发展和研究现状的整体把握和态度。述评是科研项目书的起点，具有门面的作用，是决定申报成败的头道关。写好述评，要理清其内外关系，精炼各级标题，按古今中外分层分类梳理各家观点，优劣分明地展望发展趋势，适切适度地润色文字，合理恰当地设计版式。

第一节　述评的内外关系

述评是科研项目申报书的重要组成部分，与其他论证内容互动，形成有机整体，申报者要明确其在项目书中的位置、意义和分量。述评内部述与评的比例要适当，所涉国内与国外内容的比例也应均衡。

一、述评的外部关系

述评属选题依据，与研究内容、创新之处、预期成果、研究基础、参考文献等共同构成课题论证的重要内容。述评多为课题论证的起点，在项目书中占有特殊位置，其意义和分量不言而喻。

（一）述评在项目书中的位置

各级各类项目论证大纲中几乎都设有述评这一环节，一般位居前列，而且绝大多数位列第一，见表 4.1。国家社会科学基金项目课题论证大纲的第一条“选题依据”中，“国内外相关研究的学术史梳理及研究动态”即述评，同样，教育部人文社会科学研究项目课题论证大纲的第一条也要求梳理“目前国内外研究的现状和趋势”，见表 4.1，也指述评。

① 本章为黑龙江大学关秀娟教授所撰。

【例 4.1】

国家社会科学基金项目课题论证活页大纲

课题名称：
本表参照以下提纲撰写，要求逻辑清晰，主题突出，层次分明，内容翔实，排版清晰。除“研究基础”外，本表与《申请书》表二内容一致，总字数不超过 7000 字。 1.［选题依据］ 国内外相关研究的学术史梳理及研究动态（略写）；本课题相对于已有研究的独到学术价值和应用价值等，特别是相对于国家社会科学基金已立同类项目的新进展。 2.［研究内容］ 本课题的研究对象、框架思路、重点难点、主要目标、研究计划及其可行性等。（框架思路要列出研究提纲或目录） 3.［创新之处］ 在学术思想、学术观点、研究方法等方面的特色和创新。 4.［预期成果］ 成果形式、使用去向及预期社会效益等。（略写） 5.［研究基础］ 课题负责人前期相关代表性研究成果、核心观点等。（略写） 6.［参考文献］ 开展本课题研究的主要中外参考文献。（略写）

国家社会科学基金艺术学项目和全国教育科学规划课题同属国家社会科学基金项目范畴，其论证大纲与国家社会科学基金项目完全相同。教育部项目亦如此，如教育部社会科学司高校思想政治理论课教师研究专项项目与教育部人文社会科学研究项目论证大纲相同。各省社会科学基金项目多同于国家社会科学基金项目，如黑龙江省社会科学基金项目的课题论证大纲与国家社会科学基金项目的课题论证大纲完全相同。也有不完全相同的情况，省教育科学规划课题论证大纲的述评通常设在第二部分，如黑龙江省教育科学规划课题的论证大纲第二部分为“本课题核心概念的界定，研究范围的限定”，湖南省教育科学规划课题的论证大纲第一部分则是“问题的提出”，是在明确研究范围和问题后进行文献述评。此外，厅级、校级课题也同样重视文献述评，多将其列于首位，如黑龙江经济社会发展重点研究课题。

表 4.1　各级各类科研项目论证大纲

序号	项目名称	1	2	……	备注
1	国家社会科学基金项目	[选题依据]**国内外相关研究的学术史梳理及研究动态（略写）**；本课题相对于已有研究的独到学术价值和应用价值等，特别是相对于国家社会科学基金已立同类项目的新进展	[研究内容]本课题的研究对象、框架思路、重点难点、主要目标、研究计划及其可行性等（框架思路要列出研究提纲或目录）	……	7000 字以内
2	教育部人文社会科学研究项目	本课题研究的理论和实际应用价值，**目前国内外研究的现状和趋势**（限 2 页，不能加页）	本课题的研究目标、研究内容、拟突破的重点和难点（限 2 页，不能加页）	……	限制页数

续表

序号	项目名称	1	2	……	备注
3	黑龙江省哲学社会科学研究规划项目	[选题依据]**国内外相关研究的学术史梳理及研究动态**；本课题相对于已有研究的独到学术价值和应用价值等	[研究内容]本课题的研究对象、总体框架、重点难点、主要目标等	……	7000字以内
4	黑龙江省教育科学规划课题	本课题研究的具体问题、选题的意义和研究价值（包括理论与实践价值）	本课题核心概念的界定，研究范围的限定，**国内外研究现状述评**	……	限4000字以内，3页以内，不得超页数
5	黑龙江省经济社会发展重点研究课题	课题**国内外研究现状**、主要中外文参考文献和研究资料	课题实践价值和应用前景	……	无字数要求

有些特殊项目，如国家社会科学基金中华学术外译项目、国家社会科学基金后期资助项目、教育部哲学社会科学研究后期资助项目，遴选标准不同，论证大纲也比较独特。也有一些学术性要求不高的项目，不设文献述评。以上两类项目在此不予关注，主要以国家社会科学基金项目和教育部人文社会科学研究项目为观测点。

（二）述评在项目书中的意义

述评是项目论证的前提条件，具有基点作用，其他内容多以述评为基础展开论证。以国家社会科学基金项目为例，述评是项目论证的起点，研究价值通过述评得以凸显，二者构成选题依据。在此基础上，研究内容、创新之处、预期成果、研究基础、参考文献等内容方得以有的放矢地展开。述评在整个项目论证中具有辐射全局的中枢作用。只有详细梳理了历史与当下的研究状况，并做出正确的评论，才能析出选题研究的独到学术价值和应用价值。

研究内容的设计应立足述评，研究对象应与现有研究避重，框架思路应超越已有研究，重点难点应突出当前特色，主要目标应抓住以往未解决的问题，科学严谨的研究计划应参考述评，使选题研究具有较高的可行性和操作性。课题的创新之处应从述评中挖掘，梳理学术史、洞见研究动态之后才能发现项目论证中学术思想、学术观点、研究方法等方面的特色和创新。预期成果的设计应基于述评中发现的学术空白，成果形式的构成、使用去向的设定及预期社会效益的设想等尽量集中于填补研究空白。研究基础的列举应与述评形成互动，课题负责人前期相关研究成果、核心观点等信息的选择与阐释应与综述内容和评论观点相联系，充分证明申报人有良好的前期准备。参考文献与述评关系最为紧密，开展课题研究的主要中外参考文献名录是从综述所涉及的文献中精选出的最有代表性的文献。

（三）述评在项目书中的分量

述评在项目书中的重要性可见一斑，但课题论证字数有限，不能漫无边际。国家社会科学基金项目论证大纲要求整体论证字数最高为7000字，教育部人文社会科学研究项目论证大纲要求研究价值和述评两项内容不超过2页。有些项目要求整体论证字数在4000字以内，如黑龙江省教育科学规划课题、黑龙江大学杰出青年科学基金项目。述评所涉内容庞杂，最有伸缩空间，最见申报者的学术水平，其所占比重应提前设计好，做到广度与精度相结合。综述要涵盖古今中外，评论要统摄文献内外。

国家社会科学基金项目论证大纲的7000字包括选题依据、研究内容、创新之处、预期成果、研究基础、参考文献6项内容。根据《国家社会科学基金项目通讯评审意见表》的指标权重（表4.2），选题、论证、研究基础分别为3∶5∶2。文献述评与研究价值共同构成的选题依据权重应为3，即7000字的30%，总字数约为2100字，其中述评部分要求略写，突出选题价值阐释。为合理分配比例，可考虑各占一半，述评可略少，为1000字左右。

表4.2 项目论证大纲各部分评价指标的权重

评价指标	选题	论证	研究基础
指标说明	主要考察选题的学术价值或应用价值，对国内外研究状况的总体把握程度	主要考察研究内容、基本观点、研究思路、研究方法、创新之处	主要考察课题负责人的研究积累和成果
权重	3	5	2

二、述评的内部关系

述评是由“述”和“评”两部分构成，二者之间应比例适当，形成科学的内部关系，其中国内与国外内容的述评比例也应合理。

（一）述与评的比例

述与评联系紧密，二者内部比例应做好规划。综述是基础，评论围绕综述而展开，后者是针对前者阐发的评论。有综述的内容，就应有相应的评论，但应述多评少，综述尽量细致周到，而评论尽量简短有力。二者比例大致应为 6∶1—2∶1，如果述评部分预算字数为 1000 字，述与评的字数大致为 800 字和 200 字。述与评可先后进行，即先述后评，也可相伴进行，即夹述夹评，又可国内和国外状况分别单述单评，继而总述总评，但内在比例一般不变，详见第四节。就述与评各自的内部而言，字数分布应尽量均衡，并列的各观点之间不能厚此薄彼，肥瘦不均。如果某一点内容极多，可以继续拆分；如果内容极少，可以与其他部分合并。

（二）国内与国外的比例

述评涉及国内和国外两个空间跨度的文献，二者应根据选题的文献基础形成合理的比例。可按学界的实际研究成果设定比例，国内研究为主流就加大国内所占比例，国外研究占领先地位就加大国外文献比重。但两部分的文字比重相差不宜太过悬殊，文献多的一方可以简单列举，概括叙述，节约字数；文献少的一方可以选择要点详细叙述，扩充字数。也可能出现极端情况，即某个选题的相关研究只在国内，或只在国外，此时不宜只述评国内或国外，最好单设一段阐明国内或国外几乎没有相关研究，该选题的研究几乎只在国内或国外，否则，评审专家可能会误认为申报者有遗漏。需要强调的是，此类极端情况十分少见，因为相关研究只有联系的远近之分，多数情况下是能够挖掘出相关文献的。此外，国内和国外文献的述与评也有分说与合说之分，可按空间分布分别述评国内和国外，也可按某一主线混合述评国内和国外，详见第三节。

第二节　精思简语炼标题

述评内容繁杂，但字数有限，炼好标题极为关键。“课题名称，即题目，须具有概括内容、点明主旨、引人注目的作用。”①述评各部分内容的小标题也是如此。各级标题要析出所辖内容的核心观点，呈现述评部分的基本思路，达到吸引专家眼球的效果，使其短时间内捕捉到申报者的整体思路。

一、析出核心观点

标题是句、段、段群凝练出的精华，是核心内容。述评中各个关键节点应依句意、段意、段群意凝缩出标题，使评审专家一目了然。

① 李丹，黄忠廉. 国家社科项目炼题符号学路径解探[J]. 外语电化教学，2018（5）：51.

（一）句意凝缩

句意凝缩是指将一个句子的内容凝缩为一个或几个词（组）或短语，或在一个句子中选出一个或几个词（组）或短语用特殊标记凸显出来，置于句首或显要位置，便于评审专家审读。句意凝缩可用于综述部分，也可用于评论部分，起到画龙点睛的作用。

例 4.2 中，开篇导语之前专门凝缩出“国内”二字以突出与后文相对应的“国外”的界限。这种凝缩属于空间范围的界定，突出国内与国外的不同研究成果。若要节省字数，可以将单独凝缩出的“国内”二字删掉，将导语中的“国内”二字用特殊字体或加粗凸显，后文对应的“国外”也同样处理，达到规范上的统一、字数上的精简。在某种意义上，此处“国内”二字也可以看作是段意的凝缩，即此段为国内研究状况综述。此外，还可以设计重要内容的凝缩凸显，同样是这句导语，可以将其中的核心内容用特殊字体或加粗标识出来，如**“国内抗战时期翻译研究视角主要有翻译思想、翻译主体、翻译客体、翻译方法、翻译价值五方面”**，如此专家 1 秒钟即可了解该部分的全部内容。当然，句意凝缩要注重规范和效果，不要采用过多的凸显手段，以免专家眼花缭乱。

【例 4.2】

国 内 综 述

2. 国内外研究现状述评

2.1 国内外研究简述

国内 国内抗战时期翻译研究视角主要有翻译思想、翻译主体、翻译客体、翻译方法、翻译价值五方面：1）**抗战时期文学汉译的民族化、大众化思想反思** 当时文艺界形成民族化、大众化思潮，毛泽东延安文艺座谈会讲话后，继承传统、古为今用、借鉴外来艺术的民族化思想更成为关注焦点。文艺各界都形成了大量民族化问题研究成果。其中，翻译领域有学者论述抗战时期翻译的本土化与民族文化建设、翻译与民族文化、中国现代民族化改译剧、抗战语境下翻译活动的民族化等问题。2）**抗战时期译者、赞助人和读者等翻译主体的民族精神考察** 抗战时期翻译主体研究涉及译者、赞助人和读者。译者个人和群体均受到译界关注，如曹靖华、姜椿芳、戈宝权、孙绳武等俄苏文学翻译家的活动和贡献，四川成都地区翻译群体的特色和成绩，重庆、桂林、成都、上海等抗战翻译中心城市的译事活动，国统区、解放区、沦陷区的翻译活动和成就。此外，赞助人和读者角色也进入学者视角，如抗战语境下“赞助人”对翻译活动的操纵，读者对抗战时期的翻译选材、策略、批评等方面的重要制约力量等。

（二）段意凝缩

段意凝缩是指将一个段落的内容凝缩为一个或几个词（组）、短语或小句，置于段首显要位置，或单独成段，也指在一段中选出一个或几个词（组）、短语或小句用特殊标记凸显出来，便于评审专家审读。段意凝缩可用于综述部分，也可用于评论部分，一般一段综述或评论之前单设一个词（组）、短语或小句来点明这一段的意思，起到凝聚思想的作用。

例 4.2 中的“2.1 国内外研究简述”部分，在对国内研究进行简述之前特意设了一句导语，高度概括国内研究状况，且用楷体与其他内容进行区别，以提醒专家注意。这是最典型的段意凝缩，如果专家时间有限，通过导语可以了解全段内容。此处，国内研究状况虽只占 1 段，但统领了 5—6 段的内容。对于教育部人文社会科学研究项目而言，其论证大纲限制页数，字数为参考，所以排版时尽量减少段落数，避免占用较大的版面空间。如果这部分内容写在国家社会科学基金项目书中，完全可以将每一个研究视角单独成段，甚至将标题单独成段，体现清晰的思路，因为这种项目书限制的是字数，不是页数。例 4.2 中，国内研究状况的导语之后是各种研究视角的具体展开，依次用序号标出。每一个序号后面是一个标题，如“1）抗战时期文学汉译的民族化、大众化思想反思”，这些标题是对后面具体内容的凝缩，如果专家想看具体内容，可以审读后面的内容；如果专家只想了解研究视角，只审读标题即可。此处的几个标题可以看作是段意的凝缩。除设标题这种方法外，也可将段意凝缩到一些关键词句上，用特殊标记显示出来，吸引专家特别关注。

（三）段群意凝缩

段群意凝缩是指将几个段落的内容凝缩为一个词（组）、短语或小句，单独成段，或用特殊标记显示，置于显要位置，便于评审专家审读。段群意凝缩可用于综述部分，也可用于评论部分，起到提纲挈领的作用。

例 4.2 中的标题“2. 国内外研究现状述评”是对“2.1 国内外研究**简述**”和“2.2 国内外研究**简评**”两个标题下辖各段内容的凝缩，具有统领作用。其中，标题“2.1 国内外研究简述”也是其后“国内研究简述”和“国外研究简述”所辖内容的凝缩。如果分段排版，那么自成一段的导语“国内抗战时期翻译研究视角主要有翻译思想、翻译主体、翻译客体、翻译方法、翻译价值五方面”也就成为下面 5 个研究视角段落的凝缩句。再如例 4.3，“2.2 国内外研究简评”标题之下有 3 部分内容：国内简评、国外简评和总评，为明晰观点、排版美观，每一观点单独设段。为凸显核心内容和内在逻辑，分别凝缩出“国内”“国外”“总评”3 个标题，分别统领各自部分内容。另外，“总评”部分用楷体突出，总体概述简评部分，也是凝缩与凸显的结合。

【例 4.3】

评　论

2.2 国内外研究简评

国内

1）抗战时期的外国文学汉译研究总论较多，苏联文学汉译专论较少，俄汉文本对比更缺；
2）抗战翻译五中心城市的地区译者群体研究已起步，原语国别划分的译者研究尚待展开；
3）明确从抗战语境角度论述苏联文学汉译策略的成果不多，需系统研析其特殊方法体系；
4）多论及苏联文学汉译对中国现代文学发展的影响，却少阐述译作在中国的本土化传播；
5）专论苏联文学汉译价值的成果偏少，不足以反映历史和当下苏联文学汉译作品的分量；
6）鲜见读者视角的翻译研究，而大众化受众恰是抗战特殊语境选材、译法的重要参照系；
7）缺少抗战时期苏联文学汉译对中国文学外译和外国文学译入等当代价值的论述与评价；
8）苏联文学抗战汉译研究未紧密结合我国当前社会、文化现实需要，历史借鉴意识淡薄。

国外

1）略涉苏联文学的中国译介、影响和传播研究，但多为宏观概况，译本微观分析较薄弱；
2）偏重中俄文化史视角，且局限于高尔基、肖洛霍夫等几位常见苏联作家的研究与阐述；
3）尚缺针对抗战特殊语境，宏观与微观相结合，研究苏联文学中国语境适应机制的成果；
4）文献史料较多，新成果较少，后苏联时代对苏联文学汉译历史、现状及价值重视不够。

总评　综观国内外，译界对抗战时期苏联文学汉译研究宏观、分散，对抗战语境适应规律尚鲜有关注，而这一特殊时期的历史经验亟待总结和推广。

二、呈现基本思路

各级标题之间彼此互动，并非孤立存在，同级标题应连接成线，表达同一层次的不同观点，异级标题应联系成网，梳理不同层次的系列观点，经纬交织，呈现述评的基本思路。

（一）同级标题连线

同级标题是对同一层次的不同观点的凝缩，彼此为并列关系，每个标题连接在一起就可划分出同一层次。

例 4.2 中，“2. 国内外研究现状述评”部分下设两个标题“2.1 国内外研究简述”“2.2 国内外研究简评”，二者是同级标题，为并列关系，体现出简述和简评的论证思路。再如例 4.4，国外研究状况下的各个标题，如“1）俄苏文学在中国传播的追踪”，从不同视角列举了国外研究现状，共同构成国外研究总体现状，观点较为明确，思路比较清晰。而例 4.3 中“国内”“国外”“总评”3 个同级标题交代了简评的思路和视角。另外，例 4.2 中的导语“国内　国内抗战时期翻译研究视角主要有翻译思想、翻译主体、翻译客体、翻译方法、翻译价值五方面”和例 4.4 中的导语“国外　国外的相关研究主要在俄罗斯，多围绕文学传播、文化交流、译史译法等问题展开”属于同级标题，这两部分内容合在一起就可以简要了解该选题的国内外研究状况。

【例 4.4】

国 外 综 述

国外 国外的相关研究主要在俄罗斯，多围绕文学传播、文化交流、译史译法等问题展开：1）**俄苏文学在中国传播的追踪** 俄苏文学对中国抗战时期的文学建构与发展、作家培养与创作等意义深远，俄学者们指出了20世纪上半叶俄苏文学对中国东北文学影响的原因、形式、阶段、成果等；阐述了高尔基的汉译作品对中国当时文艺思想形成、作家成长和读者精神世界的影响；梳理了苏联文学在抗战前中国的传播；论述了苏联文学对中国文学与作家创作的影响。2）**俄苏文学促进文化交流关注** 汉译俄苏文学对中国文化的影响很受关注，有学者强调苏联文学影响中国抗战时期的文化，可从中认识当时的中俄文化关系；有学者介绍了著名汉学家、记者罗果夫抗战时期在中国的文化交流活动，指出其组织俄苏文学汉译工作对中俄文化交流史的重要贡献。3）**俄苏文学译史译法经验总结** 俄苏文学汉译史、汉译方法略有论及，有学者阐述了抗战及之前俄苏文学汉译的历史进程，并重点分析了抗战时期余振译作《鲁斯兰与柳德米拉》中文化词的补偿式译法；有学者历时梳理了苏联卫国战争文学的汉译活动及影响；也有学者对高尔基《母亲》、《海燕》等作品汉译方法的复杂性进行了深入探讨。

（二）异级标题联网

不同级别的标题是对不同层次的不同观点的凝练，彼此为包含关系，联系在一起就可划分出不同层次，或表达不同层级的观点，经纬相交，体现整体思路。

如果将选题论证述评部分的各级标题组合起来，应该能够看出各级标题之间的纵横关系和申报者对选题的整体把握。综合上面的举例，教育部人文社会科学研究项目“抗战时期苏联文学汉译语境适应机制及其当代价值研究”（以下简称“抗战”）论证活页中述评部分经纬交织的思路为：先简述国内外研究状况，再简评国内外研究状况；国内外研究状况简述以国内和国外状况分述的方式展开，国内外研究状况简评则先评国内，再评国外，最后总评整体状况；国内研究状况从 5 个方面介绍，国外研究状况从 3 个方面论证，如例 4.5。

【例 4.5】

述 评 思 路

2. 国内外研究现状述评

2.1 国内外研究简述

国内 国内抗战时期翻译研究视角主要有翻译思想、翻译主体、翻译客体、翻译方法、翻译价值五方面：

> 1）抗战时期文学汉译的民族化、大众化思想反思
> 2）抗战时期译者、赞助人和读者等翻译主体的民族精神考察
> 3）抗战时期译本、译史等翻译客体的研究与梳理
> ……
> 国外 国外的相关研究主要在俄罗斯，多围绕文学传播、文化交流、译史译法等问题展开：
> 1）俄苏文学在中国传播的追踪
> 2）俄苏文学促进文化交流关注
> 3）俄苏文学译史译法经验总结
> 2.2 国内外研究简评
> 国内
> 国外
> 总评

三、吸引专家眼球

锤炼标题，精思简语，不只为凝练申报者的思想，更为迎合评审专家的审读习惯、关注焦点和专业水平，专家的认可是申请书成活成功的关键。

（一）关照专家审读习惯

专家审读项目书的时间有限，不会逐字细读，一般只注重开头、结尾和宏观框架。通讯评审时，每位专家一般有 10—20 本的审阅任务，而且会要求短时间内完成审阅。因此，精练的各级标题可以满足专家的审读需要。为此，项目申报者应以专家的时间要求为起点，反向倒推设计申请书。对于内容最烦琐的述评，更应设计好各级标题，凝练出最精华的内容，使专家多、快、好、省、准地捕捉到关键信息，留下良好的第一印象。如例 4.5 中的各级标题，专家只需 1 分钟即可读完，基本可以掌握述评内容。

有些申报者综述部分设计了完整的标题体系，文献梳理很用心，但评论部分没有设置标题，甚至没有标出“简评”或“综上所述”字样来提醒内容的转换，加之评论部分字数一般不多，专家很可能漏看，误认为申报者没有对已有研究进行评论。

（二）引领专家关注焦点

项目书的设计应注重用大小标题引领专家关注焦点。从某种意义上讲，标题就是路标，大标题指向大路，小标题指向小路，专家根据大小标题可以明确论证框架，把握全局；也可觅得感兴趣的小点，审读细节。如例 4.3 的国内外

研究简评部分，设了3个标题“国内”“国外”“总评”，专家如果对“国内”感兴趣，可以择要细读下面的8点内容，如果不感兴趣，则可以直接进入“国外”，或者直接通过总评了解申报者的观点。

有些项目在介绍国外研究现状时需列举美国、俄罗斯、日本、韩国等不同国家的情况，为指引专家审读，每个国家单独设段，且在段首以国家为标题作为路标，字体加粗，加逗号加以凸显，如“**美国学界，**”“**俄罗斯学界，**”。专家不仅可以了解申报者的学术视野，而且可以根据兴趣进一步选读内容。也有些学者不设标题，无凸显标记，只用段区分内容的转换，用序号“第一”“第二”等来隔开并列的观点，专家读起来容易迷失方向，找观点也颇费力气。

（三）适应专家专业水平

标题的设计应深浅适度，适应专家的专业水平，既新颖又不会艰涩难懂。项目书的审读专家不是一般的读者，他们是给项目定命运的人，是申报者的同行，其学术水平在同行学者平均水平之上，是具有更高学术鉴赏力的人。述评部分涉及各种学术流派、各种学术观点，各级标题的拟定要包含研究领域的关键术语，提高学术档次，但不能使术语过于集中，炫耀学术高度，这样会适得其反，影响专家审读的流畅性，应尽量做到不深不浅，恰到好处。例4.2中涉及的术语为“翻译思想”“翻译主体”“翻译客体”“翻译方法”“翻译价值”“民族化”“大众化”“赞助人”“民族精神”等，这些术语对于翻译领域的研究者来说并不陌生，但它们的组合指明了选题的新意。

第三节　众采百家明现状

述评的第一要素是述，述要述得清晰明了。为此，要明确国内与国外状况是分述还是合述，是以观点为主线，还是以年代为主线，抑或兼而有之。可按照空间，从国内到国外划分两域；观点与年代分两条主线；可围绕主题，从内到外划分出三环；可按照时间，从古到今划分两期；可突出特色，由近及远关照双域；可借助载体，从文到书博采众长；可列举观点，从著名专家到一般学者，观点独到为首选。

一、国内与国外的分合

综述的对象包括国内和国外两个领域，二者可按空间分布分述，也可围绕观点混述。一方面取决于文献的客观分布，另一方面也取决于申报者的精心组织。

（一）国内外分述

国内外分述是将国内与国外的研究状况分别叙述，多数学者采用这种综述方式。其优点是对国内外研究状况均有清晰的梳理，两个研究空间的特点、优点、不足显而易见，各自的研究趋势清晰明朗。其缺点是国内和国外文献梳理的视角和成果的列举有时雷同，会浪费有限的版面。分述适合于国内和国外研究状况各自特点明显，研究成果都比较丰富，能够列举出类型不同的研究成果的选题。需要强调的是，国外研究状况是相对国内而言的另一个研究空间，但不只限于一个国家，应尽量覆盖更多国家的代表性成果。有些学者在综述国外研究状况时，根据文献来源，分不同段落分别叙述不同国家的情况，如“美国”“俄罗斯”“日本”等，列举有代表性的成果，条理清楚，显示出全面的国际视野。当然，也可不以国家为单位，而是按照研究成果特点进行地域划分，如“欧美”“东亚”等，目的是全面呈现与选题相关的研究现状。但是，有些外语界的学者在综述国外文献时只关注自己所学语种国家的情况，也有其他学科的学者或只关注欧美先进国家的文献，或只关注所掌握外语国家的文献，学术视野显然不够宽广。当然，国内和国外分述之后，各自研究状况的叙述也可按照学术观点展开，不一定再按照空间划分，尤其是国内的研究状况，多数以观点为主线列举文献，或者以年代为主线展开叙述。

（二）国内外混述

国内外混述是将国内的研究状况与国外的研究状况混合叙述，部分学者采用这种综述方式。国内外混述一般有两种模式，即或聚焦研究问题，围绕选题所涉及的相关问题展开叙述；或依照时间轴，按照相关研究发展的年代展开叙述。学术成果的列举不分国内和国外，更注重成果的代表性。国家社会科学基金项目“数字人文视角下历史档案资源知识聚合与知识发现研究”（以下简称“数字”）的题目可抽象为“A 视角下 B 的 C 研究”，A（数字人文）、B（历史档案资源）、C（知识聚合与知识发现）都是关键词，其中 B 是研究的核心问题，A 和 C 是解决问题的新视角和新方法。申报者综述采用国内外混述的方式，主要从三方面展开：B 的相关研究、A 视角下 C 的相关研究、面向 B 的 C 的研究。该研究是借鉴国外的先进研究视角和方法解决国内的问题，因此文献以国外文献为主。三个方面的文献综述均围绕观点展开，列举国内外有代表性的学者及观点，学者的国籍身份并未被提及。国家社会科学基金项目“科学数据开放政策分析与评估研究”也采用国内外混述的方式，其综述的一级标题是相关研究观点，每一种观点之下都按照研究的发展年代编排国内外的文献资料。

二、观点与年代两主线

综述的展开不宜简单罗列，要有内在的主线，即采取主线式综述，或按照观点推动综述，或以年代引导综述，两者也可形成经纬，互相交织，成为上下级关系。

（一）观点推动综述

观点推动综述，是以观点为综述的主线组织文献资料，或取研究视角，或按研究内容，或据研究方法。观点推动之下可按照年代为序或以国内外空间分布展开叙述。此种综述方式基于文献资料的精细梳理，更能凸显申报者的学术水平，为多数学者所采用。例 4.2 导语“国内抗战时期翻译研究视角主要有翻译思想、翻译主体、翻译客体、翻译方法、翻译价值五方面”中，明确指出从 5 个研究视角进行国内文献综述，其下又按照时间先后列举学者观点。上述“数字”的 3 个综述维度分别属于研究内容（B）、研究视角（A）、研究方法（C），是观点推动综述的集大成者，每个综述标题之下按照从国外到国内的顺序列举学者观点。

（二）年代引导综述

年代引导综述，是以研究成果所属的年代为综述的主线组织文献资料，或按较短时间段，或按较长时间段。以这种综述方式为一级主线的项目书并不多见，如有学者按照年代依次列举文献资料：“……始于20世纪80年代初期，……”“从 20 世纪 90 年代末开始，……”“21 世纪以来……”等，在时间段的引导下又按照代表性观点或国内国外空间分布具体叙述研究状况。一般而言，年代引导性综述多用于二级或三级主线，即在观点主线、空间主线之下的叙述线索，如具体学者及观点列举时按照成果出现的先后顺序排列，在学者姓名后面用括号标注年份，或者不标，前者比较严谨，后者节省空间。现在，越来越多的学者选择不标注具体年份，把重心放在所引用的学术观点上。

三、由内向外的三环

综述应圈定所述文献，以选题为圆心，划出核心问题、主要问题和相关问题三环，将文献述出层次，述出轻重。从内环到中环再到外环，所关注的研究领域逐渐拓宽，所关涉的文献资料也会逐渐增多，文献资料的取舍应该是从内环向外环辐射。

（一）内环：核心问题

内环是与选题最相关的文献，直指核心问题，这种文献要详细叙述，占较大篇幅，而且要剥离出这些文献与选题研究重点的区别，为后面的评论奠定基础，为引入选题埋下伏笔。但内环所涉及的核心问题往往并不多，否则选题就没有太大价值。以上述项目“抗战”为例，其核心问题是“语境对抗战时期苏联文学俄汉翻译的影响”,应搜集语境对这一时期苏联文学俄汉翻译影响的相关研究成果进行梳理，总结研究特点。再如，2020 年国家社会科学基金重大项目的招标选题之一为“中国古典文学在俄罗斯的译研史料整理与研究”（以下简称“古典”），其核心问题是“俄罗斯中国古典文学翻译与研究的现存史料及其研究情况”，课题的任务是史料整理与研究。由此，内环的核心问题是与选题最相近的研究状况，一般这类材料较少。当内环核心问题的文献不足以支撑项目论证需要时，应向中环主要问题扩展。

（二）中环：主要问题

中环是与选题比较相关的主要问题，或在研究对象上，或在研究方法上，或在研究视角上。对主要问题的综述是选题价值论证的补充，主要问题的研究可为核心问题的解决提供视角、方法上的借鉴。“抗战”的主要问题是“抗战时期苏联文学俄汉翻译”,应搜集这一时期苏联文学俄汉翻译的相关研究成果进行梳理，总结研究特点，为选题论证服务。而“古典”的主要问题是“海外中国古典文学翻译与研究的现存史料及其研究情况”，包括世界各国的研究情况。因此，中环的主要问题是与选题较近的研究状况，一般这类材料较多。如果中环主要问题的文献仍不足以进行项目论证时，应向外环相关问题推进，文献资料的厚度应足以使选题立得起来。

（三）外环：相关问题

外环是与选题关系相对较远的相关问题。对相关问题的综述是对选题价值论证的进一步补充，相关问题的研究可为核心问题、主要问题的解决提供更广阔的思路。“抗战”的相关问题是“抗战时期文学外汉翻译”，应搜集这一时期文学外汉翻译的相关研究成果进行梳理，析出研究特点，为选题论证助力。“古典”的相关问题是“海外中国文学翻译与研究的现存史料及其研究情况”，文献不分国别，不分古典与现代。可以说，外环的相关问题是与选题较远的研究状况，一般这类材料很多。

四、由远及近的两期

从时间而论，综述的对象有古今之分，应由远及近梳理历史到当下不同时期的研究成果，把选题相关研究的发展脉络呈现给评审专家，体现出学术史的传承性，同时注意古今文献比例适当。

（一）古：久远文献

久远文献指与选题相关研究的早期文献，并非一定指古时的文献，主要取决于所要研究问题的新旧以及研究的历史。一个古老的问题可能研究历史并不长，其学术文献源头比较晚，一个新兴现象却可能有类似现象的久远研究历史。久远文献是学术史梳理的起点，可以洞见最初研究的视角、方法和观点，具有基础性。“抗战”最久远的文献也不过20世纪30—40年代，即抗战历史时期学界在苏联文学翻译方面取得的研究成果，当时学界的观点对现在的研究具有宝贵的历史价值和借鉴作用。其后，新中国成立初、“文化大革命”后、改革开放以后，直到21世纪以来，文献即从古至今连成了一条线。相比之下，“古典”的文献就要追踪到很久远，中俄有文化交流以来，古典文学的俄译与传播活动就会发生，这方面的史料应该比较丰富，但比较分散，对于这一选题来说久远文献显得尤为重要，值得详细梳理。此外，相关的中国古典文学在世界各国的译研史也值得追溯到历史源头，挖掘其中的可借鉴之处。

（二）今：新近文献

新近文献指与选题相关研究的近期文献，并非一定指当下的文献。近期文献是研究动态的重要依据，可以发现与选题相关研究的走向，具有前瞻性。新近文献的梳理与总结对选题论证非常重要，决定着研究对象的锁定、研究内容和框架思路的设计、研究方法的选用。“抗战”所涉新近文献即为21世纪以来，特别是近10年的文献，包括当前学界对抗战翻译的研究成果，这段时间学界的观点对当下的研究具有较大的启发和参考作用。而“古典”的文献也应对当下有所关注。中俄文化交流频繁，中国的俄汉翻译家和俄罗斯的汉学家做出了巨大贡献，当前很多翻译学者和中国古典文学俄译爱好者在从事这方面的研究工作，所产出的成果对这一课题的研究具有指引作用。

五、由近及远的双域

从空间而论，综述的对象有中外之分，应由近及远梳理出国内与国外两个区域的研究成果，体现出项目申报者全局性的学术视野。但也有学者选择由远及近的视角，从国外大范围聚焦到国内小范围，虽方向不同，但方法类似，此处仍以由近及远为主。

（一）中：国内文献

国内文献指国内与选题相关的研究成果，是选题论证的重要依据。国内谁在研究，研究了什么，如何研究的，研究得如何，这些情况都应呈现在国内文献中。国内文献的梳理应基本展现出以往研究的成就与不足，以此导出所报选题在国内的理论价值和应用价值。如国家社会科学基金项目“中华文化关键词俄译的语料库实证研究”（以下简称“关键词”），申报者围绕关键词“文化关键词”“俄译”“语料库”“实证研究”综述文献，如基于语料库的文化词（普通词汇、术语）翻译研究、文化负载词翻译研究、中国特色词汇的外译研究、语料库翻译学研究，发现涉及文化关键词、文化负载词、文化限定词、民俗文化词、中国特色词汇的外译研究得到较大发展，研究视野和方法思路呈现多样化，语料库翻译学的蓬勃发展和丰富成果也可为选题研究提供理论基础。

（二）外：国外文献

国外文献指国外与选题相关的研究成果，是选题论证不可或缺的依据。同样地，在国内文献中所要呈现的研究现状要素都应在国外文献中挖掘出来，其梳理也应基本呈现出研究成果的贡献与缺陷，并由此得出所报选题在国际上的理论价值和应用价值。“关键词”的申报者从欧美到俄罗斯跨越空间综述文献，如对文化关键词的研究、对民族特有事物词汇的可译性和传达问题的研究、对观念分析理论的文化关键词的相关研究，发现西方对文化关键词的研究历史悠久，但较少关注文化关键词的翻译研究，俄罗斯从20世纪50年代开始关注民族特有事物词汇的外译问题，但成果较少且不成系统，国外文化关键词的翻译研究相对薄弱。

六、由文到书的多维

综述的对象尽量全面，包括论文、著作、项目、获奖、媒体信息、政策文件等多个维度，不要遗漏有代表性的观点。目前，网络信息发达，有些学者以电子文献为主进行综述，多靠网上易找的期刊论文观点支撑论证，不愿费时费力地挖掘纸媒，忽视或遗漏了一些重要观点。各种载体文献的列举应兼而有之，不可偏颇。

（一）论文为主

论文在综述的文献来源中最丰富，其观点具有前沿性、创新性、独特性。论文是项目论证中学者们最喜欢使用的文献，借助关键词搜索轻松易得。根据论文题目、摘要、关键词、结论等信息，学者可灵活摘取信息进行编辑。综述中列举的论文一定要认真筛选，不可随意选择。根据论文的期刊出处、作者身份、文章质量、发表时间等可判断其权威性、代表性。重点关注北京大学、南京大学核心以上且专业领域认可的期刊及国外的权威期刊上的论文或作者为教授、副教授，文章被多次下载和引用，且发表时间具有节点性的论文等，以上所引论文的信息就是项目论证的代言者，决定了项目书的水准。例 4.6 参考文献中选取了 4 篇论文，国内 2 篇、国外 2 篇，均为优选论文，作者较权威，发表时间分布在 20 世纪 80—90 年代、21 世纪前 10 年，应该说顾及了古今中外。

【例 4.6】 参考文献

4.4 本项目主要参考文献

[1]廖七一，等. 抗战时期重庆翻译研究. 南开大学出版社，2015.

[2]胡庚申. 翻译适应选择论. 湖北教育出版社，2004.

[3]李 今. 三四十年代苏俄汉译文学论. 人民文学出版社，2006.

[4]谢天振，查明建. 中国现代翻译文学史（1898—1949）. 上海外语教育出版社，2004.

[5]陈建华，沈喜阳. 俄苏“红色经典”在当代中国. 俄罗斯研究，2007(3).

[6]谢天振. 译介学. 上海外语教育出版社，1999.

[7]李随安. 苏联文学与中国的抗日战争. 黑龙江社会科学，1995(5).

[8]Хохлов А. Н. Журналист-китаист В. Н. Рогов в Китае в период антияпонской войны 1937-1945 гг. —К истории культурных связей России с Китаем в 30-40 гг. XX в[J]. *Восточный архив*, 2007(16).

[9]Лебедева Н. А. *Очерки истории прозы Северо-Восточного Китая* (1919-1949)*t*[M]. Владивосток: Изд-во Дальневост. ун–та, 2006.

[10]Серебряков Е. А. Вдохновляющий пример великого подвига (советская литература о Великой Отечественной войне в переводах на китайский язык до 1957 г.)[J] *Проблемы Дальнего Востока*, 1985(3).

[11]Топер П. М. *Перевод в системе сравнительного литературоведениях*[M]. М.: Наследие, 2000.

[12]Gutt E-A. *Translation and Relevance: Cognition and Context*[M]. Shanghai: Shanghai Foreign Language Education Press, 2004.

[13]Nida E. A. *Language and Culture: Contexts in Translating*[M]. Shanghai: Shanghai Foreign Language Education Press, 2001.

（二）著作为基

著作在综述的文献来源中最厚重，著作中的观点具有系统性、沉淀性、权威性。著作是项目论证中学者们经常使用的文献，包括专著、编著、译著、教材等。借助书名和目录一般可以发现与选题相关的论点，但逐字细读更能挖掘关键信息。目前信息技术发达，多数著作能够找到电子版，也可以转换成可搜索、可编辑的模式，方便学者搜索、摘取所用信息，并进行编辑。根据著作的出版社、作者身份、著作质量、出版时间等判断其权威性、代表性。综述中列举的著作也需认真筛选，不可随意安排。最好是国家级出版社或专业领域认可的重要出版社、国外的权威出版社，或作者知名度高，著作被多次引用，出版时间具有节点性，等等。例 4.6 参考文献中选取了 9 部著作，国内 7 部、国外 2 部，均为优选作品，作者较权威，出版时间分布在 20 世纪末、21 世纪前 10 年和近 5 年，时间与空间分布较为合理。

（三）项目、获奖、媒体信息、政策文件等其他载体补充

项目、获奖、媒体信息、政策文件等在综述的文献来源中最宝贵，其中的观点具有引领性、信息性、指导性。这些文献也不容忽视，从中挖掘的信息对项目论证具有锦上添花的作用。国家级和省部级等高档次项目代表了学术前沿，高水平获奖证明了学界的认可，媒体的权威信息是选题的旁证，政策文件更能作证选题的意义。例 4.7 中“有些学者近年做国家级项目进行日本文学汉译研究”用国家级项目来支撑项目论证，论证的工具得到了丰富。党和国家的政策文件也可作为有利文献，可加强对这些文献的关注，做项目的最终目的是为国家服务，越高级的项目越有这种使命。例 4.2 中“毛泽东延安文艺座谈会讲话”即引用了重要的政策文件，成为主要的研究背景之一。

【例 4.7】

综　述

3）**抗战时期译本、译史等翻译客体的研究与梳理**　译本研究多着眼国别和文类：李今（2006）等专论俄苏汉译文学，有些学者介绍了俄苏、美、英、法等国及一些弱小国家文学的汉译，有些学者近年做国家级项目进行日本文学汉译研究也有学者撰文突出戏剧、小说、诗歌、马列著作等不同文类的翻译研究。而俄苏文学翻译史研究多关注断代史及介绍、对比各历史时期的翻译活动、成果、思想及背景。

七、由专到特的个案

综述时学者观点举例要有所取舍，兼顾著名专家观点和学者特色观点，为

选题论证所用。权威专家观点固然重要，但比较有特色的一般学者观点也不容忽视，应做到有点有面。

（一）专家观点

专家观点是综述的基本内容，项目书中汇集不同专家的观点可奠定选题相关问题前期研究的基础，证明研究的高起点。文献观点的选取应以著名学者为主。例 4.6 参考文献中所列中外学者均在学界久负盛名，如国内翻译界的谢天振、廖七一、胡庚申等，国外翻译界的 Gutt（格特）、Nida（奈达）、Топер（多别尔）等。然而，综述的文本由于字数所限，有时将专家的名字依次列出，将他们相关或相似的观点汇总列出；有时只提及专家的观点而舍其名，或者将专家虚化为“有学者”，或者将学者归纳为某些地区的代表。例 4.7 中，“有学者”一般不指一人，往往是多个学者，如“也有学者撰文……”中的“学者”指从事戏剧、小说、诗歌、马列著作等不同文类翻译研究的众多学者，篇幅所限，不便一一列举。如有必要也可特意指出学者的名字和观点，突出其权威性、代表性，例 4.7 中“李今（2006）等专论俄苏汉译文学”就特意指出了该领域研究的重要人物及其研究成果。

（二）特色观点

特色观点是综述的重要内容，项目书中学者的特色观点可引领选题相关问题前期研究的走向，凸显研究的特色。为综述全面，特别是某些新兴研究领域的选题，文献观点的选取也应加入一般学者的特色观点。例 4.8 中李晓滢、蔡颖、刘晓霞等并非著名学者，但他们在文化词的语料库翻译研究方面进行了大胆的尝试，并有较大发现，应引起学界关注，借鉴经验，引用成果。一如上述，有时为节省字数，可将这些学者的名字隐去，只突出其观点。

【例 4.8】

综　述

1）基于语料库的文化词（普通词汇、术语）翻译研究：朴哲浩、李庆华、王利霞（2014）研制了《酒国》汉俄平行语料库，分析了现代汉语叠音词的俄译规律；李晓滢（2014）通过语料库的统计发现民俗文化词最常用的翻译方法为直译和意译，而在民俗节庆名称中最常用的翻译方法却是音译和直译；蔡颖（2008）选取了十大中华文化关键词，详细观察它们在语料库中的出现频数、搭配词组以及索引行，识别“文化关键词”的语义趋向和语义韵；刘晓霞（2010）、张婉丽（2013）、顾伟（2014）等基于语料库探讨了中国典籍术语的英译问题，发现大多数术语的翻译在不同译本中不能够保持一致，原因在于不同译者的翻译观不同，进而采取不同的翻译策略。

第四节　优劣分明向前瞻

述评的另一要素是评，评要评得有理有据，优劣分明。顺序上，评可与述相伴相生，也可先述后评。内容上，评可与述对应，依述生评，评也可超越述，超述引评。评的用语不要绝对，既不能全然否定，也不能夸大其词。评与述具有内在逻辑关系，切忌两条线、两张皮。二者应形成“画龙”和“点睛”的互动。

一、述与评的分合

述评是由述与评两个部分构成的有机联系的整体，不能有述无评，只列举相关研究成果，不发表述者的见解，可先述后评，也可夹述夹评。

（一）先述后评

先述后评是指先综述选题相关文献，再对以往研究成果进行评论。述是评的基础，评是述的引申。可分别综述国内和国外的文献后再进行总体评论，也可综述国内文献后对其进行评论，进而在综述国外文献后进行评论，最后再进行整体评论。还可以就国内和国外文献进行总体综述后进行总体评论。其中，第一种述评方式最为常见。例如，国家社会科学基金项目“20世纪初叶以来苏俄文化观的演变及其启示”，采用国内综述、国外综述、总评的述评路径，将学术史梳理得清晰透彻，见例4.9。

【例4.9】

先述后评

自19世纪末20世纪初叶以来，俄国思想家们一直在寻求与探索现代化出路问题。而与此问题密切相关也是最为核心的构件之一，则是文化观建构问题。俄国思想家苦苦思索应以何种文化观或文化形态，去塑造和引领时代精神及其走向。就广义而言，国内外诸多思想家都对苏俄文化观建构问题有所涉猎，如贾泽林教授……

就国外苏俄文化观建构研究而言，具有代表性的研究主要包括：一是……

从以上分析可见，国内外学界虽对20世纪初叶以来苏俄文化观建构进行了一定的研究，并涉及到了文化观建构的诸多研究主题。但从整体上看……

（二）夹述夹评

夹述夹评是指边综述边评论，二者夹杂，有时甚至是以评带述，在论述观点时引入某些代表性学者或观点。这种述评方式对学者要求较高，需要对所有文献进行宏观把握，才能获得良好的述评效果。国家社会科学基金项目“靺鞨-渤海墓葬的考古学研究”采用了夹述夹评的述评路径，以阐述观点为线，带入相关研究者，见例4.10。在对国外文献进行述评时，学者先评价了朝鲜境内的靺鞨墓葬分布情况，继而列举了几个有代表性的学者，又对他们的研究进行了整体评价。

【例4.10】

大　纲

朝鲜境内，现今还没有狭义的靺鞨墓葬发现，而渤海墓葬主要集中在咸镜北道和咸镜南道境内……经过科学发掘的也有数百座之多。代表性学者有朱荣宪……其研究具有狭隘性，主要立足寻找渤海与高句丽之间存在直接联系的证据。

二、评与述的对应

述与评在空间上有分合，但在内容上应基本对应。依述生评，或针对分项综述内容进行单独评论，或针对总体综述内容进行综合评论。

（一）分述单评

分述单评是针对每一项综述内容进行相应的评论，或对国内、国外分别综述的内容进行分别评论，或对综述内容逐条评论，前后述评的对应性、针对性比较强。例4.3的国外研究状况评论对应着例4.4国外研究状况综述，是由述生发的评，评的第1点“略涉苏联文学的中国译介、影响和传播研究，但多为宏观概况，译本微观分析较薄弱”对应述的第1点“俄苏文学在中国传播的追踪”，评的第2点“偏重中俄文化史视角，且局限于高尔基、肖洛霍夫等几位常见苏联作家的研究与阐述”对应述的第2点“俄苏文学促进文化交流关注”和第3点“俄苏文学译史译法经验总结”，这是有依据的客观评论，言之有物。

（二）总述总评

总述总评针对总体综述内容进行综合评论。或对国内、国外分别综述的内容进行总体评论，或对国内外混述的内容进行总体评论，前后述评的对应性比较模糊，评论一般高度概括。评论时要总体把握，重点突出，整体性强，宏观评价出研究动态和趋势。例4.3的评论不仅包括国内外研究现状的单评，还包括国内外研究现状的总评，总评是对单评的进一步宏观概括。例4.11是以总评的方式对国内外研究状况进行评论，论及国内外研究的优缺点，一步到位。

【例 4.11】

评　论

纵观国内外有关文化关键词翻译研究相关成果，我们发现：文化关键词的翻译研究相对薄弱，虽然西方对文化关键词的研究历史悠久，但较少关注文化关键词的翻译研究；虽然俄罗斯从上世纪 50 年代开始关注民族特有事物词汇的外译问题，但成果较少且不成系统；近年来国内学者对文化关键词特别是文化词的英译关注较多，从多个角度进行了理论探讨，鲜及俄译。在全球化视域中，中外文化的交流日益频繁，观念形态的互阐互识更需要我们重新思考以往的翻译策略，文化关键词的翻译研究必将引起学者的更多关注。作为翻译研究新范式的语料库翻译学注重描写和实证，可从宏观及微观层面考察文化关键词的翻译规律，得出新的译介模式，为实现我国文化走出去的国家战略拓宽思路。

三、评对述的超越

有时，评的内容也不必完全对应述，可超述引评，或通过评论引出选题，或从评论带入选题，评的最终目的是证明选题的价值。评是述与选题、研究对象的连接点。

（一）依评引题

依评引题指通过评论引入到选题所要研究的问题上，指出选题研究的必要性、迫切性以及研究的价值和意义。例 4.11 的评论层层递进，对应前文国外和国内研究状况的综述，分别概括指出西方、俄罗斯、国内研究的优缺点，这些都是依述而论。在此基础上超越综述，引出其选题“文化关键词翻译研究”的必然性，再进一步强调选题研究的方法“语料库实证研究”，至此选题“中华文化关键词俄译的语料库实证研究”全部引出，最后交代了研究内容“文化关键词的翻译规律”，预期结果“新的译介模式”，研究意义“为实现我国文化走出去的国家战略拓宽思路”。

（二）以评带题

以评带题指通过评论渗透选题所要研究的问题，带出当前应该解决的问题，指出研究的价值和意义。例 4.3 的国外研究状况评论不仅对应例 4.4 的国外研究状况综述，即由述生发的评，如上所述，评 1“略涉苏联文学的中国译介、影响和传播研究，但多为宏观概况，译本微观分析较薄弱”对述 1“俄苏文学在中国传播的追踪……”，评 2“偏重中俄文化史视角，且局限于高尔基、肖洛霍夫等几位常见苏联作家的研究与阐述”对述 2“俄苏文学促进文化交流关注……”和述 3“俄苏文学译史译法经验总结……”，评 3“尚缺针对抗战特殊语境，宏观与微观相结合，研究苏联文学中国语境适应机制的成果”、评 4“文献史料较多，新成果较少，后苏联时代对苏联文学汉译历史、现状及价值重视不够”还分别带出抗战语境与苏联文学汉译语境适应机制研究和苏联文学汉译的价值研究这两个要解决的问题，即选题“抗战时期苏联文学汉译语境适应机制及其当代价值研究”。总评“综观国内外，译界对抗战时期苏联文学汉译研究宏观、分散，对抗战语境适应规律尚鲜有关注，而这一特殊时期的历史经验亟待总结和推广”进一步指出了该选题当下研究的不足，强调研究的迫切性和潜在价值。值得注意的是，慎用或少用“填补空白”“新里程碑”“全新阐释”这类具有夸大价值嫌疑的字样。

第五节　适切适度为润改

述评内容写完不可认为竣工，打磨规范，润色文字不容小视。术语使用要适当，难易应适中；标题和句段之间要衔接紧密，逻辑清楚；众家观点需融会贯通，重塑而出；排版尽量精致，体现条理清晰的层次。

一、术语适当 难易适中

科研项目述评所涉及的内容专业性程度高，但所面对的评审专家不一定非常熟悉申报者的选题，因此述评的专业性应与可读性相结合，术语使用适当，表述难易适中，必要时可阐释术语和概念，使内行读起来不浅，外行读起来不深。

（一）内容的专业性

科研项目述评所综述和评论的对象是某学科领域的学术史，自然会涉及大量的学科术语、理论观点，内容具有很强的专业性。但申报者应注意避免术语扎堆，内容深奥难懂，尽量关照评审专家的感受，使其在短时间内卓有成效地完成项目书的审读。若项目书太过深奥，有炫耀专业水平之嫌，专家在似懂非懂之间，常会给一个比较保险却对申报者而言毫无优势可言的分数——良好。因此，打磨项目书时，必须注意内容的专业性问题，适当阐释术语，适时稀释观点。

“数字”的标题中术语比较集中：“数字人文”“历史档案”“知识聚合”“知识发现”。初见标题，研究对象、研究视角均比较新颖，但有些令人不解。申报者能够为审读专家着想，在述评中首先解释了研究对象“历史档案是指中华人民共和国成立以前的档案，是历代各级各类权力主体、民间组织及个人在社会生产生活中形成的具有保存价值的原始记录”，以及研究方法的术语“数字人文是以智能信息技术为工具，以人文科学领域为研究对象，对人类文化遗产实现数字资源的深度融合、存储、检索与利用”，基本解决了读者的疑惑。

（二）内容的可读性

科研项目述评不只是学术文献的刻板堆砌和学术观点的冰冷批评，也应关注内容的可读性，把深奥的学术史深入浅出地介绍给较高专业水平的评审专家。设题解是一种比较有效的方法，可以言简意赅地阐释选题，提高项目书的可读性。题解一般放在述评之前，独立成段，用100—200字概括研究对象、研究方法、研究假设、研究意义等内容。例4.12首句介绍选题的必要性，第二句依次交代研究方法、研究内容、研究假设、研究意义，其中也不免有一些术语，但读题解后基本可以明确该选题的价值，专家也可以做初步判断。此外，在专业性强的内容之间穿插一些专业性较弱或过渡性的连接句，也会相对降低专业性内容集中出现造成的阅读难度。

【例4.12】

题　　解

0. 题解

文化关键词是民族文化的最直接反映，其翻译涉及中华文化对外传播的准确性与有效性。基于俄语国家语料库（НКРЯ）及相关统计软件，以典型中华文化关键词的大量俄译文本为研究对象，以数据统计和理论分析为研究方法，详细观察其在语料库中的出现频数、语义趋向、分布特征等，依据语言学、翻译学及文化理论，系统分析文化词俄译的本质、过程、规律及现象等，总结其在非本族语文化的传播轨迹，基于此构建中华文化“走出去”的译介模式，为中华文化对外传播提供借鉴。

二、衔接紧密　逻辑清楚

文献收集、整理完备之后，述评内容似乎很简单，但彼此之间的空间布局和内在逻辑需要巧妙设计，体现句与段之间的有机衔接和严密逻辑。

（一）句段的衔接性

述评内容不宜简单罗列，彼此割裂，句段之间要设置必要的衔接，形成一体化的思想。例4.2中第2条标题“抗战时期译者、赞助人和读者等翻译主体的民族精神考察”中的“翻译主体”与导语“国内抗战时期翻译研究视角主要有翻译思想、翻译主体、翻译客体、翻译方法、翻译价值五方面”中的“翻译主体”相呼应，前者是对后者的具体展开。具体到第 2 条内容本身，标题中提到“译者”“赞助人”“读者”三个主体，后面的内容依次展开，即“译者个人和群体均受到译界关注，如……此外，赞助人和读者角色也进入学者视角，如……”，此处内容的前后照应，“如”“此外”等用语的有效衔接，能够帮助读者理清思路。

（二）句段的逻辑性

句段之间要形成内在逻辑性，前后自洽，彼此铺垫，层层推进，不宜各说各话，形合义分。例 4.2 中的第 2 条，不仅做到了前后的有效衔接，而且在前后逻辑关系上也交代得比较清楚，专家可以选读导语了解大意，也可以按照导语提示选择细读的小点。例 4.12 的题解共 213 字，所含内容丰富，逻辑清晰，从研究的必要性到研究对象、研究方法、研究内容、研究假设、研究意义，交代了项目书的核心信息，统领项目论证内容，与后面的论证形成互动。此外，综述和评论的各自内容之间应形成或并列，或递进，或包含的层次关系，述与评之间也应形成内在的互动。

三、观点内化 重塑而出

项目论证要语言简洁，文笔有力，概括性强。常见问题是某处过多过细，不够概括，或相反，有明显疏漏，内容不够广泛。申报者应将各种观点内化于心，重塑而出。根据观点的重要程度和篇幅大小的需要，可将所引书文的题目适当展开，也可将核心观点高度概括浓缩。

（一）题目观点的展开

题目观点的展开是指将所选文献的题目略微展开后置于综述之中，有利于聚焦核心观点，也有利于节省篇幅。具体做法是列出代表人物的代表作，再将其篇名扩充为观点。

例 4.7 中的“李今（2006）等专论俄苏汉译文学”就是对李今专著题目的展开，参看例 4.6 的参考文献可知，李今的专著为 2006 年人民文学出版社出版的《三四十年代苏俄汉译文学论》，根据课题论证的需要，概括其研究内容列于综述之中，将“三四十年代”省略，因为选题的研究时间范围是抗战时期，与该书时间跨度相符，不必重复列出。例 4.8 中小标题“基于语料库的文化词（普通词汇、术语）翻译研究”之后提及的首个文献“朴哲浩、李庆华、王利霞（2014）研制了《酒国》汉俄平行语料库，分析了现代汉语叠音词的俄译规律”也是对论文题目《基于汉俄平行语料库的〈酒国〉叠音词俄译规律研究》的展开，申报者将论文信息根据论证需要重新布局，既内容全面，又保证了论证的规范性、流畅性。

（二）核心观点的浓缩

核心观点的浓缩是指将所引文献的摘要、结论浓缩为一个句子，或将成果的题目浓缩为一个词（组）或短语，以概括思想，引领下文，节约版面，扩大容量。从综述整体布局来看，更重要的一种写法是，先写出详尽的述评，再按照比例关系进行压缩。

例 4.13 中申报者根据所搜集的文献将语料库翻译学研究的核心观点进行了浓缩，指出“国内语料库翻译研究已初具规模，研究主题涉及了翻译普遍性、翻译方法、语言研究、翻译规范、翻译批评、译者研究、文体研究、口译、意识形态等多个领域”，并介绍了代表学者“杨慧中、廖七一、王克非、胡开宝等”，综述内容丰富，信息全面，版面空间利用率高。例 4.2 中第 2 条“抗战时期译者、赞助人和读者等翻译主体的民族精神考察”，共 226 字，由 20 余个文献内容压缩而来，首先将每个文献做一个 20—30 字的简介，如“曹靖华、姜椿芳译者个人研究”“四川成都地区翻译群体研究”“赞助人和读者的研究”；其次将类似、相关的内容合并，如将译者个人研究的文献整合成一句话，即“曹靖华、姜椿芳、戈宝权、孙绳武等俄苏文学翻译家的活动和贡献”；最后将文献丰富的内容逐一压缩；等等。

【例 4.13】

综　述

4）语料库翻译学研究：如今，国内语料库翻译研究已初具规模，研究主题涉及了翻译普遍性、翻译方法、语言研究、翻译规范、翻译批评、译者研究、文体研究、口译、意识形态等多个领域，代表学者有杨慧中、廖七一、王克非、胡开宝等，但基于语料库的文化关键词俄译研究还很薄弱。

四、排版精致 层次分明

“包装”是科研项目述评不可或缺的环节，项目书由专家来评审，由这些特殊的读者决定命运，可见“投其所好”非常关键。项目书应排版精致、层次分明，兼顾规范与美观、层次与逻辑，使专家一目十行，易于接受，乐于接受。

（一）规范与美观

项目书的排版应规范且美观。字数上要符合相关项目要求，如表 4.1 各级各类科研项目论证大纲所示，国家社会科学基金项目论证内容不超过 7000 字，对述评部分没有严格规定；教育部人文社会科学基金项目要求研究价值和述评部分共 2 页；其他项目整体字数多限制在 4000 字以内。申报者对述评部分的设计要权重合理，尽量不越过底线。

已如前述，国家社会科学基金项目的述评部分最好在 1000 字左右，约占申请书 1 页，若放到活页中，从第 2 页起，占满第 2 页。可以通过调整行距、字号、字间距以及精简字数等方式使句段保持完整，尤其是涉及跨页的部分，尽量不要使 1 个观点或 1 个段落分在两页。版面不宜安排得太满，要适当留有空白，提供舒适的感官体验。根据需要，尽量使各级标题独立成段，突出重点，便于审读。如版面空间不足，也可将低一级标题的内容合并成一段，用序号、不同字体或加粗等方式突出。例 4.2 中设有四级标题“2. 国内外研究现状述评”“2.1 国内外研究简述”“国内”“1）抗战时期文学汉译的民族化、大众化思想反思”，各级标题的设计是黑体、仿宋、仿宋加粗、仿宋加粗，彼此之间的层次关系比较分明，主要内容可一目了然。

（二）层次与逻辑

用分段、序号、字体、字号、加粗等方式强调重点，建构述评内容的逻辑框架。同一层次的内容用相同字体、字号，或相同的加粗方式，使读者容易归类。不同层次的内容通过各自的特点体现内在的逻辑。有些学者只用分段一种方式，或结合设小标题两种手段，来体现逻辑层次，显得手段单一，不便于专家审读。多种手段结合使用，有利于专家快速抓住述评各层次的内容。例 4.3 中用宋体和楷体两种字体、三级标题与关键词加粗、编号、相等字数单句成段等多种方式设计版面，尽量做到结构合理，层次清晰，布局美观。

第五章　会议报道类述评[①]

学术会议是学界为推动学科发展、促进学术交流而召集的会议。及时、有效的会议报道，可以帮助感兴趣的读者更好地了解某些重要学术问题的研究现状。相较于期刊论文或学术专著，会议报道类述评篇幅短小而言简义丰，学人不妨将之作为学术写作训练的抓手。

第一节　时效与术业兼顾

会议报道类述评，是关于学术事件的新闻报道，兼具新闻性与学术性。当下，此类述评一般先发表于网络（如微信、微博、客户端和网站等），次见诸报纸（如日报、晚报和周刊等），再视其重要程度、后继影响等，或可刊发于学术刊物等。

一、适时而发

（一）时间就是生命

与一般新闻报道一样，会议报道类述评也讲求时效。在“流量为王”的当下，“快”是各大媒体生存立命的根本之一。对此，人民日报社理论部主任、高级编辑马宏伟曾说“适时而发的学术宣传，其效果事半功倍”[②]。比如，2021年4月8日，国家社会科学基金重大项目“中国翻译理论发展史研究”开题报告会召开。4月9日，广东外语外贸大学翻译学研究中心官网对此作了报道（https://cts.gdufs.edu.cn/info/1038/2851.htm）。4月11日11时05分，中国社会科学网《社科关注》版刊发了报道述评（http://www.cssn.cn/zx/bwyc/202104/t20210411_5325509.shtml）；当日21时26分，《光明日报》客户端亦报道了该

---

① 本章为韶关学院宋伟华副教授、大连理工大学陈元飞副教授所撰。

② 马宏伟. 如何当好学术专版的版面主编[J]. 新闻战线，2006（1）：15-17.

会议（https://wap.gmdaily.cn/article/86bbc2c8bd644cbb8782b2090bb78fb2）。短短三天，学校网站和两家中央级新闻媒体先后对同一开题报告会进行不同报道，进一步扩大了重大项目在校园内外的学术影响，增进了不同读者对课题研究背景、核心问题及研究内容等的了解。

（二）多读、勤思、常写

巧妇难为无米之炊。要想在短时间内写好会议报道类述评并刊发在高级别新闻媒体，写作者除了具备良好的语言文字表达能力之外，还须具有一定的学术积累，比如了解与会议相关的学科背景知识、学科发展的现状与未来趋势、重要的代表人物及其主要观点等。要做好这些前期准备，写作者日常就应养成多读、勤思、常写的习惯。多读，有助于了解相关学科的前世今生；勤思，可鉴往知来；常写，既训练逻辑思维能力，也锻炼规范的学术语言表达能力。正所谓“养兵千日，用在一时”。王建峰曾说：“《中国社会科学报》要求每位记者都要成为‘专家型记者’，根据各自的学科背景至少打一口属于自己的‘学术深井’。”[①]学界新人，或是愿意学习写作会议报道类述评者，不妨以此作为自己奋斗的一个“小目标”。

二、雅俗共赏

与一般新闻报道不一样的是，会议报道类述评还须具有一定的学术性。报道的读者可能是与会的专家学者，可能是未能参会的学界同道，可能是对此话题感兴趣的其他专业研究领域的学人，也可能只是普罗大众。

（一）重学理，清逻辑

会议报道类述评报道的是近期发生的重要学术事件，因此报道必然呈现出一定的学理性和逻辑性。如冯爱琴《地理语言学深化汉语方言研究》（《中国社会科学报》，2014-08-15，A02）：

> **【例 5.1】** 中国的地理语言学研究发端于 20 世纪 40 年代，随着 1987 年《中国语言地图集》的出版和桥本万太郎《语言地理类型学》（1987 年中文版）、贺登崧《汉语方言地理学》（1994 年日文版）等著作的问世，中国的地理语言学研究开始了蓬勃发展的进程。
>
> …… ……
>
> 重视地理与语言的关系

① 王建峰. 做好学术报道之我见[J]. 新闻战线，2019（7）：134-135.

> 我国的方言研究者一直不缺少对地理的关注，但地理语言学更深刻理解地理和语言两者之间的关系。暨南大学汉语方言研究中心名誉主任詹伯慧说："20 世纪 80 年代至 21 世纪初，各地汉语方言调查研究工作广泛开展，方言辞书雨后春笋般出现，人们对方言地理特征的认识，对方言与地域文化间关系的认识日渐加深，涉及方言地理学的课题自然被提上研究日程。"
>
> …… ……
>
> 两个重点　四个特点
>
> 在谈到当前中国地理语言学的研究重点时，甘于恩认为有两点。一是着重研究语言、词汇、语法在地理分布上的趋势，二是解释这些演变趋势的成因。
>
> …… ……
>
> 方言地图研究方法未能充分发展
>
> …… ……
>
> 郑伟表示，中国地理语言学已取得不少成果，未来要在研究工具、方法和手段的革新，语言学本体知识与地理类型学的结合，计算机辅助田野调查的高效与便捷，历史音变规律与方言地理分布类型之间的关系等方面下功夫。

作者在报道"第三届中国地理语言学国际学术研讨会"时，先用 106 个字概述了我国地理语言学研究的发展历史。三个小标题"重视地理与语言的关系""两个重点　四个特点""方言地图研究方法未能充分发展"既彰显了述评的逻辑条理，又概括了述评的学术主题，即学科研究的现状、重点和特点，目前存在的不足以及未来的发展方向。此外，三个小标题的使用还很好地归纳梳理了与会专家学者的观点，避免了简单记流水账式地平铺直叙。

（二）通俗易懂

会议报道类述评毕竟不是期刊论文或鸿篇论著。一方面，报道类述评多见于网络或报纸，所能使用的版面有限。另一方面，新闻报道讲求用最快的速度传播最大量的信息，往往短小精悍，言简义丰。再者，新闻报道的语言应符合准确、通俗、具体、简洁和生动的标准①，遵循宣传报道要贴近实际、贴近生活、贴近群众的"三贴近"重要原则。此外，当下读者碎片化阅读的倾向，也迫使各大报纸和网络等媒体不得不使出浑身解数增强文章的可读性，以吸引读者，留住读者，在激烈的竞争中安身立命。

第二节　多模态报道会议

一篇好的会议报道类述评除了具备时效性和学术性之外，还要在标题凝练、

① 高钢. 新闻报道中的遣词造句与段落构建[J]. 新闻与写作，2019（2）：107-108.

背景介绍、主题呈现、观点陈述、学者头衔选择，甚至配图（或音/视频）穿插等方面精心考量，努力讲好学术故事，满足不同读者的需求。

一、标题简洁亮眉目

（一）简明

述评的标题犹如人的眉眼，“具有概括内容、点明主旨、引人注目的作用”①，好的标题“便于审读，适于接受，利于传播”②，有画龙点睛之妙。

会议报道类述评标题常常简洁清晰，直截了当，让人一望便知，如表 5.1 所示。

表 5.1　会议报道类述评选例领域及篇名

领域	述评篇名
管理学	国家社会科学基金重大项目“新形势下我国科技创新治理体系现代化研究”开题论证会暨第一届“科技创新治理体系学术研讨会”顺利举办（大连理工大学，2021-04-01）
经济学	北京大学经济学院举办“策略性信息传递国际研讨会”（北京大学，2019-10-09）
哲学	哲学院举办“明末清初的多元思想互动与文明对话”青年学者工作坊（南开大学，2020-11-27）
国际问题	中国社会科学院第七届国际问题研究青年论坛在京举行（中国社会科学院，2021-03-02）
体育学	2020 年全国体育社会科学年会圆满落幕（北京体育大学，2020-11-26）
语言学	我校举办第四届理论翻译学及译学方法论高层论坛（广东外语外贸大学，2020-04-29）
历史学	迎接中国考古百年 专家学者研讨聚焦仰韶文化传播（中国社会科学院，2020-11-12）
中国文学	清代书籍史的样态与边界（南京大学，2020-10-18）
外国文学	第 30 期文论与文化研究沙龙暨第 1 期“声音与文学”专题工作坊（北京外国语大学，2020-12-06）
新闻传播	新视野、新路径：信息与传播研究中心举办“构建中国特色传播学学术话语体系”学术对话会（复旦大学，2019-08-01）

上述命题模式大多可以概括为“（举办方）+会议名称+顺利举办/圆满落幕+（会议地点）”。这种模式一目了然，读者一看标题便知最近学界发生了什么重要的学术事件，是否为自己感兴趣的话题，是否需要深入阅读。因其简洁明了，即使初习学术写作者也较易掌握。

发表在本单位内部网站的报道类述评，还可直接以会议名称命题。如表 5.1

① 李丹，黄忠廉. 国家社科项目炼题符号学路径解探[J]. 外语电化教学，2018（5）：51-56.

② 黄忠廉. 外文研究：命题与构思[J]. 外语与翻译，2020（2）：1-6，103.

的"清代书籍史的样态与边界"报道了南京大学文学院 2020 年 10 月 10 日召开的"'清代书籍史的样态与边界'研讨会"。该会议是南京大学文学院程章灿教授主持的国家社会科学基金重大项目"中国古代文献文化史"的阶段性展示，重点分析了书籍史面临的问题和所处的境遇。"样态"与"边界"二词界定了会议主题，深化了对书籍史概念及与之相关问题的讨论。因刊于南京大学文学院网站《学术活动》版块，属内宣报道，所以标题可略去举办方和会议地点。

（二）凝练

欲让述评标题更出彩，更富学理性，还可尝试进阶版的命题方式，淬炼出会议主题作为题眼。如陈元飞的《理论翻译学：立说与构建》(《中国社会科学报》，2017-05-09，003)。"立说"是第一届"理论翻译学及译学方法论高层论坛"召开的主要目的，而"构建"则是会议的主要议题。通过提炼会议主题和内容，高度浓缩，萃取精华，得动宾结构"立说"和联动结构"构建"，再将二者合成一个新的联合式结构"立说与构建"，整个标题呈现出一幕动静结合、生机盎然的景象，理论翻译学作为翻译学的元学科正翘首以盼学界为其定名("立说")与扬名("构建")。

二、背景介绍显端倪

若从新闻报道角度分析柳宗元的《江雪》："千山鸟飞绝，万径人踪灭。孤舟蓑笠翁，独钓寒江雪。"诗中的"孤舟"可视作报道的地点(where)，"蓑笠翁"为人物(who)，"独钓"则是事件(what)。而"千山鸟飞绝，万径人踪灭"和"寒江雪"是整个新闻事件发生的地理背景，其中"雪"是造成"千山鸟飞绝，万径人踪灭"的原因，也是构成整个新闻事件的大背景。正是"千山""万径"都是"雪"，才使得"鸟飞绝""人踪灭"更加凸显了"蓑笠翁"的"孤"和"独"，使整个事件跃然纸上，栩栩如生，读之仿若身临其境。

由此思考学术报道，可知"新闻背景是新闻报道必不可少的部分。新闻背景虽然有时会枯燥乏味，但是它能够把新闻事件放在相关的语境中，让读者知道应该知晓，但很可能并不了解的事实，了解新闻事件的意义"①。那么，什么是新闻背景？新闻背景"是指阐释、烘托、深化新闻主题，与新闻事实关系密切的附属性材料"②。按照背景材料的内容，可以分为人物背景、政治背景、

---

① 李希光. 如何让新闻报道流畅起来[J]. 新闻与写作，2013（5）：66-68.

② 陈祖继，刘彤，于宁. 新闻采写实用教程[M]. 北京：中国传媒大学出版社，2015：153-155.

历史背景、现实背景、地理背景和事物背景等；按照功能，可以分为比衬型、说明型和分析型等。

写作会议报道类述评时，恰当地穿插背景材料，既可深化读者对学术事件学科背景的理解，帮助其增长相关学科知识，凸显会议的学术意义和可能的深远影响，也能使述评更加生动，更加贴近读者，增强可读性。如陈元飞的《理论翻译学：立说与构建》的第一段：

> **【例 5.2】** 翻译学是以翻译为研究对象的经验科学。在获得独立学科地位且经数次“转向”之后，当下翻译学研究存在术语泛滥、概念模糊、学科边界模糊等问题，值得学界深思。鉴于翻译学独特的研究对象和经验科学的本质，从本体论、认识论和方法论三个层面进行学科的元理论反思，采用归纳演绎的方法，构建具有翻译学元学科性质的理论翻译学便具有一定的科学哲学意义。

段首两句简述了翻译学的定义、学科发展历程及目前存在的问题，交代了会议背景，梳理出学理脉络，从而烘托出首届“理论翻译学及译学方法论高层论坛”召开的必要性和紧迫性。

除概述学科发展的历史背景外，会议报道类述评较为常见的背景介绍还包括会议的时间、地点、举办方式、出席的主要领导和专家学者、主办及承办单位、会议流程等。如中国社会科学网 2021 年 4 月 11 日的《国家社科基金重大项目“中国翻译理论发展史研究”在广外开题》的导语：

> **【例 5.3】** 4 月 8 日，广东外语外贸大学黄忠廉教授主持的国家社会科学基金重大项目“中国翻译理论发展史研究”开题报告会在线举行。开题报告会由北京外国语大学王克非教授任专家组组长，上海大学方梦之教授、四川外国语大学廖七一教授、深圳大学谭载喜教授、浙江大学许钧教授、上海外国语大学查明建教授任专家组成员。来自全国各地的翻译学知名专家学者共 300 人参加了会议（腾讯会议满员、等待室 200 余人）。广外副校长刘建达出席开题研讨会并致辞，广外科研处处长陈平与会，开题论证会由翻译学研究中心主任赵军峰主持。

导语首句介绍会议召开的时间和举办方式，次句交代专家组成员的相关信息，第三句说明参会人数，并特别注明采用的网络平台——腾讯会议人数已达容纳上限，场外依然有两百余人坚持等待。该背景介绍先有事实铺垫（会议在线举行），再有人物助兴（专家组成员级别之高），后有小高潮涌现（在线平台已是座无虚席，济济一堂）。言外之意，会议得到社会的广泛关注，具有重要意义，值得深入报道。

三、图文并茂现主题

除了背景介绍之外，会议报道类述评的要点还包括学术主题的复现。学术主题高度概括会议的中心内容，或者提示相关学科研究的重要意义和作用、当前研究状况、已有主要成绩及未来发展方向等。请看广东外语外贸大学翻译学研究中心网站 2021 年 4 月 9 日《国家社科基金重大项目“中国翻译理论发展史研究”开题研讨会在线举行》的第三段：

> **【例 5.4】** 开题报告研讨会环节，首席专家黄忠廉从课题研究背景、核心问题、研究内容和研究计划等四个方面向课题评审组作了课题汇报。在开题报告陈述中，黄忠廉首先从中外翻译学研究背景出发，阐述了中国翻译理论史研究的学术关注度与必要性。黄忠廉从史料须整理（是什么问题）、史实须研究（为什么问题）、史学方法化（怎么写史问题）三个层面提出课题研究的总问题和五个具体问题。他指出，课题总任务在于融合古今中外来描述中国译论发生发展史（基建史），揭示中国译思译论译学发展路径、动因及规律（复建史），以重写中国译论史（创建史）。接下来，他对五个子课题内容进行陈述。

该段文字上方还配有一张“黄忠廉教授做项目开题陈述”的截图（图 5.1）。

图 5.1　学术主题报道配图

学术主题是会议报道类述评的主要内容。巧妙的配图可助益读者进一步了解相关重要学术事件的内容和意义。除了主讲专家或主旨发言者的 PPT 照片配图，一些反映学科发展现状或主要成绩的配图也能为述评锦上添花。需要注意的是，配图的作用在于“配”，图是为了衬托、凸显学术主题，须按照为主题服务的标准择优选配，切忌喧宾夺主，乱人耳目。

条件许可的情况下，一些网络平台报道的述评还会穿插会议相关的音频或视频，为读者尤其是那些由于各种原因无法参会或因分会场在不同地点同时并行设置而未能听全会议所有主题的读者再现会议实况。

四、不偏不倚呈观点

如何在会议报道类述评中恰如其分地表述专家学者的观点，也是写作者应格外留心的问题。学术观点是述评最大的“看点”，但同时也应注意，“百花齐放，百家争鸣”，会上可能出现相左的观点。要保证述评的真实性，写作者就须秉持客观公正、不偏不倚的态度，确实再现会议的本来面貌。例如 2021 年 4 月 11 日《光明日报》客户端刊发的《国家社科基金重大项目“中国翻译理论发展史研究”开题论证会召开》的第五段：

【例 5.5】 专家组在充分肯定课题对于推进译论史系统研究和翻译学学科发展的重大意义的同时，也给出了许多建议和意见。方梦之从译论史的共性与个性问题和当代译论应回答“走出去”问题两个方面提出建议。许钧从探究翻译本质认识发展、中国译论与社会思想的互动、中国译论的翻译实践基础、中国译论对世界译学的独特价值和揭示中国译论发展的横轴主线等方面提出建议。廖七一认为该课题具有三大特色，并从史料选取、译论书写思路与视角以及中国译论发展史研究的普适性等方面提出了建议。谭载喜从宏观层面肯定了该课题的研究价值意义、研究内容特色和设计的合理性，继而从子课题之间的协调协作性等微观层面给出了细腻的建设性意见。查明建充分肯定了该课题的“译思译论译学”层层剥开的研究思路和具体详实的研究计划，并从历史学、人种学和比较文学等角度提出了方法论建议。专家组组长王克非建议，重点梳理时期划分和学派特征，增加译思译论与当时社会文化和中国主流思想之关联思考，书写出更为深入的中国翻译理论发展史。

学术观点的再现，既可直接引用专家学者的原话，如例 5.1 中詹伯慧的观点，也可采取间接引语转述，如例 5.5 中专家组各成员的观点。写作时要特别注意确保转述无误，不可断章取义，更不能歪曲原意。较为有效的做法是，写作者先写出某位专家学者的观点，然后请专家学者本人审读确认，以保证述评的客观真实。此外，主旨发言因时间较长、内容较多，通常采取综述的形式呈现专家观点。若分会场同时并行于不同地点，应按照各分会场的主题设置择其要者述之。若综述涉及发言及观点众多，内容过于庞杂，可尝试设置二级标题，其下再综述各位专家的观点，如例 5.1。同时注意前后文意和逻辑的贯通，避免平铺直叙，可适当调整表述以增加述评文章的“看头”。

五、学者头衔契语境

学术会议中，与会专家学者往往有多个头衔，如何根据会议的学术主题，选择适切的专家头衔，也是会议报道类述评需要掌握的一门艺术。《让姓名和头衔自己说话——新闻报道中人物称谓的使用技巧与艺术》(《新闻研究导刊》，2007/4）以钟南山为例，“他的头衔包括全国劳模、全国政协委员、中国工程院院士、广东省防治非典型肺炎医疗救护专家指导小组组长、广州市科协主席、中华医学会广东分会副会长……如何表述他的头衔，要看具体发生的新闻事实。例如谈‘科学家受体制制约’问题，可以称之为‘中国工程院院士、广州市科协主席钟南山’；在谈‘非典会不会流行’时，‘广东省防治非典型肺炎医疗救护专家指导小组组长’的头衔更有说服力；假如谈‘医德建设’，自然是‘全国政协委员、中华医学会广东分会副会长钟南山’的代表性更强”。

请看《光明日报》客户端《国家社科基金重大项目“中国翻译理论发展史研究”开题论证会召开》的第二段：

【例 5.6】 开题报告会由北京外国语大学讲席教授、《外语教学与研究》主编、第七届国务院外语学科评议组成员王克非教授担任专家组组长，上海大学教授、《上海翻译》名誉主编方梦之教授，四川外国语大学前副校长廖七一教授，深圳大学教授、北京外国语大学讲席教授谭载喜教授，浙江大学特聘教授、教育部长江学者、第七届国务院外语学科评议组召集人许钧教授，上海外国语大学副校长、第八届国务院外语学科评议组召集人查明建教授任专家组成员。

全段仅一个句子，长达 199 个字，介绍了专家组成员的构成。从列举的头衔可知，与会专家既有国务院外语学科评议组的召集人和成员，也有教育部长江学者，还有名校的教授和副校长，以及核心期刊、中文社会科学引文索引（CSSCI）来源期刊的主编。这些头衔既“重”且“大”，体现专家之专，也印证了新闻的权威性，且与国家社会科学基金重大项目相称，并契合“中国翻译理论发展史研究”开题论证的语境。

学术报道要提高专家学者说话的权威性，“一定要指明他们的头衔与身份，实名而报才有高度的证实作用”①。有时若是配有合影，将会很好地发挥事件新闻报道中“见证者要素”（who confirmed）的作用。

第三节　内外联合广传播

会议报道类述评写成之后，写作者还需关注如何发表、发在哪里、怎么发表等一系列问题。待人接物常常“内外有别”，招呼自家人或是关系较密的朋辈，

① 刘建明. 新闻的第七要素及新闻见证者[J]. 新闻爱好者，2016（11）：20-24.

常常比较随意，家常便饭，家居服出场，皆无大碍。而招待外来贵客，为示尊重，每每都会精心修饰，发型、服饰、鞋帽等均讲求得体，宴请的酒店和菜肴也费心思量。文章发表大抵也是如此。

一、内宣：遵家规

内宣，即将会议报道类述评发表在本单位门户网站，大多为会议工作人员的既定任务，发布之后通常只有发表日期，而无作者姓名。此外，为达时效性，通常会后一两天就要上传到单位网站，加之办会工作量繁巨，导致撰写者没有足够时间好好修改。有的甚至早已根据专家提供的发言摘要提前组织好述评内容，待会议一结束，只要出入不大，略作修改，即刻挂上网站。

然而，即便如此，一些基本的规范依然需要遵守，如字体、字号、行距要求，以及配图的分辨率及尺寸大小等，还有各单位内部有关网络发布的相关三审三校制度等。一些严于律己、想通过学习撰写会议报道类述评锻炼学术写作能力的学人，会在完成单位内部宣传报道任务的基础上，对报道述评进行深加工，争取发表在各大央媒客户端或公开发行的报纸上等。

二、外发：守行规

要想述评成功发表，除了不断加强自身学术修养，多读勤思常写，还须预先了解目标平台、刊物，做到有的放矢，精准投稿。报纸有报纸的要求，网络客户端有平台的规则。这些要求或规则，或是以“投稿须知”“稿约”等形式发布，或需要通过各种观察、搜集过往报道后自行分析、归纳总结。对于有明确“投稿须知”或“稿约”者，只需按要求写作、投稿，等待是否录用或返修即可，此处无须赘述。对于那些貌似没有明文“稿约”或“投稿须知”的媒体，如何才能做到“山重水复疑无路，柳暗花明又一村”呢？

（一）了解目标媒体

学人日常应多关注高级别报纸、官方微信、微博等刊发的会议报道类述评，除了学习述评的拟题、背景介绍、学术主题和观点呈现及专家头衔选择等，还应有意识地注意观察、分析、积累各家各版块有何发文偏好，如学科倾向、文章篇幅、是否配图、主题和观点陈述的详略等。即使同属一家媒体，不同版块也有各自的特点和特色，有时投这个版块遭拒，改投另一版块可能很快就被录用。

（二）协调团队成员

学术会议的成功举办，往往需要主办、承办等多方团队成员之间分工合作，各司其职，精诚团结才能完成。会议报道类述评写作的准备工作包含事先安排落实负责宣传报道任务的人员，包括内部网站的宣传和外界媒体的报道，尤其是后者。一些高级别媒体用稿时会考虑各方面的平衡，如同一主题或同一地域或同一作者在限定时间段内只能刊发一篇等。协调好团队成员之间的分工合作，可以有效避免团队内部多人就同一会议主题投多篇稿件给同一媒体的现象发生。

（三）把握投稿时机

团队成员内部一般而言相对比较容易协调，但会议报道类述评的写作并非主办方、承办方独享的权利，一些参会人员或线上会议的观众可能也有发表相关述评的想法。因此，除了协调成员内部关系外，最紧要的还是迅速写成符合媒体要求的述评，快速投稿，抢占先机。

机遇总是青睐有准备的人。所有的技巧、技艺都来自日常严格、规范、持之以恒的锤炼。有心学术写作训练的学人不妨先参考黄忠廉教授等著的《人文社科论文修改发表例话》第 17 章“会议综述见功力”，其中详细描述了社会科学学术报纸类述评的写作思路，而后细细比读本章所述国家社会科学基金重大项目“中国翻译理论发展史研究”开题报告会的三篇报道类述评，此中既有单位内部网站的宣传报道，也有两家中央级媒体的述评。逐句比读，细细品味，慢慢琢磨，用心的学人一定能悟出其中的妙理。欲更上一层楼者，还可进一步研读《上海翻译》2021 年第 3 期的《固本溯源，继往更开来——“中国翻译理论发展史研究”开题论证会述要》。

第六章　会议学术类述评①

学术会议，可分为理论型、应用型和综合型。无论哪类会议的述评，均是先综述会议的主要内容，再对会议所涉领域的未来发展做出评论。若无评论，则纯属综述。与第五章“会议报道类述评”不同，本章特色是突出会议的专业性与学术性。述评所用的文献因未发表，只随文交代文献的题目即可，文末一般也无其他相关文献。

第一节　突出专业性特色

本类述评依然是述主评次，无论是述还是评，对学界均有较大作用和价值，既概括，也具体，全是给同行看的，不普及、不铺垫，都是行话，颇为专业。

一、重专业性、学术性

学术会议，重在“学术”，述评重点也在于此，即突出学术性，写作重心有别于“会议报道类述评”。对于办会议题的设置，办会方每次都会绞尽脑汁地设计主题与议题，都想尽量指向前沿。专业会议的学术性主题，由一个个具体的议题构成。如表 6.1 中例 6.3，会议主题设有“警察战术学科体系的建立”“战术理论研究问题”“警察战训系的建设”“战术教学与训练的问题”“警察战训系学生的培养目标”等议题，各从不同角度对会议主题进行深入讨论，以达成共识。撰写会议学术类述评，首先要提炼出会议各议题和环节的要点。

表 6.1　五次会议学术类述评

例序	学科	发表信息	会议时间
6.1	统计学	平卫英，罗良清. 统计学与改革开放四十年——第七届中国统计学年会综述[J]. 统计研究，2019（2）：124-128	2018.11.03—04

① 本章为广东外语外贸大学黄忠廉教授、南方医科大学陈代球讲师所撰。

续表

例序	学科	发表信息	会议时间
6.2	艺术学	曲音．2018 敦煌美术学国际学术研讨会综述[J]．美术，2019（1）：112-115	2018.09.21—22
6.3	军事学	尹伟，石斌，梁作庭．“警察战术学科建设研讨会”综述[J]．公安大学学报，2002（2）：120-123	2002.01.01—10
6.4	新闻传播	贺秀明．中国广告教育研讨会综述[J]．厦门大学学报（哲学社会科学版），2000（1）：142-143	1999.10.26—27
6.5	世界历史	王大庆．“什么是世界史：跨越国界的思考”学术研讨会综述[J]．史学月刊，2015（7）：122-126	2014.11.21—22

就内容范围来说，综述应覆盖所有相关议题，或集中叙述，或分头综述。例如，例 6.4 共 2 页，分别按广告学的定位与发展、广告学培养模式、广告教育培养的目标、课程体系改革、教学方法改革 5 个议题展开，重点突出，层次分明，达到了学术传播的目的。又如，2021 年 5 月 7—9 日在河南师范大学召开了第五届“理论翻译学及译学方法论”高层论坛暨“中国译论”专题研讨会，大会议题共设 8 个：①译论本质；②译论体系；③译论发展史；④译论研究方法；⑤译论话语国际化；⑥译论发展元理论反思；⑦译论构建与创新方法；⑧译论与译思、学科的关系。

就组织方式来说，综述须遵循一定的学理标准，通常需要对各个议题进行重新组织安排，以突出学术内涵。如不顾议题的学理内涵，机械地遵照各议题在会议中的先后顺序，则有可能造成学理逻辑混乱，如一盘散沙。

二、篇幅具有伸缩性

会议学术类述评的容量较大，三五千至一万字不等，视期刊要求等因素而定。本类述评多数为 16 开本期刊的 5 页左右，与国内正常的论文篇幅相差无几。以 5 页为例，往上可增至 7 页，往下可减至 2—3 页甚至是 1 页。

篇幅的伸缩性决定了几篇、十几篇或几十篇与会文献的归纳总结，文献来源数量的多少与刊发载体版面的要求均可决定其篇幅的裁剪，显出抓纲抓要的差异。如孙敏庆与贾明秀的《固本溯源，继往更开来——“中国翻译理论发展史研究”开题论证会述要》就是为了满足《上海翻译》1 个版面的要求而撰写的述评稿，主要是综述，学术与报道兼顾。全文如下：

【例 6.6】 国家高度重视话语体系建设，译学话语不可或缺。译论话语在国内尚未形成体系，滞后于现实需求，国际地位不明显。新时代中国译论话语体系的研究与构建工作亟待开展，追溯、描绘和探索中国译论的起源、演进、变革、延续，将有助于促进中国由翻译大国走向译论强国。

2021 年 4 月由广东外语外贸大学黄忠廉教授担任首席专家的国家社科基金重大项目“中国翻译理论发展史研究”顺利通过开题论证会，标志着学界适应时代发展趋势，服务国家战略再上新台阶。该课题将从中国译论客观史和中国译论认识史两个维度探究中国译论史系统性（点线面的译思-译论-译学），纵横比对古今中外且书写中国译论变化发展的客观事实，整理成史稿；探其演变谱系、类型、机制、规律、原理等及其受制的社会语境，撰写成论稿，视角将力求全面，范式力求互补，推陈力求出新，方法力求多元，以反映两千年来中国译论发展的史实和史识。课题的总任务在于融合古今中外描述中国翻译思想发生发展史，揭示中国译思译论译学发展脉络，以重写中国译论史，整个课题涵盖译论发展固本夯基、古今译思考源继承、译论范畴化系统化、译学反促译论升华、中外译论融会拓新等五个子课题。

课题聚焦于中国译论的思想来源、系统化过程、学科化趋向三个层面，符合中央提出的构建中国学术话语体系的要求。专家组在充分肯定课题重要理论价值的同时，提出三点建议：其一，突出问题意识，溯源译论形态，创新视角方法，重构发展体系。浙江大学特聘教授、教育部长江学者、第七届国务院外语学科评议组召集人许钧教授建议应着力揭示中国翻译理论发展的脉络特征、阶段特色，纵向上注意前后的继承发展关系，横向上注意同时代翻译理论或非翻译理论的相互影响关系；通过翻译所处的思想文化背景，来理解翻译理论发展的连续性和演绎性，揭示翻译在推动社会思想发展和变化中的作用。其二，置身具体历史语境，提炼中国翻译理论的核心要素，形成对翻译规律和本质更深的认识。北京外国语大学讲席教授、《外语教学与研究》主编、开题专家组组长王克非教授强调，在描述和梳理各个阶段承继关系过程中，应注意与当时的社会文化、中国主流思想等认知范式的关联。其三，依托广东外语外贸大学外国语言文学优势学科和翻译学研究高端平台，进一步增强团队科研力量，特别是加强项目组之间磋商，围绕项目的重点难点问题展开深入的研究，以确保项目的圆满完成。

该项目开题论证会引起了学界的广泛关注和热烈反响，《光明日报》、《中国社会科学报》等多家媒体进行了相关报道。其意义或价值得到了专家们的充分肯定。譬如，《上海翻译》名誉主编、上海大学方梦之教授认为，中国翻译理论发展史研究将填补我国翻译学科序列上的缺位，顺应了当下的需要，充分体现了我国翻译研究的道路自信和理论自信。许钧教授指出，应注意中国翻译理论的“中国特色”，既要揭示中西译论发展的同理性基础，又要揭示中国译论所相对于世界译学的异质性价值。四川外国语大学前副校长廖七一教授充分肯定了课题突出理论意识和系统的建构、高度重视研究方法的创新和应用、强调中西译论的比较和借鉴的三大特色。第八届国务院外语学科评议组召集人、上海外国语大学副校长查明建教授高度评价了课题的“译思-译论-译学”层层剥开的研究思路和具体详实的研究计划。北京外国语大学讲席教授、深圳大学教授谭载喜从国家话语体系构建层面肯定了项目的标志性意义，中国译学话语体系的完善和发展将助力世界译学话语、译学思想、共同体的建设和发展，为人类命运共同体的发展作出中国翻译学人的贡献。

“中国翻译理论发展史研究”立项是译界学人孜孜求索的结晶，是构建中国译论话语体系的道路上迈出的坚实一步。相信在各界同仁的支持下，中国翻译理论发展史研究能固本求源，继往更能开来！

该综述因受 1 个版面的限制，对项目论证会进行了高度的概况和压缩。具言之，开篇点明中国译论史研究的现实需求与价值。第 2 段第一句交代项目开题新闻要素，旋即转入项目学术研究的核心内容。第 3 段是主要环节，直接道明开题论证的结论。第 4 段则在反响上分清媒体与学界，着重传达学界专家的评价，与第 3 段一道，巧妙地全面反映开题专家组的意见。此前光明日报网、中国社会科学网、中国翻译协会网分别有过报道，篇幅各有长短，4 篇报道两两对比，更能说明其伸缩性与载体的关系。

三、刊发讲究时效性

本类述评虽不如会议报道类述评那么讲究新闻时效，但因期刊发表也有周期性与时效性，无论是年会还是双年会，或是五年、十年一轮的大会，半年内最好能见刊，一年内必须发表，越快越好，否则就是明日黄花了。比如，2018 年 1 月 13—14 日,第二届理论翻译学及译学方法论高层论坛在广东外语外贸大学召开，会务组邀请曾咪撰写了《多维反思，兼容至臻——“第二届理论翻译学及译学方法论高层论坛”综述》，待与会议专栏文章一起发给《民族翻译》编辑部，编辑部回复说已有一篇述评抢先发来，并已经纳入《民族翻译》2018 年第 2 期专栏时，作者才知是李东杰与蓝红军已迅速做了述评，写成《在批评中共建译学理论的中国学派——“第二届理论翻译学及译学方法论高层论坛”述略》。好在曾咪一文述评角度不同，后来刊于《漳州职业技术学院学报》2018 年第 3 期上。

由表 6.1 可知，统计学、艺术学、军事学、新闻传播、世界历史等学界的几次学术会议述评均在会后 2—6 个月内见刊，可见发表之神速。那么，如何抢时间，抓时效？可以会议为时间轴，将述评工作分三段：会前+会中+会后。会前有准备，先据各位主旨发言人与其他发言人的会议论文摘要，按会议议题的分类，做好内容的架构安排，未“会”绸缪；会议期间，认真听取专家的发言，尤其注意其与摘要观点相异之处，抓住最新内容补入先期的文稿，随时吸收，尤其注意现场听会时的理解，抑或赞成，抑或质疑，这往往是瞬间的思想火花和灵感；会后，再将部分不明的内容向与会者请教，最后则按所投期刊的编辑的要求，按期刊的标准与所侧重的方面加以改进完善，以期达到最终发表的目的。

此外，及时撰稿，对路投稿，也是关键的一步。因是业内专门会议，尤其是几年一次的大会或重要会议，专业期刊、专业报或大众报还是愿意刊登的。

为了抓时效，也不妨通过办会方或者自己提前与相应的专业报刊社联系，事先征得同意，知悉具体要求，更利于述评稿的规范写作与发表。

第二节　多手段全面综述

会议学术类评述，指对会议的主要信息内容进行概况提炼，使读者能对会议内容有全方位了解。撰写会议综述，须严格以原始信息为参照，对其高度凝练与逻辑重组，浓缩出会议具有内在逻辑的精华。

一、覆盖会议主副信息

学术会议信息分主副两部分，主信息是核心信息，即各主题演讲的学术内容部分；副信息指会议概况等次要信息，包括会议的名称、时间、地点、主协办方、与会者，有的还包括开幕、闭幕、讨论、问答等环节。只有主副合一，才能构成完整的会议学术类述评。请看例 6.7 的篇首副信息：

【例 6.7】 1999 年 10 月 26 日至 27 日，由中国新闻教育学会、厦门大学新闻系联合主办的“中国广告教育研讨会”在厦门大学召开。来自全国高校新闻院系、工商院系、师范院系以及科研单位的专家学者 50 多人，面向 21 世纪，总结改革开放 20 年来中国广告教育的历史经验，探讨新世纪中国广告教育的发展前景。

本例段首交代时段，随后是主办单位、会议名称、地点、与会单位、与会人数、会议主题与目标。之后全文 90%多的内容从六个议题切入，全面覆盖此次学术研讨的内容。

二、多技巧捕捉核心信息

会议的核心信息有三：①会前收集的论文摘要，已基本反映了作者与会前的主要思想、观点。②会上即时发言的思想观点；③会间学者之间的问与答，甚至是争论。由于会前论文提交时间和会议真正举行的时间存在着或长或短的时间差，至少相差几天甚至几月，学者在会议上展现的思想观点与其会前提交的摘要上的思想观点相比，有可能有所补充甚至是修正，会议述评尤其要注意这种信息差。第三个更是会议的闪光点，是思想的碰撞，有时甚至碰撞出重要的学术思想，这一点切不可放过。

信息获取之道有三：其一，会前读摘要，做好会前基本观点汇总；其二，会间倾听代表发言，随时记录下自己的瞬间感悟；其三，会下追踪咨询，尤其是意见相左的双方，以免误解发言人的初心，或是未解质疑者的动机。三合一，才可保障与会主要观点的正解性与全面性，以减少信息的损失。

更有一种情况要有预案：极少数学人为保护知识产权，摘要用障眼法写得过泛过空。对此，要捕捉其会上发言的要点，甚至是关注其会后立即发表的会议论文或与其密切相关的论文，不妨从中察其思想轨迹，以完善自己的述评。述评若是半年左右才发表，更能及时补充完善，以飨学界。

三、多模态展示会议信息

信息化时代也是多模态时代和网络时代，会议述评的主要发表手段是纸质期刊（也有相应的电子版），因此主要以文字与图片或照片方式见诸期刊，以文字述评为主，会议照片或相关图片为辅，以飨读者。例如，艺术类述评往往会插入一些艺术作品等，图文并茂，既活跃版面，又反映专业特色。

当下的学术信息传播还可以纸质报道与网络技术相结合。多手段收集的多模态原始信息，如音频和视频信息，可将其网络链接附入述评，更方便与会者分享。

第三节 详述略评重当下

会议述评本应含述与评两方面，但因主旨发言大多有十来人，与会文章有时也难免写得有些仓促（尤其是当下）。各类会议举办得过频过繁，有积淀的论文不多，深度可能远不及正式发表的期刊文献，综述之后的评价不好做、不便做，做不好、做不深，做了也吃不准，难以服人，因此，本类述评重在述。

一、详述：罗列或融会

这类学术会议至少是年会，多数是每两年一次；五年一次者极少，有的话也多半是国际性大会。时间性与时效性决定了所选文献应反映会议的内容与价值，可圈可点者才能入述评。既可以是按议题条块分割式罗列其观点，略加排列，也可以是融会贯通地化合其观点。

前一种属于实录型述评，据某议题将可归入其下的发言人及其观点一一实录，介绍多人的思想观点。表 6.1 中基本上是实录型述评。

后一种属于贯通型或超越型述评，不按议题综述，而是将整个会议从结构到功能完全打散重组，由组合走向化合：重新分出几个板块，高度概括，且重新命题范畴化、体系化，组织成浑然一体的更具学理性和艺术性的结构，也更能反映会议的实质，在价值揭示与规律探讨上高于实录型述评。比如，“第一届理论翻译学与译学方法论高层论坛”2017年1月7—8日在广东外语外贸大学召开，由广东外语外贸大学、商务印书馆、《中国翻译》、《外国语》、《中国外语》联合主办，是一次小型高端专题研讨会。黄忠廉与陈代球撰《“三界”共创理论翻译学——“第一届理论翻译学与译学方法论高层论坛”述评》，将来自内地与港澳译学界、出版界和期刊界17位专家学者精彩学术演讲的思想分类归纳，以两个页面刊于《外国语》(2017年第2期)，巧用四个“三”，勾勒出大会精彩的内涵，详见表6.2。

表 6.2　贯通型述评结构

序号	标题	“三”的内涵	
一	三大业界共建“中国译学协同研究中心”	译学界、出版界、期刊界	
二	三个视角聚焦理论翻译学构建	正面	正面地对待和思考了理论翻译学的构建问题
		对面	从应用翻译及其学科建设角度反观理论翻译学的构建
		侧面	侧视理论翻译构建的过去，展望未来
三	三个层面将共建理论翻译学	宏观	对理论翻译学进行功能性思考
		中观	对理论翻译学自身学科地位、性质等进行思考
		微观	对理论翻译学内部各分支内容进行思考
四	三条渠道将助推理论翻译学	展开专项研讨、举办专题会议、出版专属文库	

二、略评：顺及或单说

就述评而言，历史的厚度可以逻辑性地昭示未来的长度。学术会议的评价可尽力而为，但不一定必备，如例6.1—6.4就未专设评价板块。因为上下届会议间隔较短，基于与会论文能评、能看、能展望什么，实属不易。这种简评或单独表述，或随每个议题综述而分头顺及。

要进行述评，则首先要对会议的成果、创新、地位、意义等做出恰如其分的评价，为其定位。评是在前述的基础上对与会议主题相关的某领域未来的发展方向、策略、手段、途径和方法进行轮廓式的论述，提出基于学术分析和判断、具有一定学术专业前瞻性的见解。评，基于但又高于会议内容，为某一领域的理论或应用发展推进提出前瞻性、高屋建瓴的见解。这种见解可由作者自己抒发，也可借行业学会负责人、知名专家、政府主管部门负责人之文之口道出。如例 6.6 中，对项目开题及其价值是通过几位专家表述的，而朱本军、聂华的《跨界与融合：全球视野下的数字人文——首届北京大学“数字人文论坛”会议综述》(《大学图书馆学报》，2016/5）则是在综述之后真正对会议的评价：

> **【例 6.8】**　“数字人文”是否会取代传统人文的教学和科研？这是与会者普遍关心的问题。北京大学朱本军和聂华认为，“数字人文”并不能一揽子解决所有人文问题，它对传统人文研究的促进，一方面体现在将人文学者从机械、繁重的资料查找、文本比对等工作中解脱出来，使其在学术研究中具有更广阔的思辨、演绎、推理的空间，另一方面体现在通过数字化、工具软件等手段将社会科学领域的某些研究方法引入人文领域，创新人文研究方法和研究范式，从定性到定量辅助加定性，为人文研究提出问题、界定问题和回答问题提供新的视角。人文学者提出问题、分析问题和解决问题的敏觉力是数字人文所不能代替的。哈佛大学徐力恒博士以 CBDB 为例，认为 CBDB 数据库绝非对历史文献的取代，而是一种新的文献打开方式、查询方式、呈现方式。他也表示，数字技术只是历史学者使用的一种研究工具，在研究中应发挥人文学者和计算机各自的长处。
>
> 作为一个以跨界与融合为特点的新兴领域，数字人文还将不断变化和被再定义。尽管国内外已经开展了一些与数字人文相关的研究与实践，但要在全球范围内，特别是中国国内形成明显的数字人文研究共同体，尚需时日。

这类评价或建议或是理论推进，即从系统观和辩证观多视角多层次提出更优的学科发展策略、路径和方法，具有高度、广度、深度三个特点；或是从可操作性或可行性、有效性等视角分析，提出改进方案，等等。这些评价类的表现形式多样，除常规“简述”“建议”“可拓展领域”“展望”等词语外，还会以“未来的重点难点”“发展方向”等表述评价或建议。比如，何虎生与李文芩《“新时代中共党史党建学科建设研讨会”综述》(《教学与研究》，2018/7）的“三、新时代党史党建学科建设的基本问题、重点难点与发展方向”，本小节在会议综述之后随即给出“发展方向”的建议，衔接紧密，自然过渡。具体请看：

> **【例 6.9】**　其二，新时代党史党建学科建设的重点难点与发展方向问题。有专家提议应加强改革开放史研究，使之成为新时代党史党建学科建设的重点之一。这是因为，从时间来看，改革开放时期已经占到当代史的很大一部分；而更主要的是，改革开放史研究的重要性和现实性。例如，在改革开放史研究中，有两个“中国之谜”受到国外学界广泛关注：其一，中国何以成功地从计划经济体制“平滑地”过渡到市场经济体制，而且这是没有先例的；其二，有哪些因素促使中国实现持续 40 年经济的高速增长，这就需要党史党建学者给予科学解答。为此专家建议，要加强改革开放以来的史料发掘、资料搜集，除“结果文献”之外，更要注意“过程文献”的解读；除宏观研究外，还应多进行区域性研究、个案研究；除党史党建学科外，还应注重经济学、社会学、政治学等学科知识的储备。此外，也有专家提出要加强对“政治生态”问题的研究，马克思主义经典作家党建思想对新时代党建的指导意义研究，以及习近平边疆治理方略研究，等等。

第七章　时段类专题述评[①]

时段类专题述评是指对特定时间段内某一研究领域、话题或对象的既有成果进行梳理总结和回顾反思，继而提出具有前瞻性见解的专题述评文章。时间段长度的选取并非随意而为，而是有规律可循，可大致分为年度、短时段、长时段三类，每一类均有其特点与难点。本章以人文社会科学领域若干时段类专题述评为例，结合笔者亲身经历，对此类述评予以深度剖析。

第一节　与时俱进顺时动

时段类专题述评最大的特点便是“时效性”，具体表现有三：话题时兴、观点时新、投发应时。此类述评旨在揭示从当下推至过去某个特定时段内的文献动态，为把握某个课题或研究对象的最新成果提供信息，写与发之间隔不宜过久，否则便成明日黄花，失去追踪的价值。时段类专题述评的刊发载体以期刊为主，兼有会议论文集，较少以专著形式发表。

一、时段划界定坐标

时段类专题述评颇具学术价值，结合关键的时间节点，对特定时间段内特定领域已有文献反思、提炼，有助于发现新问题，调整未来方向。据所划分时段的长短，时段类专题述评可分为年度述评、短时段或者断代述评、长时段述评三大类。无论哪类，时段截取的判断标准要根据述评对象来确定。阙维民在《论中国历史地理研究年度综述的科学再现性》(《中国历史地理论丛》，2016/4）总结综述文章的特点时提及“时间范围”，即“依据综述的需求与目的而设，可以设一年、三年、五年、十年、三十年、五十年、百年或自始迄今”，但未深入论述。

二、炙手话题胜真知

对于时段类专题述评，尤其是短时段述评，时兴的选题更具重要价值。对

① 本章为北方工业大学张潇博士所撰。

于时兴话题，探讨的文章众多，话题新兴易博眼球，而四平八稳式的文章，易说易写不易出彩。此类述评若要刊发，选取的时段多数较短，特点是求全求真：一是内容需全面，二是需有真知灼见，谈人之所未谈，变浅谈为深谈，对误谈予以纠正。

三、旧瓶新酒重新思

对于长时段的述评，所谈多为老话题、旧领域，此类述评若要刊发，特点是求新求前沿：一是所述的视角要新，二是所评的前瞻性思考尤为重要。述评的写作应时而动，恰逢其时，要求在一定时限内完成。关键节点的述评还可以提前准备，待时而投，基本踩点发表；否则就会时过境迁，价值锐减。

第二节 时间概念空间化

由名可知，时段类专题述评是围绕不同长度的时段，对特定时间范围内，围绕某一述评对象既有成果展开的回顾与反思。回顾不可面面俱到，否则易失了重心、模糊焦点，要有针对性地选择文献，所选择出来的文献，构成了此段时间范围内的若干点，形成一个个具体的“地标”，再连点成线、聚线成面、会面成体，展开立体观照。如此便将时间化的梳理逻辑转化成空间化的阐述方式，时空结合，二重维度，形成对某一时段的有序述评。

一、年度述评抓看点

年度述评即对某一年中某个领域、话题或对象的研究成果进行综述与评析，且往往都是刚刚结束的年度，是比较微观层面的一种时段类专题述评。这类述评具有独特优势，能够对该年度内的代表性文献进行深入反思，长时段述评由于篇幅和文章主干所限而无法做到这点。

（一）见微知著察走势

年度述评是对某研究话题过去一年所取得的成果进行回顾，描述学术动态，从中观察未来的研究动态、趋势和热点，便于学界捕捉研究话题。年度述评坚持做，细水长流，可集腋成裘，帮助研究者快捷敏锐地捕捉学术走向与动态，见一叶而知秋，具有重要的基础性学术价值。长期做下去，还可化繁为简，为长时段述评做铺垫。

在年度述评的领域，刊物和作者是两个重要的关注参数。各学科C刊中，也有不少注重刊发年度述评，如《中国史研究动态》（历史学）、《远程教育杂志》（教育学）、《色谱》（化学）、《艺术评论》（艺术学）、《红楼梦学刊》（文学）、《日语学习与研究》（语言学）等。有的学者坚持做年度述评，比如经常在《近代史研究》刊发述评的王建朗、虞和平，在《中国史研究动态》刊发述评的成一农、毛双民。总体相对而言，理工科、医学领域更注重年度述评类文章。相关领域的研究人员通过追踪这些刊物和作者，可快速把握某一领域的既有发展和未来趋势。

所谓年度看点，相当于将“点”拿到显微镜下放大，从水滴中反射阳光，从微观层面连点成线，反映年度研究的走向。为何要写年度述评？年度述评有三大价值：一是锁定研究热点和前沿，为学界提供新一年的重点选题方向；二是为学界提供来年专题会议、高层论坛的主题；三是为研究者个人提供学术信息，尚未确定选题的可聚焦选题方向，已确定选题的可进一步关注空白领域。

对于发展较为成熟的学科，年度成果较丰富，年度话题聚焦各有不同，有必要坚持做，一年一节点，便于学界各方随时校对自己的研究进展。以翻译学界为例，林璋的《1996年中国翻译学研究综述》（《中国翻译》，1997/3）一文是较早对国内翻译学研究进行年度述评的文章。

（二）述评主题聚焦化

对一年内研究成果的述评，不能无的放矢，眉毛胡子一把抓。流水账般的记录无法揭示深层的研究趋势，尤忌罗列多、评述少，造成这一现象的原因之一是“阅读不够深入”，缺乏对“文献进行系统整理、分析和判断，缺少自己的观点”[①]。年度述评虽然是连点成线，但所选择的点，也要围绕一定的主题展开，围绕一个聚焦的主题把内容细化。有的领域年度内容较多，则可分类单独成篇，一篇综述一个话题。如：

【例7.1】 孙伟科. 2018年度中国红学发展研究报告之一——以《红楼梦》文本研究、红学史及红学活动为中心[J]. 红楼梦学刊，2019（3）：148-167.

【例7.2】 王慧. 2018年度中国红学发展研究报告之二——以《红楼梦》改编及翻译传播等为中心[J]. 红楼梦学刊，2019（3）：168-200.

【例7.3】 李虹. 2018年度中国红学发展研究报告之三——以《红楼梦》版本、作者家世与索隐等为中心[J]. 红楼梦学刊，2019（3）：201-225.

① 周文辉，赵军. 专业学位论文写作指导[M]. 北京：中国科学技术出版社，2019：172.

上述三篇均对 2018 年中国红学发展做了年度述评，所围绕的主题各有特色，是因为所选择的大主题即中国红学发展本身是个非常庞大的话题，其下有诸多研究方向，即便是时间段较短的年度述评，若汇入一篇文章之中，也会因缺乏主线而形若散沙，或受篇幅所限浅尝辄止。

对述评而言，可切入的主题广泛、多样，请观察下列标题：

> 【例 7.4】 徐峰，孙瑞娟. 2012 年度国家自然科学基金呼吸领域申请与资助情况分析[J]. 中华结核和呼吸杂志，2013（3）：239-240.
>
> 【例 7.5】 高潘，郭述良，李一诗. 2015 年介入呼吸病学年度回顾[J]. 中华结核和呼吸杂志，2016（5）：391-392.
>
> 【例 7.6】 李玉洁，朱志伟，刘忠厚. 2014 年骨质疏松领域进展回顾——美国骨矿盐研究学会（ASBMR）年会精粹（2014，休斯敦）[J]. 中国骨质疏松杂志，2015(4)：379-394.
>
> 【例 7.7】 谭春辉，程凡. 基于五类数据源的情报学发展动向之计量可视化分析——国内情报学研究重点 2012 年度回顾与展望[J]. 情报科学，2015（11）：117-123，130.

由上述四例可知，除以研究领域不同方向为主题之外，还可以一年基金项目入选情况为主题展开分析；既可以业内具有标志性的学术会议的主题为切入点，回顾某一年相关研究成果；还可借助计量工具，以年度发文量化分析的角度，挖掘新的增长点。回顾是为了展望，对年度成果的分析旨在来年更好地把握研究热点，将有限的时间、精力、资金等用于目前更为急需的领域，所以对基金项目进行分析或者借用现代化工具均有助于发现更多选题。

（三）按图索骥筛热点

确定主题之后，年度述评要按一定的逻辑线展开，其特点虽在于“细”，但并不会细大不捐，只是说把比较基础的细节放大关注，把对未来发展有价值的年度动态凸显出来。目前已有的述评逻辑线主要有如下三类。

第一，按照学科分类进行述评，比如王建朗的《2017 年中国近代史研究综述》(《近代史研究》，2018/4)，梳理了 2017 年度中国近代史研究的逻辑，首先按照中国近代史子学科及其系列述评；然后逐一述评各子学科内较突出、关注较多、较有新意、有所深入的领域。

第二，对成果进行述评，比如谭春辉、程凡的《基于五类数据源的情报学发展动向之计量可视化分析——国内情报学研究重点 2012 年度回顾与展望》(《情报科学》，2015/11)，基于国家社会科学基金、国家自然科学基金、教育部人文社会科学项目、硕博论文、核心期刊等与情报学相关的五大数据源，以逻辑为主线，采用知识图谱分析若干研究成果的内容，得到了不同数据源之中重点的研究方向。

第三，对研究领域、话题、方向进行述评。综述部分按照研究主题、研究方法、研究主体、研究模式、采用理论、研究客体、应用研究等模块分类梳理，评论部分以研究中存在的问题等为要点。比如：

> 【例 7.8】 中国艺术研究院马克思主义文艺理论研究所课题组. 2020 年度中国马克思主义文艺理论学科发展研究报告[J]. 文艺理论与批评，2021（2）：4-17.
>
> 【例 7.9】 巫丽君，刘祖云. 整体扫描与立体透视：乡村振兴学术论文年度盘点（2019）[J]. 中国矿业大学学报（社会科学版），2020（3）：99-116.

前一例，作者组织年度述评的逻辑是若干关键论题，从 2020 年度相关研究中抽取了四个议题，切入对整个学科年度研究的梳理与评判，以期对未来研究有所参考。后一例，作者从整体和本体两个维度述评，首先整体扫描关键词、作者、发文机构三方面，汇总梳理正文之外的重要信息，全方面绘制研究谱系图，进而深入述评对象的本体，从历史基础与愿景、顶层设计与基础实践、外部经验与内部反思三维予以立体透视。全文从过往、当下、未来三个时段，理论与实践两个抓手，内外两个观照点分别阐述，深入且透彻。

此外，作者、发文机构属于写作主体，刊发载体也是可以分析的要素，前文所及的基金项目述评，大致也可归入以发表载体为切入点的类型。比如罗先慧、李金云、李胜利的《初中语文教育教学研究 2018 年度综述——基于〈复印报刊资料·初中语文教与学〉论文转载情况的分析》(《语文建设》，2019/5)。

除了上述三种主要的述评逻辑线，需知即便同一年度、同一领域，根据所述评的对象不同，写作方式也有所不同。比如：

> 【例 7.10】 穆雷，蓝红军. 2010 年中国翻译研究综述[J]. 上海翻译，2011（3）：23-28.
>
> 【例 7.11】 欧阳东峰. 2010 年中国译坛综述[J]. 语言与翻译，2011（2）：47-54.

同样是述评 2010 年度中国翻译学研究成果，上述二例的行文逻辑大不相同。前一例基于国内 26 家外语类专业期刊，从数据特征和主要成果两方面述评，将研究成果量化是该文一大特点。后一例以 C 刊、北京大学中文核心期刊、翻译相关期刊为来源，将研究成果分类综述，展示了所取得的进展。由此可见，年度述评虽然于微观处着手，麻雀虽小，却五脏俱全，仍能从不同角度采用多样的写法。至于最终选择哪种，则取决于具体的写作目的、对象、既有的述评等因素综合考量。

二、短时段述评明主线

年度述评只是时段类专题述评之一种，时段类专题述评更多以短时段、长时段为节点进行梳理。短时段比如5年、10年、20年等，长时段比如50年、80年、上百年等，其中短时段述评可分为接力式和总览式两类，而且时段截取方式不同，主题分类逻辑有别。

（一）接力式和总览式述评

第一种是接力式述评。某些学科或话题具有一定的研究基础，不断呈现出较大发展潜力，前人上一时段已做述评，后来者可接着做新一阶段的述评。10年是备受青睐的短时段，长度适宜，能够在不长也不短的时间内显示更为宏观的发展趋势，对未来的中长期指导具有年度述评所无法相比的优势。比如：

> **【例7.12】** 李炯英，刘鹏辉. 我国外语学习动机研究：回顾与思考（2004-2013）[J]. 外语界，2015（2）：34-43.

二语习得领域在我国已有数十年的研究，其中动机研究是很重要的一个研究领域；动机随时代、教学理念、学生素质等不同，会不断更新。例7.12是对2004—2013年10年间研究成果的述评，作者选取的述评对象来自国内18种外语类期刊，筛出与外语学习动机相关文献91篇，从研究语种、研究方法、受试人群、研究类型四方面分析10年间外语学习动机研究的特征，从发展趋势、对象、内容、方法四个层面展开回顾，然后指出有待拓展的领域。此外，该例按照回顾与思考分别述与评，是常见的一种写法，即在进展与成绩的基础上谈问题，展望未来。

第二种是总览式述评。有的研究对象兴起较晚，进展不快，导致研究历史较短，对此类研究，虽然时段不长，但需对其发展历程做出宏观概览。如由亓华的《中国对外汉语教学界文化研究20年述评》[《北京师范大学学报（社会科学版）》，2003/6]一文可知，对外汉语教学的相关研究兴起于20世纪80年代，该文对该领域迄今为止的发展做了总览式述评。作者采用10年一画线的方式，分别从20世纪80年代和90年代两个阶段去描述，述评逻辑可归纳为：发展概貌+理论模式+研究成果+任务。

（二）时段截取方式

针对短时段述评节点，最常用的截取方式便是从当前逆推，以5年、10年、

20 年为计量单位。比如常建华的《近十年明清宗族研究综述》(《安徽史学》，2010/1）一文是相当常见的一种短时段述评方式，作者按照综述对象本身的特点——地域性，从不同地理对应的不同研究分支，分专题述评。

此外，还可选取有特定意义的时间节点进行述评，如改革开放 30 年、40 年等，因为改革开放所带来的不仅是经济增长，还有视野的扩大，在新理论、新工具、新视角等方面都为各学科各领域的发展提供了若干契机。还可对新兴的研究领域，以兴起的时间点为起点，以述评写作的时间点为节点，对过去这段时间内的研究成果进行述评。比如：

【例 7.13】 张林，黄海燕，王岩. 改革开放 30 年我国体育产业发展回顾[J]. 上海体育学院学报，2008（4）：1-5.

【例 7.14】 闫慧，孙立立. 1989 年以来国内外数字鸿沟研究回顾：内涵、表现维度及影响因素综述[J]. 中国图书馆学报，2012（5）：82-94.

前一例以改革开放为节点，回顾了 30 年来国内体育产业的发展，指出了未来面临的机遇与挑战。后一例将 1989 年作为数字鸿沟研究在国内外出现并引起重视的时间点，这是一关键节点，由此进行截取，对过去 20 余年的成果进行述评。这种命名还有一种考虑：从 1989 年到 2011 年（写作立意的时间应该早于发表时间）这 20 余年的时段并非整数，列入题中显然不尽精确，又无必要再次截断，而采用时间点命名，以点带面，可避开此问题。

（三）主题分类逻辑

虽然短时段述评的时段长度远大于年度述评，但并不等于可将多数研究尽收囊中，随意述评。选取写作主题仍是决定述评价值的核心问题。涵盖的内容多了，带来的难度也随之增加。如果说年度述评都有两三种写法，短时段述评的写作方式则会更多，成倍增长。此时还是要紧紧把握住时段类专题述评的写作宗旨：通过一定时段的既有研究，为述评对象把脉，连点成线，连线成面，把握住研究动态与趋势，为未来研究提供参考与指导。总的来说，短时段述评按主题类型可分为三类。

第一类，以既有成果为基础，分门别类，有重点地回顾，这是比较基础的短时段述评方式。所述评的对象是比较新的研究领域，这种基础性述评方式恰巧能提供相关人员对该领域所需的信息。此外，研究所涉及的不同层面，如研究方法、研究主题、研究结论、未来趋势等均可作为短时段述评的切入点。比如：

【例 7.15】 许学强，周素红. 20 世纪 80 年代以来我国城市地理学研究的回顾与展望[J]. 经济地理，2003（4）：433-440.

例中两位作者通过对 1980—2000 年 20 年间发表的 814 篇期刊论文进行量化统计，以既有研究为基础，对其若干特点归纳汇总，继而分类描述。

第二类，对较为新兴的领域，除了成果回顾与未来展望之外，对于话题本身的界定或描述也很有必要，比如：

【例 7.16】 闫慧，孙立立. 1989 年以来国内外数字鸿沟研究回顾：内涵、表现维度及影响因素综述[J]. 中国图书馆学报，2012（5）：82-94.

【例 7.17】 张文忠. 国外依托项目的二语/外语教学研究三十年[J]. 中国外语，2010（2）：68-74.

对于新兴的领域或者话题，其定义、特征、表现等本体性的问题本身就是在讨论、研究中不断得以精确。述评此类对象时，将内涵等单列一节予以陈述，既是对过去研究的梳理，也是对本体问题的总结与提升，对后人的参考价值极大。上述两个例子基本都是按照内涵回顾、成果（专题研究）、问题的逻辑进行述评的。

第三类，围绕对评述对象的观点进行分类述评，如吴卫星的《我国环境权理论研究三十年之回顾、反思与前瞻》（《法学评论》，2014/5）一文，回顾部分的逻辑是将国内环境权理论的不同观点分为肯定和否定两大类，分别综述。这相当于从既有成果的观点出发，分类综述。从观点出发和从研究结果出发是不同的，后者更常见一些，但前者难度略高。

三、长时段述评看格局

长时段述评主要针对 50 年以上的时间段，因为时间跨度非常大，对述评者宏观把握和精准切入有着较高要求。

（一）历时推进细分段

因为长时段述评选取的时间跨度太大，需要分段论述，对选取的时段进行切分是必要环节。述评的原则基本均遵照历时顺序进行陈述，分段的方式主要有三：一是采用历时方式，以 10 年为单位划分；二是据重要事件节点划分；三是不限于等长的时段，按阶段性特点划分。比如：

【例 7.18】 王克非．新中国翻译学科发展历程[J]．外语教学与研究，2019（6）：819-824，959.

【例 7.19】 束定芳，华维芬.中国外语教学理论研究六十年：回顾与展望[J]．外语教学，2009（6）：37-44.

前一例，作者对新中国成立 70 年来的翻译学科发展进行述评，将 70 年的时间跨度以改革开放和 21 世纪两个时间节点，分为萌芽期、成长期、发展期三个阶段，分段综述。后一例，作者将 60 年的时间跨度首先以改革开放为时间节点分为两大阶段，从新中国成立至改革开放为第一阶段，剩下的为第二阶段。又以 10 年为单位将第二阶段一分为三。

（二）选定节点巧切入

长时段述评涉及对若干时间节点的选取，选中节点，好比打下一个地标，据此分段，主要的节点有如下三类。第一，选定关键节点，即选定在社会或时代大环境中对学科或综述对象有影响的关键节点，如新中国成立、改革开放等。类似时间节点常有新的思想、观点、事物诞生，堪当关键节点。第二，选定起步点，即选定一个学科、研究领域、述评对象的起点，如国内外研究起步、权威期刊创立等。第三，选定接续点，即选定对既有研究相接续的点。有些研究领域起步较早，前人已做过各种述评，但出于各种原因，或许缺少较长时间的述评，或者距离上一时段述评相隔较远，需要更新，因而可选取 50 年、60 年等时间长度进行述评。前述各例均可为证，此处不再重复。

（三）披沙拣金辨材料

一般而言，长时段述评尤其重视结构的清晰，述与评要分开。述以时段回顾发展历程、按主题综述研究成果为主；评以当前发展存在的问题、未来展望为主。虽然历时分段是回顾部分的常见方式，但也不乏其他回顾部分的写作逻辑，比如：

【例 7.20】 曹小曙，阎小培.20 世纪走廊及交通运输走廊研究进展[J]．城市规划，2003(1)：50-56.

【例 7.21】 徐有志．现代文体学研究的 90 年[J]．外国语（上海外国语大学学报），2000（4）：65-74.

不过长时段述评涉及的材料太多，需要甄别和筛检。“选择那些能对后续研究产生持续影响或起推动作用的观点或看法”，“最典型的就是有一定的学派传承的那类成果”①。上述两例，前一例将既有研究分为城市尺度、区域尺度、国家或国际尺度三个层面，分别陈述；后一例则按照国别分为西方、俄罗斯、中国，又按形式文体学、功能文体学、话语文体学、社会历史/文化文体学、文体学模式等方向进行分点分头陈述。

第三节　上下齐手炼成纲

科研论文的写作中，百行纲为先，纲目具有提纲挈领的作用。题好文一半，说的是文章阅读时好题目对读者接受、作者观点推广的重要性；纲好文大半，则是指文章写作过程中作者理清思路。由上述分析可知，无论时段长短，都无法做到面面俱到。确定时段之后，如何选定逻辑线，列出纲目呢？本节和下一节将以笔者参与构思与撰写的长时段述评文章《翻译学科百年：演进、反思与趋势》(《上海翻译》，2020/6）为例，进行说明。

一、自上而下，宏观入手

拙文在确定述评对象——翻译学科之后，通过查阅文献，发现国内较早谈论翻译学的历史可追溯至20世纪20年代，且早于国外的相关思考，距今已近百年，却尚缺乏对这一整个阶段的述评，于是以此立意。

（一）站位高远，定述评要旨

述评写作，概括而言，无非“回顾”与“展望”二词，可回顾什么、如何回顾、如何得出实用性较高的展望，均需仔细思考；否则，或许谈论得非常全面，可对若干问题的揭示与解决无法区分先后排序，这会影响述评对今后研究的指导价值。对于长时段述评，首先要自上而下确定站位。回顾，自是从元学科角度，对翻译学做一个根本性的回溯，筛选出与基本问题直接且密切相关的研究，分析其观点与价值。展望，则是针对已有的研究，结合当前社会需求以及国内外研究趋势，对最关键、最急需关注的领域，分析其问题所在与不足，肯定取得的成果与价值，以期在下一个阶段继续拓深普遍性与特性兼顾的翻译学研究。

（二）自上而下，关键词检索

通常在做述评时，往往先明确了研究领域和主题，将其作为主要的关键词，

① 尹保华. 社会科学研究方法[M]. 徐州：中国矿业大学出版社有限责任公司，2017：176.

检索相关文献，这个过程中可能还需要补充上位概念的相关文献。不过在翻译学科百年述评文章中，最终采用的做法是自上而下逐步缩小范围、确定关键词。

根据“翻译学科”这个核心关键词，初步检索文献之后，发现其中有些文献不属于翻译学科，继而意识到首先需要明确学科分类和翻译学科内涵，据此调整方向，超越翻译学科的范畴，向上扩展，了解“学科”本身，再了解本学科，否则容易出现边界模糊、判断不清的现象。这一步工作需要对包括自然科学、人文社会科学在内的学科史有所认识。据此形成对翻译学科的确切判断，然后剔除看似相关实则无关的文献。虽然是做学科的综述，也不能所有文献及其观点都纳入其中，否则述评文章的观点便会不鲜明，有述无评。述评文章也需要有鲜明的观点，并主要体现在评论部分。

这一步工作可帮助明确述评文章的观点与着重点落脚在何种层面或哪一类型，比如学科本身也需要理论构建，该如何构建等问题的思考，从而认清写作的定位。述评文章定位不宜偏低，更应凸显鲜明的观点。而且这一观点不仅出自文献的归总，更需要述评者先形成自己的思考，明确了这些之后再去看待当前各种观点，才能看出其高低深浅，有所述，有所评。所以述评不好做，不能等闲视之，要努力兼顾高格局、宽视野、全角度，争取述评得深入、到位、透彻。述评，比综述这一定名更合适，是因为突显了其中评的内容，以述作为打火石，打出可以燎原的思想之星火。

二、点面兼顾，立稳基准

长时段述评，重在对述评对象进行立体观照，但这种观照离不开微观层面的点、面。前文已自上而下地明确定题宗旨，那么在确定点与面时，首先根据体（即主旨）来定面，继而根据面确定线、点。

（一）以旨定面，据面择线

时段类专题述评的两个关键词——时段和专题——分别构成了思考与写作的两个轴。沿此二轴，将古今、中外、正反的观点以及不同侧重的关注点囊括在内，建立翻译学科知识图谱。因此，相对于翻译学科迄今所具备的研究方向、研究分支、所采取的研究视角、研究方法等而言，在学科成形、成熟过程中衍生与元学科相关的观点，是文献阅读时的主要关注所在，这也是根据写作主旨确定的若干面。

（二）踩线选点，要点热点

由于时间跨度较大，即便是确定了主题、明确了文献阅读中主要关注的面，微观层面的点仍然数量庞大，此时要根据当下判断，筛选要点、热点、焦点、亮点。因为时移事易，当时有些是焦点，现在看来可能已尘埃落定，再无较多商榷之处；当时有些被隐没简单带过的分论点，现在看来可能独具价值。故而不能只根据一篇文章的题目、摘要、结论进行筛选，要通读全文之后，对每个有价值的观点逐一分析。虽然增加了工作量，但相信一分耕耘一分收获，这些同样也会增加述评文章的价值。

三、多方探寻，问题意识

明确过去的相关讨论分别对应 what、why、how 哪个层面，以及未（较多）触及和关注的层面，正是述评写作的目的。可见，述评类文章写作也是要有明确问题意识的，只有这样，才可将文章从一般的综述上升至富含个人思考的夹叙夹议式论文，才具有更大的阅读价值和理论价值。

带着问题意识阅读文献，对文献条分缕析，聚思成点，可连点成线，连线成面。循此，拙文对过去百年的翻译学科发展有了愈加清晰的认识和定位，在对他人观点的筛选和思考之中，结合当前翻译学科的现状，对若干观点也会得出自己的认识，或批判，或发展，或应和，这些都是极其宝贵的述评论点，要及时记录下来，聚沙成塔，逐渐形成述评者的鲜明观点。在此之后，归纳多方观点，剑指问题。可以通过多种途径对不同观点进行归纳，或按照观点的类型，比如肯定或否定；或按照观点针对的对象，如学科的框架、内涵等；或按照时段分期历时陈述。还有一种行之有效的方法，即按照行文的问题意识进行归纳，从问题出发，分门别类，回归到问题，答疑解惑，这样既完成了陈述、概述，也在述中导出评，凸显出作者的观点。

四、起伏成峰，突出重点

学术论文要求有明确的研究对象与问题，述评类文章同样要突出问题意识。这也是述评价值提升的关键所在。述评如何提出问题？至少有两大视角。

（一）以现存问题为立足点

任何学术论文都是为了解决特定问题，只因问题不同，其侧重点也各异。时段类专题述评文章并非按照一定时段，机械地从头到尾地回顾、提出可深入之处即告完成；而是应该有目的地选取时间节点，对既有成果有选择、有侧重地总结提升，顺着问题求解的方向从中发现研究走势，助力下一步研究。述评撰写的出发点便是当前某个领域、某个话题、某个对象存在一定的问题，导致研究活跃度不足，或者急需解决，以突破研究瓶颈，带来新的研究增长点。这些均可作为时段类专题述评的切入点。

（二）以未来指向为制高点

有的研究领域或者研究对象一直都具有较强的学术增长力，保持着高活跃度。不过，这种活力可能不完全是由研究本身造成的，或许是由于其他学科、外来理论或者新型研究工具的刺激带来的“假性繁荣”，热潮过去之后，难以从学科内部生发新的学术增长点。在此阶段，研究者要始终保持清醒的头脑，理性看待学术动态和分析学术走势，以未来发展为目标，反向对当前的研究提出问题，并以此为基准，审视某个时段内的既有研究。如果上一类从当前的问题出发，沿归纳、总结、提升的路径，属于正向述评，那么此类述评，从未来的需求出发，回顾既有成果，对当前的发展提出要求，调节下一步研究方向，可归属为反向述评。两种述评都具有不可替代的优势和价值。

第四节　积累成形出私想

相较于学位论文、期刊论文的非独立性述评，时段类专题述评可单独成篇，可投稿刊发，成品的独立性是其一大特征。既然最终目的是刊发，就要具备思想性，并且是“私想”，即不仅仅汇总多人的观点，更要在此基础上形成自己的观点——私人的见解，确保评的部分突显特色。

一、缀句成文渐成形

述评如何从文献阅读走向成形呢？阅读时做好各种笔记是不可或缺的步骤。文献阅读中结合确定的主旨，筛选文中与研究发展相关的观点，但不能就此止步，更重要的一步是为这些观点逐一标序；第二步则是将自己曾经思考过或者不同的想法及时写出来。随着思考的成形，这些观点会越发鲜明。正是通过这两步，从“他想”走向“私想”，从“阅读”走向“创作”。

（一）分类入纲

为原文观点标序，是为了方便后续整理时分类入纲。长时段述评会涉及大量文献，若干观点或许还需细致分析解读，必要时需逐一筛读，拣选出具有价值的要点。好记性不如烂笔头，若不标序，读到后期，许多内容都会发生混淆，导致部分要点的遗漏；或者在后续需要引用时，出现记忆上的模糊，还要返回做重复功。随着阅读的推进，不少观点可分类归纳，再分点陈述。文献阅读之后，据对文献的总体把握，列出大致的纲目，再将上述要点逐一填入。此时，所标的序号有了标引的作用，可将序号先行填入，以节省时间。增添了些许“血肉”，纲目因此而丰满起来。

（二）归纳成段

述评至此，还只是对相关文献做了粗略汇总，看似流水账，尚缺要点提升。因此，下一步任务是为每段所述的内容添加揭示要旨的话语，这些话语宛如路标，显示述评者的思路与逻辑，可促进深加工。这些路标并非仅仅对内容本身做大意归纳，更要试图凸显述评者的观点，即令诸多内容为己所用，去解决问题，而不是被诸多观点带走，最后重复他人的见解，而现存的问题仍未得到回应。这些观点性的路标也为后续的评论做了铺垫，述与评前后呼应。那么，观点从何而来？阅读时随时记录思考与想法，或者擦出更多火花，这些随笔记录非常重要，其中便含个人的观点，对类似的观点，可及时合并，由零散的句子整合成为一个个段落。

（三）集段成篇

到了篇章的角度，需要从整个语篇衔接与连贯层面去考量，对篇章局部进行调整。随着纲目骨肉长齐，已然成形，由内容反观早期的纲目，会有不协调之处，或者需重新变更之处，再次根据内容调整微调纲目，加强语篇衔接与连贯，让全文的逻辑性更强。

二、巧带私想大显身

为了彰显全文的问题意识，提升述评的价值，突出鲜明的私想，彰显个人的见解，不仅仅只在评论部分使其浮出水面，于全文各处也不妨寻机巧嵌。总体而言，私想显身大致有三种方式。

（一）私想为桥，承前启后

述评既有成果时，同类观点的聚合需要润滑剂协调，这便为私想显身创造了良机。相比按照文献内容、研究结果或者研究观点等分类，不妨尝试按问题意识，用一套新的逻辑，将能回答某个问题的观点汇聚起来，以述评者的观点做引，导出目前的既有研究，形成对话：自我与他者对话，当代与过去对话。

这种跨时空对话，能让述评从他人观点的传声筒变成对已有问题、已有观点的新研讨，为其注入新的生命力，提出新的解决思路。

拙文之“2.3 译学元思考”部分提及“译学创建，必过名实关”。早期论及翻译学科的国内外文献中，对学科定名的讨论不在少数，这些讨论能点明翻译学科确定的必要性，对揭示学科内涵更有重要意义，与学科元思考密切相关，需要纳入述评。但只综述而不指明其中的要点所在，会弱化相关内容，于是本小节开篇点明这一内在逻辑，学科命名与学科元思考有着重要的相关，既呼应了本节标题中的“学科创建与译学元思考”，又顺理成章引出后面对命名的诸多讨论。对这些问题的处理，也是体现私想的好机会，述评者不要轻易放过对这些地方的深入思考与挖掘。

（二）六经注我，述中藏私

综述，综合性地转述、引述，需要大量引入他人观点，不过述的方式，到底是选择六经注我还是我注六经，效果大不相同。从问题意识出发，在文献检索和阅读时，心中便有了明确目标，在审视若干观点时，不自觉地便会由单向吸收知识变为双向交流互动，虽然只是与静态文献互动，也不妨碍个人观点的形成，至此便不再是我注六经，而是六经注我，共同为了解决某个特定问题而“发声”。对这些既有观点的陈述、引述、转述中，也会带出个人的思考视角和见解，私想无形中得以显身。

拙文之“3.3 学科框架演进”部分是对翻译学科框架的既有讨论的综述。开头部分首先定性：学科框架首先呈现为学科分支体系，其次是理论体系，当然前者可包含后者。一般对学科框架进行谈论时，首先想到的便是学科分支或者学科结构，学科理论往往单独谈论。本篇述评通过大量文献阅读，笔者意识到二者其实是关联的，这是一种内在的逻辑，单独谈论二者自然可以，但这种关联性的彰显，能够丰富并且系统化翻译学科框架，同时也将学科理论、学科结构本身进一步系统化，是私想的一种体现。

（三）以我观人，评中导思

评论部分是个人观点大幅现身之处，评的体现方式主要有二：指出既有研究的问题与不足，明示未来研究的可拓展之处。在此再次强调：始终用问题意识去驱动写作，反向思考。如果只是基于既有研究，从中归纳问题，再从问题中提出前瞻性指导意见，这种方式会束缚思维。还需在列纲之前便产生问题意识，时刻围绕某个特定问题，去研读文献观点并作出判断，如此才能突破研究视角的局限，产生具有前瞻意义的判断与观点。私想虽然主要出在评论部分，但并不是一股脑儿地平铺直叙，还是要“曲线救国”，通过对既有研究存在的问题或不足来体现，通过对下一步研究方向的判断来彰显。

以拙文为例，“4. 学科发展反思与趋势”从固本拓新与结构优化、完善学科理论体系、讲究译学研究方法、探索学科创建范式研究四个方面谈论，以反思当前研究，预测下一步走向。在长达百年的翻译学科发展进程中，其实值得反思的不仅仅这四条，之所以聚焦这四个方向，是因为全文立意旨在对翻译学科的发展历程进行元思考，对翻译本体论给予了较多关注，那么在既往发展中，本体方面存在哪些问题？未来如何完善？这些构成了全文最重要的问题意识，用来指导文献阅读以及述评逻辑的形成，在有针对性地反思时，也把固本拓新列为优先级第一的要点，并从理论、方法和范式三个层面，分别谈论未来可深入拓展的地方。不同的立意会产生不同的写作，也会得出各异的反思与前瞻，须知前瞻与反思对应，反思又受到行文问题意识的主导。归根结底，评中的私想，是述评的写作动机和出发点，欲取得哪种层次的思想，要在行文之初、列纲之时，就确定好站位，明确述评的目的，继而提出问题。

综上所述，时段类专题述评首先在形式上可有年度述评、短时段述评、长时段述评三大类，每一类在写作中具有各自的难点与注意事项，侧重点也有所不同。本章只是通过个人经历，抛砖引玉，最好的习得方式便是在实践中成长，每个人的写作训练都会得出富有个人特色的心得体会。时段类专题述评也可以由述评走向带有鲜明的个人思想的学术论文。从综述到述评，继而到原创，循序渐进，展开系列研究。

第八章　学术人物类述评①

“学术”多义，其一是学习治国之术，如《史记·张仪列传》载：“始尝与苏秦俱事鬼谷先生，学术，苏秦自以不及张仪。”其二指治国之术，如清代刘献廷的《广阳杂记》载：“诸葛孔明为千古一人，其学术全从此书出。”其三是指学问、学识，如苏轼的《十八阿罗汉颂》载：“梵相奇古，学术渊博。”据《现代汉语词典》（第7版），学术多指“有系统的、较专门的学问”。学术人物是某领域掌握系统专门知识的人，特别是该领域的代表性人物。本章聚焦代表性学术人物的述评，从学术、人物、述评三个关键词出发，着眼选题设计、布局谋篇、材料甄选、遣词造句等方面，探讨如何写好学术人物类述评。

第一节　情理交融论学人

学术人物类述评圈定学术界代表人物，有述有评。与其他类型的述评不同，其核心在人，在于学界之人，以人为核心，而非重心，学人其事、其理才是述评首要。换言之，以学术人物为圆心，相关事与理为半径，绘出一圆，包含学人的经历、思想、主张、贡献等，作者根据主题选择材料，说理并抒情。事与理在前，感情隐于后。因此，学术人物是研究对象，述评是文体类型，叙事说理是写作意图，情理交融是重要特征。

一、学人兼顾

聚焦学界之人，“学”与“人”兼顾，人之“学”与学之“人”，重心不同，述评类型也不同。前者着重讨论学问，涉及专业知识深，适合同行读者；后者偏重叙事塑人，专业知识较浅，针对普罗大众。预设读者不同，特点各异，可大致分为学术、大众两类。

① 本章为广州中医药大学陈媛副教授所撰。

（一）以学择人，师长先学

作为研究对象的学术人物，一般是某一学科领域具有突出贡献的代表性人物。例如，翻译学界的严复、钱锺书，其翻译思想独树一帜；考古学家夏鼐，他对中国史前考古学有创造性研究；语言学家王力在汉语语法学、音韵学、词汇学等方面贡献突出……简言之，以学界标准选择研究对象。因篇幅限制，文章需聚焦学术人物的某一方面：学术贡献、代表性观点等，或者回顾教育经历、学术研究过程、生活逸事等。总之，择一亮点，深挖其特点，力求让读者印象深刻。

学术人物类述评的作者一般为某领域业内人士，学生写老师，后学写先学，晚辈写前辈；也有子女写父母、祖辈；等等。或总结学术贡献，或分析理论思想，或回顾历史，或悼念追思。作者与学术人物的关系不同，写作目的不同，写作风格、主体结构、语言特点等也不同。

（二）按比分类，学术大众

根据预设读者的不同，学术人物类述评可分为学术型和大众型两类，文章的“学”与“人”的比例可作为参考标准：重“学”轻“人”，多写“学”而少写“人”，归于学术型，此类述评常载于学术刊物、专著，多说理、评析；重“人”轻“学”，多写“人”少写“学”，属大众型，多刊于报纸、杂志，常叙事抒情。

本章按此标准在第二、第三节分类详述其特点，分析选题、布局、选材、炼纲、措辞等写作过程。载体为专著的学术型学术人物类述评属于传记类，在此不做详细分析；大众型以报纸刊登的学术人物类述评为主，其特点与杂志类学人述评相似。因此，本章第二、第三节主要按期刊类和报纸类学术人物类述评方式分类，分别例解学术型和大众型学人述评的写作。

二、情理交融

学术人物类述评的写作对象是学界之人，学界之事必说理，描写人物必含情，因而情理交融是学术人物类述评的一大特点。学术型、大众型学人述评的情、理比例不同，前者多析理，后者多抒情。

（一）含情说理，爬梳总结

学术型学人述评以同行为预设读者，写作重点一般是人物的学术贡献、思想主张等，追溯学人的思想源流，总结其研究成果，剖析观点得失，归纳学术贡献，等等。题目一般为“（人名）+（领域）+（关键词）+研究/论/探/考”，如《×××翻译思想研究》《×××学术思想新探》。这样的题目中规中矩。因学术型学术人物类述评说理的目的以及作者求新的需求，可将提炼的论点作为正标题，常规题目置于副标题处，如蓝红军的《应用翻译理论体系建构的方法论原则——方梦之译学思想的启示》（《上海翻译》，2020/6）（以下简称《方梦之》）。

围绕说理为主的写作目的，在总结学人代表性思想、主张的基础上分析其利弊得失，形成作者自己的观点，作为文章的核心立论。以学人之理串起全篇，述、剖、析、评层次清楚，观点鲜明，作者之见了然于文字间。虽是述评，但评的比例大，评中凸显作者主张，论证过程完整，彰显学术论文特点。因以学人为研究对象，析理必含情，显理隐情，有理有情，表达对学人的敬仰、纪念或追思。

（二）叙事抒怀，以情动人

大众型学术人物类述评的预设读者主要是普通大众，以普及性阅读或休闲阅读为目的。因而，此类述评选题各异，内容宽泛，题目也不拘一格，一般是“（人名）+（关键词）”，如《谢天振与“译”术人生》（严贝娜、姜怡安，《中国科学报》，2020-4-28）、《徐旭生与夏文化探索》（徐有礼，《团结报》，2019-6-20）；有时，题目会包含表“追思”“纪念”等关键词，明确写作意图，如《瞻仰故居　缅怀夏师》（王世民，《中国文物报》，2012-6-8）。此类述评以叙事为主，述得多，评得少，抒情多，析理少。以学人为线，叙学人之事，说学界之理，叙事在外，明理在内，从全景到特写，再到细节描写，深情饱含，作者情绪跃然纸上，读者从叙事描写的文字中能感受到作者对学术人物的崇敬、感激、怀念或追思之情。

三、述评结合

述与评结合是述评类文章的重要特点。按前文分类，学术型学人述评重“学”轻“人”，述少评多；大众型学人述评重“人”轻“学”，述多评少。

（一）隐人于学，少述多评

学术型学人述评重“学”轻“人”，重说理、轻塑人，聚焦学人学术贡献，而非学人本身。谓之学术人物类述评，看似写人，实则析理，隐人于学，表达学人思想和作者私想；基于学人所为立论，借助学界观点论证，彰显学人的主张，这是此类述评的常规写法。

此类述评突显学人的观点，通常是述少评多。复述、概述、转述学人成就或主张，以简要为宜；剖析其理，析、评是论证过程，是作者表达思想的基础，继而得出私想。述与评按需选择，相互呼应，先述后评或边述边评，形式不拘，比例得当即可。

（二）以学塑人，多述少评

大众型学人述评重“人”轻“学”，淡化普通读者不熟悉的专业知识和理论探讨，塑造学界之人。学人生平、教育背景、研究经历、生活逸事等都可纳入其中，围绕“学”来讲“人”的故事。叙事为主，据主题择例，可详可略，可概述可刻画细节。述多评少，可析可评，但比例需把握。叙事可塑人，叙事支撑作者观点，其观点简述或隐于文字中；此类述评宜抒情，展示学术界、生活圈的学术人物，一定时代背景下、学术研究中、与人相处时的学人，总之，是完整、真实的人物形象。

第二节　期刊人物说事理

期刊学术人物类述评是学术型学人述评的代表，读者多为同行，内容专业，析理多，抒情少，隐情于理。作者有自己的观点主张，述少评多。本节主要从主线结构、选材立意、语言特征等方面进行梳理。

一、以人串理，架构全文

期刊学术人物类述评通常以析理为主，学人是核心，以学界之人为主线串起事理分析，文章框架特点表现为：主线清晰、结构紧凑、题文关照。

（一）明晰主线，统领全篇

文章主线犹如全文的脊柱，支撑整体内容。列纲时，需确定一条主线统领全文，将文章整体结构搭建起来。主线串起一二级小标题，使文章浑然一体。主线设计多种多样，时间、主题或题目关键词等均属可选之列。

以时间为主线是人物述评的常规做法。将学术人物的学术经历、主要贡献等按时间分段，选择代表性事理进行分析，据此表达作者观点。这是最简单、清晰的主线设计，但容易千篇一律、平淡无奇。虽可在后期选例、行文中力求出彩，但最好设计之初就能突显特色。如黄忠廉和孙秋花的《李亚舒科学翻译思想源流考》（《当代外语研究》，2016/6）（以下简称《李亚舒》）以关键词

“源流”为主线，分为源头、上游、中游、下游四段。文章基本按时间顺序，采用喻指的方式，一二级小标题与题目中的“源流”呼应，设计巧妙。这种特殊的时间主线，既符合常规思路，又在设计上突显特色，还与文章题目呼应。题为文眼，主线设计与题目设定密切相关。通常，题目已界定了文章范围，题目关键词反映文章的重心。因此，依题设主线是常规做法，《李亚舒》一文即是如此。

如第一节所述，学术型学人述评的题目通常为“（人名）+（领域）+（关键词）+研究/论/探/考”，题目宽泛，易铺开而不聚焦。若是全面铺开，非一篇学术论文所能涵盖，将成为一部学人专著。所以，最好选择学人学术贡献的某一方面。设计文章主线时，需选定其覆盖范围，根据题目将立意、选材等框定在内，避免过度铺开、泛泛而谈。主线确定，文章走向既定，后续工作更容易。例如，《方梦之》一文以题目关键词为主线，选择构建应用翻译理论体系的方法论原则作为研究对象，题目是对方梦之教授翻译学思想的提炼，采取分类原则，主线下设定位定向、话语来源、理论内涵、思维方法等方面，并在总起部分明确交代这些是应用翻译学理论体系构建的基本问题。

（二）题文关照，纲提要义

期刊学人述评学术性明显，文章布局严谨，逻辑性强。体现在行文结构方面，题文关照、浑然一体，题目对一级小标题的统摄作用、小标题与题目之间的呼应效果也较为明显。若称主线为脊柱，一级小标题便是肋骨，合力支撑全文。题目提炼关键词框定范围，一级小标题反映主线。主线或许在暗，但尽显题与文间的关照。以《李亚舒》一文为例，题目意为考证学人李亚舒教授在科学翻译领域的思想源流，“源流”为核心主题词，与一级小标题的“源头”“上游”“中游”“下游”对应，是其上位概念，这四个词是源流的空间分段，文中体现为时段，分别对应20世纪四五十年代、六七十年代、八九十年代以及21世纪以来。题目、主线、一级小标题确定后，文章框架即提纲的主体基本完成。

文章列纲时，思想凸显、语言简练是首要，有的作者力求提纲的字数、用词整齐。提纲齐整、漂亮固然好，但成文后，各级小标题分散在篇章文字中，整体视觉观感没有太大差异，所以，不必苛求。各级小标题的观点呈现和语言表述，是值得反复打磨的部分。《李亚舒》一文的一级小标题格式为“源流分段（时间跨度）：主题内容”：源流分段呼应题目，时间跨度明确文章内容的历史分期，主题内容分两段、提示二级小标题，语言形式基本对仗，分别对应或涵盖下设的2—3个二级小标题的内容。如第二部分“源头（1940—1950年代）：非凡童子功 多道智慧源”，二级小标题包括“起点非凡”和“功力多元”。第三部分“上游（1970—1980 年代）：口译笔译勤奋 译事外事用心”，形式整齐，读起来朗朗上口，更重要的是表述清晰，一看便知下设两个二级小标题分别对应学人勤于口译笔译实践、用心翻译和外事活动管理。可见，内容重于形式，小标题作为文章骨架，须提纲挈领、表达要义、支撑全文。简练达意是首要任务，语言优美、形式整齐是更高要求。意思确定，仍需字字斟酌，同义、近义、反义词都需平时储备，需要时，网络、辞书、同行，可查可问，仔细比较，条条落实。

二、据题筛拣，炼材成金

主线、架构拟定意味着文章结构已定，已有筋骨，需要血肉。此时，据题筛拣、炼材成金尤为重要，即根据文章主题挑选材料，从中提出观点。

（一）去粗取精，弃众求新

述评的学术人物一般都是有突出贡献者，相关材料繁杂，材料可来自各种文献，如专著、论文、研究报告、新闻报道等，纸质或电子均可，正式出版物可信度更高。梳理学人学术贡献，可读其学术著述了解其思想历程，也可参考他人成果，知晓其影响。健在的学术人物，还可访谈，获得第一手资料，达到补充、求证、释疑的效果。

选材需依据文章主题。同样是写李亚舒的述评，《李亚舒》围绕“思想源流”选材，挖掘各个时期学人重要贡献的来源，涉及相关活动。刘金龙、姜闽虹的《记老当益壮的翻译学者李亚舒教授》（《上海翻译》，2015/2）从学人贡献的角度筛拣素材，根据学人作为科技翻译学的倡导者、科学翻译学建构者、应用翻译学推动者、翻译学术期刊的坚守者四个方面的角色来选材，主题不同，侧重点不同，选择也不同。每个领域贡献突出者寥寥数人，写同一学人的述评不可能唯一，因此，确定主题、依题选材以突显特色，尤为关键。

学人述评是常见的选题对象，作者观点是论文立足之处，也是决定文章能否发表的主要因素之一。观点新、视角新、写法新都能吸引同行读者。作者的观点来源于材料或由材料支撑，新的素材不易发掘，但新的思考和认识不难达到。于繁杂众多的材料中精挑细选，舍去与人雷同的选材，选取特色、出众的材料，或从新视角出发。总之，求特、求新是可取之法。

《方梦之》一文选择方法论视角对方梦之教授的翻译学思想进行梳理。方法论原则在人物述评中是较新的视角，作者从定位定向、话语来源、理论内涵和思维方法四个方面探讨学人在应用翻译学理论体系建构方面的主张。例如，第一部分“应用翻译理论体系的定位与定向”分析了霍姆斯翻译学图谱存在的问题，引用学人话语概述其内容，评价其学术影响。如作者评析，方梦之教授修正霍氏翻译学图谱，在应用翻译学理论体系构建中起到重新定位的作用，意义重大。

（二）扣题析理，提炼私想

期刊学人述评，若涉及学人往事，常有叙事，学人生平、学术经历等，寥寥几句。叙事为了说理，表明学人的学术贡献或主张。作者在阐析学人思想或观点的基础上得出自己的观点，即私想。基于学人之理，辅以学人之例支撑，生成作者之理，即作者的主张，方能构建有思想的学术述评。如前文蓝红军所撰《方梦之》，作者之理为“按照现实来认识和理解翻译理论的应用性和应用翻译的理论性”，此为重要的方法论原则之一，紧扣主题。

期刊学人述评据例析理，理是观点、文章支撑，例是观点的论证材料。报纸类学人述评是叙事明理，叙事为主，明理为辅；而期刊类以析理为主，评介学人的观点，顺带表达作者的观点，而例子有论证素材、充实文章之用。然而，不同领域、不同期刊对学人述评的期待有所不同。例如，笔者与黄忠廉教授所撰《李照国中医外译理念研究》（《中国中西医结合学报》，2021/1）时，力求析清学人在中医外译研究领域的突破性贡献，特别是中医翻译理论研究的思想与前瞻。论文返修时，笔者体会到中医类期刊对中医翻译实践的期望更高，希望将更多具体译法呈现于论文。而翻译界研究者则会侧重改善中医翻译重实践、轻理论、理论研究缺乏系统性等问题，较多地尝试析理。可见，择例的原则、析理的深度等会有所不同。无论期待如何，析理才是此类述评的根本，析学人之理、提炼作者之理是其写作的真正目的。

三、学术语言，理性含蓄

期刊学人述评，语言讲究学术专业，情感表达含蓄自然。

（一）语言规范，文字达意

期刊学人述评，学术论文风格明显，与报纸类学人述评的语言多样化相比，其语言风格较为统一：需符合学术语言的规范性要求，具有准确、抽象、简练等特征。学术语言要求表达准确、严谨，不能模棱两可；学人及作者思想提炼是具象的抽象化过程，专业术语使用较多，同时，也增强了准确性。语言简练、平实，以达意为先，一般不求生动，读来有严肃之感。然而，此类述评中叙事比例较大的部分，可尝试使用其他风格的语言，如生动形象或轻松诙谐，给读者耳目一新之感，《李亚舒》便是一例。

（二）述评严谨，融情于理

期刊类学人述评，述评结合，一般述少评多，重在表达作者私想。文章结构清晰、逻辑严谨，每部分开头需总起句统领，以便读者知晓具体内容。述，包括叙事或述理，一般为概述；评，可简可详。边述边评者，多为简评；先述后评者，以详评居多。详评更能出观点，先析再评，或批或赞，或兼有。通常在每部分最后都有评析的总结，表达观点，与总起部分呼应。

对学术人物贡献的评价，是此类述评的主要内容。既然以学人贡献为研究对象，学人必有重要影响，析理并抒情。但因期刊论文的学术风格限制，情绪不宜过于直接，融情于理为宜。

第三节　报纸人物重情谊

刊于报纸的学术人物类述评一般篇幅较短，以人为核心、学人故事为素材，叙事为主，语言通俗，写人更传情。

一、风格不拘，布局灵活

报纸类学术人物类述评的预设读者为各行业普通大众，作者写作意图各有不同，因而文章主线各异，结构灵活，设计多样，但都层次分明，逻辑清楚。

（一）题为文眼，框定主题

如第一节所述，报纸类学人述评的题目一般按“（人名）+（关键词）”格式，关键词位置可在人名之前，也可在其后。题目多为名词短语，偏正式或并列式。在此以写史学大师陈寅恪的述评题目为例。有的将关键词置于人名之前，突出核心内容，如《“教授的教授”陈寅恪》（陈甲取，《语言文字报》，2020-10-21）；或用冒号、破折号或“与”连接人名和关键词，如《陈寅恪与金陵大学》（姜庆刚，《团结报》，2019-10-24）、《陈寅恪——知识分子的楷模》（张忆文，《中国科学报》，2014-11-7）、《陈寅恪：志在求真的一代宗师》（蔡鸿生，《中华读书报》，2019-10-23）。有的题目是句子甚至是问句，如《陈寅恪妙语送对联》（姚秦川，《团结报》，2019-10-12）、《陈寅恪也幽默吗》（李乔，《中华读书报》，2017-8-30）。

突出关键词是拟定题目的重要环节，由此确定文章主题。题目关键词是文章核心，由作者提炼。例如，《刘学锴：下笨功夫，做真学问》（王树森，《光明日报》，2020-11-30）围绕“下功夫”“做学问”叙事，功夫不“笨”、学问乃“真”，强调学人做学问过程中的勤勉、求真。关键词通俗，淡化专业知识谈治学道理，能引起读者共鸣。也可摘录学人代表性话语作为题目关键词，例如，《史学大师陈寅恪：著书唯剩颂红妆》（梅松，《深圳特区报》，2016-10-18）题目明确学人的身份定位“史学大师”，并引用其自嘲话语“著书唯剩颂红妆”，这是陈寅恪先生晚年失明，凭借惊人的记忆力、助手的帮助完成《柳如是别传》《论再生缘》等90多万字巨作时所说的话。学人述评可写内容多样，作者确定写作范围、拟定文章主题之后，择出最具代表性的主题词，不断打磨，最终提炼出符合大众审美、学术性适中的关键词置于题目中，让读者带着期盼去开启阅读之旅。

各大报纸有各自的体例和特色。《光明日报》是中共中央主办的思想文化大报，以知识分子为主要读者群。该报设有“光明学人”专栏，题目基本是“人名：主题”的形式，如《范伯群：以鲁释鲁 研俗不俗》（张蕾，《光明日报》，2020-3-30）；或题目形式稍有变动，如《学者杨镰，行者杨镰》（计亚男，公众号“光明学人”，2020-9-21）、《潘懋元的“时中”人生》（邬大光，《光明日报》，2020-7-27）等。除了突出主题，题目的巧妙设计也是吸引观众的方式之一。《冼星海：黄河之水“歌”中来》（黄敏学，《光明日报》，2018-2-5）的关键词出自音乐家的巨作《黄河大合唱》，“水”与“歌”相对，用读者熟悉的音乐作品名点题；而《范伯群：以鲁释鲁 研俗不俗》的关键词整齐，形成对仗，简练表达体现文章主题。

（二）主线清晰，层次分明

同样是要求主线清晰、层次分明，报纸类学人述评在结构布局、内容选择方面比期刊类要灵活得多，作者确定主线、布局后的选择性更大，风格更多样。此类述评通常只设一级小标题，不再下分。有的述评没有小标题，以自然段及语意划分、衔接。总起段统摄作用、与总结呼应等不是必需，文章逻辑性要求也不如期刊类严格。

文章的主线犹如串珠之绳，主导行文走向，是文章结构的基础。报纸类学人述评因作者写作目的不同，设定主线各异。以时间为主线是常见的设计，将学人生平、教育经历、学术成就、学界和社会影响等囊括其中，时间为轴，条理清晰。例如，《瞻仰故居 缅怀夏师》一文按时间顺序叙事，缘起于“瞻仰故居”，“缅怀夏师”是写作意图。该文是考古学家夏鼐先生的故居向公众开放时，学生王世民触景生情、回忆过往以缅怀恩师的一篇人物述评。除去文章头尾两部分交代文章的写作背景和意图、总结之外，学人活动按时间轴分段为：作者在北京大学求学接受先生教诲时期、作者毕业后在中国科学院考古研究所与先生共事时期、“文化大革命”时期、“文化大革命”之后。全文紧扣与老师的过往，抒发缅怀之情。该文没有一级小标题，以自然段划分来构成时间轴。又如，《冼星海：黄河之水“歌”中来》以一级小标题梳理出该文的时间主线：“南国箫手”“负笈巴黎”“救亡歌声”“奔向延安”“艺术永恒”，从国内求学、游学巴黎，到以音乐投入救亡运动，到奔赴延安、创作代表《黄河大合唱》，再到艺术升华、“停下追梦脚步”。一级小标题统一为四字短语，整齐、凝练，以时间为序，又不乏思想。

与时间为主线的常规做法相比，作者设定关键词为逻辑主线的架构方式更为灵活。例如，《新中国故宫事业的开拓者吴仲超——半生戎马半文博》（陈秋速、于子勇，《光明日报》，2020-11-9）的主线设计紧扣“开拓者”一词，以新中国故宫事业的开拓、发展为序，按学人其保护和建设中起到的作用进行设计，文章围绕“开拓者”“建设者”“践行者”“守护者”“奠定者”展开，进一步提升思想，文末总结文博界怀念敬仰该人物的原因。结构清楚，主线清晰，以述为主，段末偶有评论。《父亲的书架》（梁剑箫，《光明日报》，2020-2-10）则是另一种布局，该文除去开篇，分为“言传身教”和“目染学问”两部分。结构看似松散，节奏平缓，但“书架”和“书”贯穿全文，将父子间零散的生活片段串在一起，松而不散。细读起来有巧妙的设计感，充满生活趣味，情真意切。

同样是以时间、关键词为主线架构文章，报纸类学人述评对文章的结构层次、题文关照程度、逻辑严密性等要求较低。简言之，学术性要求低于期刊学人述评，而可读性、大众化程度期待更高。此类学人述评主线、结构更灵活。若设一级小标题，能以此凝练文章内容，字数尽量整齐，但不苛求对仗或结构统一。例如，前文述评冼星海采用了四字结构，述评范伯群则用了五字结构“智慧守元气”“雅俗双翼飞”“遇逢心有寄”“明月正东升”，等等。

二、圈地取材，据实明理

报纸类学人述评虽以普通读者为受众，学术人物的身份已决定了写作过程中选材、择例等必然与学术领域相关，其学术性、说理功能强于其他类型的人物综述。

（一）以人为线，选例典型

报纸类学人述评的布局以人物为核心，叙事为主，选例须典型。那么，是先有理，还是先有例呢？选择典型之例是为了说理，实际组织材料的过程大体是：由多例归纳道理，再据理择出二三例，即典型之例。动笔前，基于一级小标题对典型之例进行分类，即围绕作者呈现的观点。例可多可少，多则简叙，少则详述，但须具代表性，能以事实支撑文章之理。如前文述评吴仲超，以其新中国故宫事业“开拓者”的身份为中心展开，一级小标题包括开拓新中国故宫事业、建设人才队伍、保护故宫完整、守护珍贵文物、奠定展览格局等，后以二三例充实内容。第一部分“新中国故宫事业的开拓者”聚焦吴先生开拓新中国故宫事业之举，选例包括抗日战争时期头顶“古董秘书长”雅号、负责古董收集保管事宜，1947 年在大连提议开古玩店收购流散文物、兼做地下党联络点，1954 年申请到故宫博物院工作、明确故宫古建保护和陈列展览的发展方向和基本格局，完善故宫部门设置和管理模式。该部分选例多，叙述时突出特殊时期吴先生工作的开拓性，犹如一幅铅笔连环画，勾勒轮廓，叙事简洁完整。同为择例，第四部分“故宫珍贵文物的守护者”，作者选择吴先生如何“解决藏品底数不清问题”，这是故宫文物守护的基础性问题，清楚交代了藏品总账的形成和文官管理制度的确定，特别提到了具体文物的清理和抢救工作。与第一部分相比，更多细节描写，犹如素描的近物写生，依据近大远小原则，将重要细节放大、细描、突显，支撑作者观点。围绕学人选材，难免涉及学术内容，但因读者群体特点，内容不宜过深、过于专业，只能在大众能理解的范畴进行阐述。因此，专业问题大众化、科普化是择例、叙事的一大特点，符合大众审美才能达到宣传学人精神的写作目的。

因主题和写作目的的差异，有的述评择例更生活化，如《可爱的“书呆子”》（黄忠廉，《光明日报》，2017-7-3），从题目便知其文风轻松幽默，“书呆子”反映李锡胤教授治学的一面，选例包括爱读书、喜开新课等。反映学人“可爱”性格的事例贯穿治学与生活：学人与外孙女的生活对话；学人身居斗室、专心读书时，曾调侃“如果有瓜子和花生之类伴读，则感觉幸福无比”，等等。

（二）突出事实，叙事明理

此类述评以叙事为主，突出事实，讲学人故事，表达作者观点。以人为线、以事为材料、以理为目的，构建文章。选例围绕文章主题，叙事明理，以理塑人。选例可大可小，可学术可生活，明学术之理，显生活之道。重叙事明理，而非析理，讲故事塑造人物；而期刊学人述评重析理，含严谨论证过程。

前述吴仲超院长为故宫事业的开拓性工作是学术之事，《可爱的“书呆子”》《父亲的书架》等大多是生活片段，均是为塑造人物突出事实，实现说明道理、展现作者观点的写作意图。《刘学锴：下笨功夫，做真学问》算得上是报纸类学人述评中学术性较强的一篇，该文“重估李商隐的文学价值”部分，作者选择刘学锴推动李商隐研究的多个事例，叙述学人深入研究、翔实考证、纠正错误的事实：考证李商隐具体诗作（特别是义山诗的考辨驳正），解决了李商隐研究大量悬而未决的问题，重视在继承不同观点基础上的互补融通的研究风格。虽涉及专业知识，但文章说的是大众能懂之理，聚焦学人“下功夫”“真学问”，表现学人的治学态度和学术贡献。专业知识不用深度剖析，治学之理才是文章的重点。《父亲的书架》刻画了更多的生活细节：父子读书、谈书、父亲悄然启发儿子人文智慧等，再现父亲对读书、治学的开放且严谨态度甚至人生态度，表明父亲对作者治学、成长的影响。细节的刻画让读者从事实中体会深刻意义。

作者要明之理可蕴含叙事中，通过细节描写，或者直接、间接引用学人话语或他人评说。也可在叙事后直接评，如《可爱的“书呆子”》描述学人与外孙女的有趣对话后，作者评论“鸿儒犹有顽童意，谐语更见舐犊情”，点出学人生活的一面：幽默可爱、疼爱晚辈。

三、语言鲜活，情感真挚

刊于报纸的学术人物类述评，阅读群体更广泛，其可读性、趣味性大于学术性，鉴赏意义、教育意义先于学术价值。其内容更生活化，语言更通俗，排版设计等更多样，一般配有插图或照片等，并注重真情实感。

（一）语言通俗，图文并茂

报纸类学术人物类述评语言通俗，虽围绕学术人物故事做文章，但考虑到普通读者专业知识不足，语言需通俗，限制专业术语的使用，艰涩的术语需适度解释。遣词造句、叙事方式等需为非专业读者考虑，符合大众报纸的要求。此为基本准则，不同报纸往往各有要求。

配图是读者喜闻乐见的形式，也是丰富述评内容，使其生动、具体、真实的辅助手段。一般结合文意配有多幅彩图或照片，如生活照、工作照、与著名人物的合影、代表作照片，以及人物的笔记、书信、日记等。当文字不能尽意时，图像作为补充，特别是恰当的历史图片，更能将读者代入故事中，图文并茂，情感渲染作用更强。

各大报纸有自身的体例要求，如《光明日报》的“光明学人”栏目，前有序，后有“学人小传”。除固定版块的内容外，文字排版也颇有讲究。期刊文章一页分两栏，而报纸版面大，一页可分七栏，视野宽度小，便于读者阅读。题目突出，字号比正文大出好几倍；一级小标题一般居中，字号适中，以醒目为宜；正文字体、字号统一，引文使用不同字体，以示区别，一目了然。

（二）真情流露，置理于情

学术人物类述评既然是学术小文，不可能如诗歌、散文般抒情，更多的是平实叙事、严谨说理，事理清晰，言外抒情。例如，《父亲的书架》用朴素的语言描述父与子关于“书”的生活琐事，文字间隐藏着父亲对儿子含蓄的爱，以及他对学问的虔诚、对待人生的宁静。犹如一位沉静的学者在读者耳边缓缓讲述先父的过往，饱含深情，字里行间充满儿子对先父的无限想念与追思，令读者眼眶噙满泪水。文末一句“我相信，天堂充满人文智慧。因为，那里有爸。”让人潸然泪下。抒情并说理，读者从故事的细节、人物动作、话语等能感受到作者的情深意切。即便是偏学术地写刘学锴的述评，也是于严肃措辞中表达作者的崇敬之情。

学术人物类述评，述评学人。重学理者，述贡献、析主张；重学人者，叙学界之事，抒人间真情。其情其理，或隐或显。千文千面，但千文一线。找准入口，突出特色，方能成就好文。

第九章　外文发表类述评①

当今世界面临百年未有之大变局，各国争相发出自己的声音，力争在国际交流中掌握更高的话语权，具体到学术领域亦是如此。外文发表便逐渐成为衡量学术科研水平的重要指标，其中述评作为一种既能展现宏观把握又能通过"评"表达学术态度与观点的重要体裁，其重要性不言而喻。本章所关注的"外文发表类述评"主要指国内学者以外文形式发表于国外期刊的述评文章，主要涉及人文社会科学。

第一节　述评外文发表意义

与其他类型的文章相比，述评文章的发表更考验学者在文献搜集、梳理归纳、反思批判等方面的综合能力。而与国内发表相比，外文发表对外语能力、前沿敏感性及国际化视野等也提出了更高要求。因此，述评外文发表不仅对学者个人学术成长具有重要意义，对整个学术领域的国际化发展也起到重要作用。

一、打造国际化人才队伍

新形势下，学术国际化正在向更深层次发展，培养国际化人才、打造国际化人才队伍日渐成为首要任务。成功发表外文述评意味着首先必须具备国际化视野、国际水准的知识结构，其次应具备开展学术国际化交流的能力，如熟练运用外语的能力、综合的学术素养以及开展国际交流的经验。因此，各高校及科研机构等鼓励发表外文述评，这有助于国际化人才队伍建设，并逐步建立起完备的国际化人才培养体系，为学术国际交流提供源源不断的新生学术力量。

二、深化国内外智库交流

智库建设相关议题越来越受到社会各界的广泛关注。现代智库，作为重要

---

① 本章为广东外语外贸大学博士生费周瑛所撰。

的智慧生产机构，是各界思想创新的源泉，建设高水平、国际化的智库已成全球化趋势。述评作为学术领域综合智慧的集中体现，是个人、机构、智库等对外展示思想成果的主要途径之一。发表外文述评可深化国内外智库交流，并进一步推动各国智库从不同角度对相关学术热点、难点等进行理论思考，展开学术争鸣，逐步构建相关学术领域的理论体系和话语体系。

三、提升学术国际话语权

进入 21 世纪以来，国际话语权被普遍认知和广泛运用。就学术话语权而言，西方世界仍占据主导地位：提出系列话语，界定核心概念，树立学术规范，主导学科发展。国内学术领域亦大都以西方学术为标准和参照，学徒起步、借鉴理论与方法等，虽在初始阶段有助于自身研究快速起步，但因中西思维差异，终究会陷入方枘圆凿的困境。通过发表外文述评，在理论、方法、内容等方面发出中国学者的声音，尤其将国内原创性成果展示出来，可让世界接受、认可，逐步夯实自身的特色性和独立性，从而提升学术国际话语权。

四、推动科研机构国际化

个体优势的发挥离不开优质平台的辅助。科研机构作为学术成果集中产出的重要平台，其国际化建设迫在眉睫。开放交流是科研机构与生俱来的本质属性和文化基因，全球知识和信息加速流动，人才和科技资源竞争不断加剧，国际科技合作和国际化发展已成为众多国际一流科研机构和顶尖大学开展创新活动、提高其自身和国家创新能力的重要手段。发表外文述评带动系列外文学术论文的发表，提高相关科研机构在国际交流中的参与度与知名度，甚至主动建立国际学术组织，可为中国学术“走出去”提供更加有力的平台。

第二节　述评外文发表类型

系统梳理人文社会科学外文发表类述评可见，撰写范式的选择与其研究主题和理论贡献息息相关。在此基础上，本节拟从内外视角出发将发表类型分为以我为主式及环球俯瞰式两大类，以彰显外文发表类述评的独特之处。

一、以我为主式

以我为主式述评主要扎根于国内的学术资源与实践，对具有本土特色性的研究领域及原创性研究进行述评。

（一）本土特色性研究

中国丰富的历史文化及厚重的文化底蕴催生了诸多极具中国本土特色的研究领域，同时也吸引了来自全球学者的探究目光。虽具中国特色但仍不可否认其与异域文化所存在的共通之处，也就提供了学术研究互鉴的土壤，为解决学术难题提供中国智慧与中国方案。如许家金“Corpus-based Chinese Studies：A Historical Review from the 1920s to the Present”（*Chinese Language and Discourse*，2015/2）系统回顾了20世纪20年代至今基于语料库的汉语研究，指出大多数研究集于应用语言学，其中字/词频和中介语研究最受关注，重点介绍了具有创新性的语料库及社会语言变异和话语语用研究。这也为语料库语言学的发展提供了非常丰富的语料资源和应用实践，对语料库在世界其他语言研究中的应用也有启发。

（二）本土原创性研究

各学术领域学者逐渐意识到引介西方主流理论并简单套用于本土实践的研究范式已无法满足中国本土理论的构建与发展，对指导本土实践的有效性也越来越弱。为寻求原创理论的发展出路，越来越多的学者开始致力于基于本土实践构建原创性的中国学术理论并自主对外介绍。以翻译学界为例，胡庚申等所撰“Eco-translatology：A New Paradigm of Eco-translation—A Comparative Study on Approaches to Translation Studies”（*Translation & Interpreting Review*，2016/6）首先简要列述和评析了语言学、多元系统、解构主义等不同翻译途径的相关研究及其局限性，进而提出源于本土的生态翻译学及其在立论视角、哲学理据、关注焦点、研究方法、配套术语、话语体系、翻译伦理等方面与其他主流翻译理论的异同，从而展示了本土理论构建的可行性与科学性。

二、环球俯瞰式

环球俯瞰式述评主要围绕某领域全球共同关注的研究主题分别在国内外的发展情况，提供更为综合、全面、具体的梳理与总结。

（一）聚焦本土性研究

中国作为全球重要成员，各领域的发展及相关成就亦得到世界各国密切关注。因此发表外文述评旨在向世界展示本土科研水平，力求掌握乃至主导专业领域的话语，展开更高级别、更深层次的学术对话，取长补短，查漏补缺，促进本土研究的建设与发展。此类外文述评多从时间发展顺序入手，述评某一研究主题在中国的发展历程。如任文等“A Review of 40 Years of Interpreting Research in China (1978 - 2018)”（*Babel*，2020/1）采用文献法和内容分析法，回顾梳理了改革开放以来国内口译研究 40 年的发展历程,分析了当下国内口译研究的不足与问题，最后为口译研究未来发展提出建议。

（二）放眼全球性研究

另一类述评主要聚焦于某一研究领域在全球的发展情况，但并不或极少涉及国内的研究。此类文章所关注的领域大多缘起并成熟于国外，对其展开述评旨在展示中国学者的世界眼光，让世界了解中国的学术研究并非闭门造车，而是时刻准备着参与国际对话，表达来自中国的学术之声。如程骏骏等“Relationality in Negotiations：A Systematic Review and Propositions for Future Research”（*International Journal of Conflict Management*，2017/3）系统回顾和分析了 1990～2014 年在 39 种外文期刊上发表的 574 篇论谈判关系的文章，并在发现不足的基础上提出了关于谈判中关系问题的研究主张，从而为该领域研究提供了新的思路与途径，贡献了中国学者的专业智慧。

第三节　述评外投面临困境

外文发表类述评除注重本身的研究意义、原创度、可信度，还讲究其语言组织是否规范，表意是否清晰，文章格式是否正确等。然而由于中外思维差异，加上外语写作具有一定难度，非母语者用外文写作时，容易出现词不达意、描述模糊、句式混乱、累赘拖沓等现象。本节即对述评外投所面临的困境进行具体分析。

一、语言基础薄弱

语言关是撰写外文述评的第一道难关，此类专业性写作更容易暴露国内学者外语基础薄弱的问题，中式外语比比皆是，从而导致读者难以理解。

（一）中式外语过于生硬

虽然外语尤其是英语在国内的普及程度越来越高，但两种语言碰撞的结果除了和谐共存，也会出现一些杂合现象，如中式外语。中式外语表现为国人习惯用自己的语法、逻辑思维等将一些外文表达带上汉语痕迹，甚至于习惯先形成语内表述再进行比较生硬的翻译，因此不易被以外语为母语者所接受。此外，述评文章仍属学术类论文，一词一句都应为凸显观点而服务，但国内学者好用复杂生僻的所谓“高档”词汇的习惯已然根深蒂固，导致文章最后文学性和学术性两头不沾，沦为不伦不类的尴尬品。外文发表类述评理应思想先行，莫将观点博弈变为文采争斗。

（二）行文表达复杂难懂

除惯用高级词汇以盲目提升文章“档次”外，复杂句式也是重灾区之一，主要体现在冗长有余、简洁不足的嵌套式复合从句。形成此种现象的原因主要有二：一是无意为之，多发生于先形成汉语表达再行翻译的过程，汉语以意合为连接手段，转化为以形合为主的外语时便需要更多的连接词及句式进行表达，导致句子逐步扩张，形成看似外语实为中文句式内核的行文表达。二是刻意为之，即在直接用外语写作时，同样为追求所谓的“高级句式”，滥用从句，试图凸显其语言组织能力。殊不知读者若是无法直接获取有效信息便会失去继续阅读的兴趣，审稿人更是如此，行文复杂只会增加其工作量，不利于对文章内容的评判。

二、依赖中文思维

思维关是继语言之后的第二道难关，亦是最根本、最难克服的一关。中国文化背景下成长起来的学者在面对异域文化时习惯于依赖早已养成的中文思维，外文述评写作中则体现为中式逻辑随处可见，批判性思维有所不足。

（一）中式逻辑不合习惯

语言差异所导致的问题或可通过后期润色解决，但思维层面的扭转却困难得多。以英文思维为例，外国学者偏向于直线式的思维方式，把关键性观点放在开头，随后再论及其他次要内容，即在行文时一般先下结论，后叙事，重心落在首部。这种写作思维的优势在于读者能够一眼看到重点信息，大大节约阅读时间成本。而中文思维则近螺旋式，一般以逻辑关系和时间顺序排列，先叙事，后结论，重心落在尾部。若在使用英语时也采用这种思维方式，容易出现铺垫冗长、迂回叙事的问题。学术文章逻辑性也就大打折扣。

（二）批判性思维略显不足

批判性思维欠缺似乎已是老生常谈，虽然一直强调，一直改进，但后劲仍然不足。批判是创新的前提，没有批判就没有创新。批判性思维实质是主动思考、主动提问的过程，通过提出不同的问题逐步阐述自己的新观点，即问题意识。外文述评看似只是梳理过往成果的整理工作，但它恰恰是最需要具备批判性思维的体裁之一。尤其评论部分要对已有研究作出公正恰当的评价，必得通过深入思考、分析、论证。目前国内学者虽对批判性思维有所重视，但由于本土文化、教育等的影响，对批判性思维有所禁锢，创造性思维也被限制，因此应从根源上解决问题，培养学术批判思维和独立思考能力。

三、内容难引共鸣

语言为表层现象，思维是深层体现，内容则是中层重点。然而国内学者撰写外文述评时未能抓住前沿动态、难以提供科研导向等问题比较普遍。

（一）未能抓住前沿动态

前沿动态是学人永恒追逐的对象，越是前沿，越是夺眼，也越能产生学术影响，赢得学术地位。只有掌握前沿动态才能有的放矢实现学术创新。而述评从一定意义上来说提供了了解前沿动态的捷径，因此述评若不能抓住前沿，势必失去一大部分欲了解学术前沿的读者和学者。本章所探讨的外文述评本是中国学者对外展示国内外前沿研究的重要途径，但由于语言、地域等层面的距离，加之学术研究日新月异，如何抓住最新动态是巨大的挑战。一旦述评内容有所滞后，既失去了新鲜度，也失去了主动权。而所谓的前沿研究大多由本学科内的领导型学者主导，其他学者跟进，逐渐扩散，形成队伍，因此关注重要学者的研究动态对于把握前沿动态至关重要。

（二）难以提供科研导向

能否抓住前沿动态是对学术灵敏度的考察，能否提供科研导向则是对学术格局的考验。所谓学术格局，指当研究某领域的具体学术问题时，应尽可能对该问题牵涉的历史背景、所涉及的学科理论、与之相联系的其他问题作整体思考，并对与本领域有所关联的其他领域研究状况有一定的认识，在此基础上设计与建立有体系性的研究架构，并尝试预测未来发展趋势。基于此，外文述评作为对本领域研究成果的回顾与展望，其大忌是只述不评，或是述过多评过少。述只是前情提要，评才是正式内容，是提供科研导向的重要内容。而目前所见之述评或包含对现有研究的评论，但少有对该领域发展的未来展望，或有未来展望，但也大都寥寥几句带过，并无实质性、具有导向意义的内容，文章的受众面也由此大打折扣。

第四节 外文述评格式建议

行文格式是论文门面，好比人之皮囊。格式讲究，便于文章信息的存储、加工、检索、交流和传播等。若论文格式不规范，其美观性、可读性及可理解性都将大打折扣。而外文述评更因中外行文思维习惯的差异而需格外注意格式问题，避免给发表带来二重障碍。

一、语篇组织求得体

语篇是文章的血肉，其结构、逻辑、行文等方面是否组织得当关系到能否准确、全面传达外文述评中的核心内容和思想。

（一）篇章结构安排得当

篇章结构是文章的骨架，不同类型的文章所适合的篇章结构也有所不同。述评，从字面来看，至少包含综述和评论两大部分，而综述部分内部结构的安排亦有诸多类型，其与评论部分的相对关系更是结构安排的重点。外文述评与普通综述型文章相比，带有评论性，评论部分要有一定占比，因此要带着作者本人批判的眼光来归纳和评论文献，而不仅仅是相关领域学术研究的“堆砌”。评论的主线应依照问题展开，如本领域学者如何看待和解决所关注的问题，其采用的方法和理论是否存在缺陷等，应当明确发表个人见解，而非人云亦云和稀泥式地重复论述。

就总的结构安排而言，先总述后总评、边述边评、述评完前人成果后提出自己的新观点等结构在外文述评中均较为常见。以刘夏明等“Co-evolution of Emerging Economy MNEs and Institutions：A Literature Review”（*International Business Review*，2021/4）为例，该文的总体结构为背景介绍、研究方法、关于新兴经济体跨国企业与制度之间关系研究的述与评、新兴经济体跨国企业与制度协同演进分析的述与评及未来研究方向。如例 9.1，句（1）对所要述评的文献期刊分布及发表时间进行了分析与综述，句（2）则以 The result suggests that（结果显示……）的句式立即对分析结果进行了评价，形成一一对应的结构，属边述边评型。

【例 9.1】

(1) As presented in Table 1 and illustrations 1 and 2, contributions to MNE-institution research in emerging economies are published in a wide range of outlet including traditional IB/IM journals such as JIBS, JWB and IBR, and general management (e.g. SMJ, JMS, *European Management Journal*, *Management and Organisation Review*, ... (2) The result suggests that given its importance, the relationship between MNEs and institutions in emerging economies is not only a topical issue in the IB/IM area, it has also attracted attention from economics, management and organisation sciences.

一述一评对应的形式能及时展示作者的思考，也有助于读者及时消化综述的内容，降低阅读信息量负担。具体来说，综述部分不仅需要对已发表文章全面充分的罗列，也需要作者从自己的角度权衡分析该领域的发展现状及前景。评论部分内容应包括对综述的归纳、对众观点的评论性意见、对未来研究的建议或展望。述评文章存在的意义在于给后来者提供启发性思考，且即使是对同一领域的述评也会因所涉时间段、分析方法、作者视角不同等带来不同的启发效果。

（二）语言逻辑清晰严密

撰写述评的目的在于所述、所评能得到本领域的认可。而说服别人的关键在于条理清楚、逻辑严密。事实上，任何一篇述评的内容虽说力求尽可能全面地涵盖本领域研究成果，但因作者视角不同，仍具有一定的片面性，只是反映了作者在当时当下所认知的程度，可能还会存在某种不足。而好的述评应以清晰严密的语言逻辑展示目前的研究结果，并说明可以得出哪些结论，这些结论对整个领域的发展有哪些重要启示等。如林宪政等“Task-technology Fit Analysis of Social Media Use for Marketing in the Tourism and Hospitality Industry: A Systematic Literature Review”（*International Journal of Contemporary Hospitality Management*，2020/8）的 Discussion。

【例 9.2】

(1) Regarding theoretical development and application, the review of studies published 2010-2019 revealed the use of dozens of well-known theoretical frameworks. (2) However, few theoretical frameworks for analyzing social media marketing in the tourism and hospitality industry have emerged. (3) According to Sousa et al. (2008), a common criticism of the current marketing literature is that it only reports fragmented results that cannot be used to construct a widely applicable theoretical model of marketing performance. (4) Therefore, advances in theoretical frameworks have been limited in the marketing field. (5) The tourism and hospitality sector of the service industry has unique characteristics such as its high complexity of services, customer participation in both service and production processes, the importance of location and/or labor factors and high vulnerability to the external environment (Altin et al., 2018). (6) Hence, theoretical frameworks and conceptualizations must be developed specifically for this industry to explore the marketing performance of social media.

该段讨论与评价了前文综述部分。句（1）表明前述内容是对本领域若干重要理论应用情况的综述。句（2）以 however 作为转折连词，提出研究目前存在的问题，即目前国内外用于分析社交媒体应用于旅游和酒店产业营销管理模式的理论还很少。随后句（3）引用某项研究结果来支撑前句所提出的问题，验证其合理性。句（4）以 therefore 引出“理论的发展在营销领域受到限制”的结论。句（5）再次引用学者观点，分析旅游及酒店产业的特点，以此来解释句（4）的结论。最后句（6）得出“必须重点发展该领域的理论框架及概念化”的评价。该段落连词、副词等使用得当，思路逻辑清晰，有述有评，引用观点，有理有据，值得借鉴。

述评写作既要统筹归纳前人研究，又要表达自身观点，实质上更需要严密而有序的逻辑思维。部分述评文章表达混乱，层次不清，往往是写作时逻辑思维混乱所致。撰写外文述评的逻辑应来自对已有文献的总体分析，整理出清晰的思路，依照思路逐一加入分析与评价。组织语言时单一段落内若有多个观点，应按重要性有详有略，某一观点阐述透彻之后再进入下一观点。观点衔接应恰当使用承上启下、表各种关系的信号词，且避免多次重复使用，建议平时阅读外文述评时积累相关工具性词汇，形成外文述评高频词汇表。具体而言，一篇好文章并不是句子的机械堆砌，而是有机整体，句与句之间存在严谨的逻辑关系，注意句与句、段与段之间的衔接和连贯。以英语为例，作为逻辑性很强的语言，其遣词造句遵循严密的逻辑形式，重视形式的对应和衔接。因此英语述评文章应突出主题句，直线式展开段落，论述首尾连贯，避免出现自相矛盾、跑题离题的情况。

（三）行文表达合乎规范

语言华丽或朴素并非重点，其根本重在让他人了解自己的真实想法和做法，故而通俗易懂地表达自己的观点是外文述评撰写必不可少的要素。欲通俗易懂，就需注意修正结构残缺混乱、搭配不当等不合语法的句子，使之合乎语言规范。“百锻为字，千炼成句。”（唐 • 皮日休《刘枣强碑》）字句要好，就必须反复敲打锤炼、琢磨修改。从学术严谨角度而言，基本的语病要杜绝，更要注意句子之间的逻辑联系，力求上下贯通，语气一致，通顺流畅。语义不通，则论文不通，更别提得到学界同人的认可与接受，因此行文表达的规范性尤为重要。

此外，基本成文后要检查标点、规范书写。标点符号是论文的构成要素之一，是论文的有机组成部分。用得恰当，能够准确表达内容；反之，就会影响甚至误导内容的表达，产生歧义。检查标点符号，主要看标点符号的用法是否正确，以及调整摆错位置的标点符号。修改时，要按外文约定俗成的用法，严格按规定的格式书写。

二、语法使用合规范

语法是文章的“面子工程”，使用是否合乎规范直接体现作者的语言素养、学术态度等。

（一）述评时态有别

时态是对动作发生时间进行说明的语言标记。汉语通过语气助词体现时间状态，因此无须时态。中外语法差异要求撰写外文述评时必须重视时态的正确运用，不同部分所采用的时态应有所区别。以英语为例，述的部分主要对前人成果及其观点进行叙述和总结，通常采用一般现在时或过去时。如陶晓波等“The Developing Influence of Chinese Culture on Finance: A Literature Review and Case-study Illustration”（*Research in International Business and Finance*, 2020/54）则多用一般现在时描述已有研究：

> **【例 9.3】**
>
> Lustig and Koester give three characteristics of the face, following Goffman's explanation. The first one refers to the social feature of the phenomenon...
>
> Research of Penelope Brown and Stephen Levinson reveals that face is strongly connected to social politeness. In order to maintain a face in a society, a person is ...
>
> According to Tae-Seop Lim there are three types of need for face. Chinese mianzi refers to ...

而另有一文如霍宝锋等“China-related POM Research：Literature Review and Suggestions for Future Research”（*International Journal of Production Economics*, 2018/203）综述部分采用过去时形式对前人研究进行梳理总结：

> **【例 9.4】**
>
> For example, Bi et al. (2014) used a clustering method to evaluate the environmental performance of different Chinese industries. Wei et al. (2012) developed a dynamics model to investigate interactions between water resources, environmental flows, and socio-economics in the Weihe River Basin.

评的部分既包含对前人研究的评价，也包括由此得出的具有一定普遍意义的推论、展望等，前者多采用过去时或现在时，后者多采用现在时，如王楠楠“Private Finance Initiative as a New Way to Manage Public Facilities：A Review of Literature”[*Facilities*，2014/(11/12)]采用过去时对前人研究方法展开评价：

【例 9.5】

The main research methodologies adopted in the literature were case studies, interview survey and questionnaire survey. The PFI approach appeared controversial across different research conclusions. There was a notable absence of statistic analysis on relative topics.

又如黄佳等“Failure Mode and Effect Analysis Improvement: A Systematic Literature Review and Future Research Agenda”（*Reliability Engineering and System Safety*，2020/199）则采用一般现在时表达对未来研究的展望：

【例 9.6】

Based on the results of literature review and bibliometric analysis, there exists room to further refine the FMEA improvement research. The possible future research avenues are advocated as follows:

Firstly, the priority ranking of failure modes in FMEA is often considered as a multiple criteria decision making (MCDM) process.

以上关于时态的使用只是对大多数情况的总结，并不存在绝对性，对于时态的选择一方面取决于作者本人相对于所述评文献的立场，如是参与者还是评论者等，另一方面也要考虑所使用的格式规范规定（如 APA、AMA 等），也有可能因学科不同、期刊偏好等有所差别。因此，多阅读、多积累、多总结，才能游刃有余地完成写作。

（二）主被动相结合

语态主要分为主动语态和被动语态，作者可根据需要在写作中灵活选择使用。一般而言，当强调动作承受者，不必说出执行者或执行者含糊不清时，多用被动语态。被动语态在学术论文中较为常见，因其可让作者避免使用 I、me 等具有主观色彩的词，更添客观性、科学性。尽管如此，使用被动语态的句子往往含义欠明确，句式单一，其表达也不如主动句式简洁易懂。国内学者撰写外文文章时一度过度使用被动语态，有些文章甚至出现“一被到底”的现象。事实上主动句式在意义表达层面更具天然优势，还可避免被动句式“头重脚轻”的弊端。被动语态在必要和适当的句式中仍可选用，灵活变通地正确使用语态，方可通过最恰当的句式实现表述准确、流畅、清晰、易懂。

三、专业术语求准确

学科若术语不规范，概念模糊，势必造成理论体系混乱，阻碍学科进一步发展，难以登上国际学术舞台，甚至其科学性也会遭到质疑。外文述评作为一种专业写作形式，更需重点关注术语的选择、使用等方面的问题。

（一）术语表述精确一致

专业术语实质为语言含义的压缩，由此降低沟通交流的成本。而在述评文章的写作中保证术语使用的一致性有助于提高读者的阅读体验，专业性和科学性也更能得到认可。但因述评文章的特殊性，其“述”的部分需要囊括不同学者的观点，势必牵涉到术语表达是否一致的问题，对一些并非约定俗成、广泛公认的术语学界可能存在争议。更因语言的隔阂及同义形式的存在，部分专业术语存在多个翻译版本，极易造成通篇文章专业术语混用现象。特别是对于比较生僻的专业词汇，表达方式更是五花八门，不利于读者的有效理解。对于专业术语的表达，应做到选取准确，使用专一。至少在同一篇文章中要做到统一表达方式，避免混乱使用。若首次提出自创的概念术语，应在文内作出解释。可借助词典、翻译软件等工具，选取使用频率较高的表达并在全文中保持一致，尽量做到准确翻译。此外也应不断学习相关专业知识，注重专业术语的积累，做到既懂专业，又懂语言，减少上述问题的出现。

（二）术语选择对标国际

术语应便于定义、查找及共享，在达成认知共识、促进学术进步、推动国际交流等方面扮演极为重要的角色。近年来，随着人文社会科学领域研究不断推进，加之学科之间的交流互鉴不断深入，各种新概念、新术语层出不穷。更因中外语言的差异，难以形成术语标准化，导致术语不一致、不规范、不严谨等问题，难以有效进行中外之间的比较和互鉴，从而阻碍中外学术交流进程。因此，统一术语的另一个重要作用在于形成学术共同体，构建一套本领域内通用的学术话语，防止词义混淆，如此才能使中外学者在同一概念范畴体系下探讨学术问题，保证清楚明白且精确地阐述学术研究成果。若要有效提升学术领域的国际化水平，实现国内国际双循环，其前提条件是运用对标国际的规范术语进行表述，以便在同一语境下更好地进行国际对话与合作。

四、典型词句常积累

刘勰在《文心雕龙》中曾道：“操千曲而后晓声，观千剑而后识器。”于外文述评写作亦是如此，观千文而后得法。日常留意好词佳句，进而模仿积累经验，最后自主成文发表，可为外文述评写作的循序渐进之法。

（一）标题标记词多样化

不同于其他研究型论文，述评类文章的关键词相较于所涉及的学科关键词而言，“述评”二字更具强烈的标记性。纵览人文社会科学领域外文发表类述评，review、overview 是出现率颇高的标记词，为更直观统计、展示用词情况，特形成表 9.1 以便分析。

表 9.1 外文发表类述评标题常用标记词

<table>
<tr><th rowspan="2">常见标记词</th><th colspan="2">常见搭配及表述</th></tr>
<tr><th>国内学者</th><th>国外学者</th></tr>
<tr><td>Review</td><td>A review article
A (critical/literature/historical) review of
A literature review (and case-study illustration/ and research agenda/and suggestions for future research)
A systematic review (of the literature/and propositions for future research/and future research agenda)</td><td>A review article
A (structured/systematic/state-of-the-art/quantitative) review (of/and future research directions)
Review and future research opportunities</td></tr>
<tr><td>Overview</td><td>An overview of
…</td><td>An overview of/on/through
An international/selective overview
An overview (of recent projects and developments/ of current research/and some suggestions for future research/and some trends)</td></tr>
<tr><td>其他</td><td>Current trajectories and future directions
Retrospect and prospect
A bibliometric analysis and its implication</td><td>Status and ways forward
Retrospect and prospect
Some research trends
Identifying some current research foci</td></tr>
</table>

表 9.1 显示，国内学者偏好使用以 review 为核心的标题表述，甚少使用 overview 一词。而国外则在二词使用频率上未见明显偏好。国内学者或受汉语表达“文献综述”一词影响，好用 literature review 或 review of the literature，从前文所举的相关文章标题可见这一现象。而事实上实际内容并非仅限于对文献的述评，或多或少也会涉及对本领域研究的历史性回顾等非文献性的内容。此外，在标记词前添加不同形容词的情况较为普遍，如 critical（批判性的）/historical（历史的）/state-of-the-art（最新的）/systematic（系统的）/structured（结构化的）/quantitative（量化的）等，前三者是视角不同，后三者强调具体文献搜集、整理的方法。以于明明等“A Systematic Review of Self-neglect and Its Risk Factors among Community-dwelling Older Adults”（*Aging & Mental Health*，2020-9-21）为例，专列第二节为 methods（方法），其中包含 eligibility criteria、 data sources and search strategy、study selection、quality assessment 四部分内容，对所要述评的文献的筛选标准、来源、搜索方式、质量评估标准等进行必要的介绍，以显示其系统化的述评模式，增强述评的客观性与科学性。此外，也有部分述评文章并未直接使用标记词，代之以“现状”“轨迹”“展望”“趋势”等表述，如 status and ways forward、retrospect and prospect 等，具有一定的“脱俗”性，可供参考之用。

review 与 overview 也存在词义上的差别。二者词根相同，前缀不同。前缀 re-表示“再”“重新”“重复”的意思，review 则表示回顾，亦包含评论之意；over-意为 above（在……之上），overview 可理解为概览、简要回顾等。因此，从字面来看，前者“述”与“评”兼具，而后者未含评论之意，以“述”为主。在实际操作中也的确呈现这一规律。如表 9.2 所示，选取使用 review 与 overview 的外文述评各三篇（因国内学者较少使用 overview 一词，为丰富素材，此处以国外学者所撰写的述评为例进行对比），抽取其纲目以呈现其主要结构和思路。对比可知，以 review 为核心的述评文章，结论部分均含有对前文综述的总评及对未来的展望，而以 overview 为核心的文章多半以结论结尾，题目若另含 some trends 等明显指出对未来研究趋势展望的表述，则在结尾部分有所涉及。由此可见，review 型文章对“评”作出了更高的要求，更贴近述评的内涵，而 overview 型则更接近一般综述。因此二者的选择取决于作者对文章内容的设计偏重。

表 9.2　Review 型与 Overview 型外文述评结构对比

Review 型	Overview 型
“Embodied Language: A Review of the Role of the Motor System in Language Comprehension” (*The Quarterly Journal of Experimental Psychology*, 2008/6) 1. Current views of the relationship between perception and action 2. Mechanisms of action simulation 3. Motor processes in language comprehension 4. Conclusions and outlook	“Parsing the L2 Input, an Overview: Investigating L2 Learners’ Processing of Syntactic Ambiguities and Dependencies in Real-time Comprehension” (*Language, Interaction and Acquisition*, 2010/2) 1. Introduction 2. Processing ambiguous input in the L2 3. Processing syntactic dependencies 4. Conclusions
“Whither Kashmir Studies?: A Review” (*Modern Asian Studies*, 2012/4) 1. Introduction 2. Kashmir as disputed territory 3. Kashmir in South Asian historiography 4. Kashmir studies in Kashmir 5. The future of Kashmir studies	“Voice in Retranslation: An Overview and Some Trends” (*Target*, 2015/1) 1. On voice 2. On retranslation 3. Profiling voice in retranslation 4. More on this special issue

续表

Review 型	Overview 型
"Meaningful Shifts: A Review of Viewpoint Markers in Co-speech Gesture and Sign Language" (*Gesture*, 2012/3) 1. Viewpoint strategies in co-speech gesture 2. Viewpoint strategies in sign language 3. A comparison of viewpoint strategies in gesture and sign language 4. Summary and suggestions for further inquiry	"Chinese Cinema in Spain: An Overview through Audiovisual Translation" (*Babel*, 2019/4) 1. Introduction 2. Methodology 3. Results 4. Conclusions

（二）文献译用须变通

外文发表类述评既以梳理归纳现有研究并加以评论为核心，必然涉及对所述文献的引用或译用问题，或是某一关键词句的摘录，或是某段观点的引用，又或是整篇文章核心思想的概述。较有意思的现象是，若文章述评的对象并非局限于中国本土研究，国内学者较少引用甚至不引用以汉语发表于国内期刊的文章，代之以引用发表于外文期刊的文章。这种现象在一定程度上反映了国内学术研究前沿性、国际化不足的现实问题。

于国内学者而言，若引用中文文献，则需译为外文；若引用外文文献，则可省去翻译的过程，直接摘录或语内提炼、转述即可。两者的共性在于对内容的选择行为，以满足作者的撰写需求。为便于说明如何灵活变通译用文献，此处以范守义"Translation Studies in Modern China: Retrospect and Prospect"（*Target*，1994/2）为例，该文所引用的文章均为发表于国内的汉语文章。

【例 9.7】

(1) ... Another theorist, Xu Yuanchong (1982), tries to reinterpret Yan's criteria in modern terms, saying that in translating we must be "faithful to the content of the original, and fluent in the target language forms", as well as "turn our mastery of the mother tongue to our advantage in translating", which is another way of saying "to use refined language".

...

(2) ... Practice has proved that only by employing a variety of methods can an ideal version be produced (Xu Chongxin 1981, Liu Chongde 1990). (3) One writer (Zheng Weibo 1987) puts both methods on a par when he uses Chomsky's transformational generative grammar to interpret the methods of translating.

本例句（1）是对许渊冲《扬长避短，发挥译文优势》观点的浓缩，其中引号部分"faithful to the content of the original, and fluent in the target language forms""turn our mastery of the mother tongue to our advantage in translating"是

对其原文"忠实于原文内容，通顺的译文形式""发扬译文的优势"的直接引用。因此，核心观点提炼是典型的缩译，以较小的篇幅再现原作的主干内容；而直接引用原文旨在保留最原始最本真的思想，因此在转化为外文时应采取能够完整传达原作内容以求极似的全译方法。句（2）与句（3）是其他两类常见的文献述评方式，前者对多篇文章观点作了高度概括，后者概述了某学者研究中与主题相关的观点。两种方式皆使用了译述与缩译的变译方法，高度浓缩观点，节省所占篇幅，考验作者对文献的全面理解、对具体内容的选取凝练及语际变通的灵活程度等。而从宏观层面来说，国内学者以汉语发表的文献为主要述评对象而形成的外文发表类述评，主要采用变译方法中的综述及述评方法。由是观之，组合使用全译与变译方法，学会灵活变通，方能完成一篇详略得当、有述有评、观点凝练的外文发表类述评。

（三）述评功夫在平时

从人文社会科学领域外文发表情况来看，book review（书评）是国内学者发表外文文章的首选类型之一，literature review（文献述评）则相对较少。原因之一在于撰写述评文章需对该领域发展了然于胸，并能提出具有学术导向性的观点。然而外文发表类述评撰写虽有难度，关键在于方法的掌握。新手起步，则可从模仿写作出发。日常搜索、阅读外文文献时可将外文发表类述评归为一类，总结其结构特点、述评思路、研究方法等，以便于从语篇层面进行模仿。其次，摘录外文发表类述评中的典型句式及用词，可尝试译为汉语，并专门整理形成关于外文发表类述评典型词句的双语平行语料库，一举多得。

此外，选择性阅读一些与外文词汇使用相关的工具性指导书也能帮助写作，如英国学者麦卡锡（Michael McCarthy）与奥德尔（Felicity O'Dell）所著的系列丛书之一 *Academic Vocabulary in Use*（《实用学术词汇》），涵盖学术写作所必需的关键词汇，可作为各学科学术写作的辅助工具。当下多媒体时代更是为学习此类知识提供了诸多平台，如公众号"上海国际交流英语 Chinabridge"曾发布关于外文通用学术词的系列文章及教学视频，包含 Introduction to academic English vocabulary（英语学术词汇介绍）、Which verb tenses to use in research article（研究报告中的动词时态）、Reporting verbs in literature review（文献综述中的报告词使用）及 Hedging in scientific writing（科学写作中的模糊限制语）。以上内容都可以在平时作为学习素材积累下来，潜移默化中提升外文述评写作的能力与水平。功夫下在平时，才不会文到用时方恨少。

第五节　外文述评发表艺术

一、尝试直接外语写作

目前国内学者撰写外文述评一般有两种形式，先撰写中文版本再全文外译或直接外语写作，后者对作者本身的语言素养要求更高，难度也更大。两种形式各有优劣，取决于作者自身对语言的把握程度如何。从长远来看，直接以外文特别是英文写作并发表效果更好，具有更高的可读性，从而保证国内的学术科研成果一经发表，就能够比较快速地吸引外文读者，得到有效传播，取得较好的接受效果。中国学术不但能“走出去”，而且能真正“走进去”。

事实上，近年来我国科研人员的整体学术素质有所提高，外文学术写作能力有了较大提升。国际学术交流的不断深入推动科研人员了解国际学术前沿，掌握先进研究方法。国家也加大了对高等教育的投入，为各学科开展前沿研究提供了必要的经费支持。一流的人才、一流的方法和设备、强大的经费支持，没有理由不能走到国际学术的前沿。

二、专业人士润色语言

语言关可以说是述评外投成功与否的关键环节，再好的选题和内容，若因语言未充分展现文章的质量，未免遗憾。但外语毕竟不是国内学者的母语，母语表达尚且有未充分之感，更遑论外语，且并不是每位学者都能做到精通外语，所谓术业有专攻，所以专业的事就交给专业的人去做。有需求就有市场，语言润色服务便由此诞生，各种机构、平台如雨后春笋，私人接活也不在少数。纵览整个市场，总结而言口碑较好的有起源于美国的美国期刊专家（Ajegroup，AJE）、投必得（TopEdit）等，也有起源于印度的意得辑（Editage）与国内所办的如美捷登（Medjaden）等。

以 AJE 为例，广东外语外贸大学图书馆所提供的委托润色服务便由 AJE 提供。AJE 是一家 2004 年在美国北卡罗来纳州达勒姆成立的专业从事科技论文语言润色的公司。公司专业的编辑团队来自全美顶尖高校和科研院所，至今仍活跃在各自学科领域，提供包括期刊选择、语言润色、学术翻译到格式排版的全方位一站式科研发表支持服务。其覆盖出版社广，如 Springer、Elsevier、Wiley 等知名出版社，且覆盖学科全，含临床医学、生命科学、人文与社会科学、工程与材料科学等，足以满足各学科领域学者的需求。此类语言润色服务机构所提供的服务包括：纠正语言错误，调整句式表达；提升行文流畅度，改善行文风格；强化内容呈现、逻辑结构和叙述连贯性；论点更鲜明，引用和参考文献格式更规范等。

挑选合适的润色服务应注意以下几点。首先，明确论文所属学科领域，由此寻找相对应专业背景的润色团队，避免专业错位。其次，学术研究人员最担心学术成果被剽窃、被泄露，因此论文的安全性是重中之重。文章一旦被不正规的网站或机构获取，极有可能被贩卖，从而给原作者带来学术不端等不良影响。因此，正规的润色机构会采取和作者签署保密协议的措施，通过法律手段保障作者的合法权益。最后，如若担心润色质量，也可考察机构是否能提供外语论文润色证书，以保证论文润色后能达到可以正式发表的语言水平。

三、精准定位期刊类型

如何选择适合的外文期刊投稿是一大难题。国内学者对外文期刊的了解、熟悉程度不如国内期刊，加之国内外的学术评价体系不同，对文章的评判标准也会存在差别。此外，期刊常根据实际需求变更其刊载的论文类型与范围，因此作者必须十分了解所在领域的重要期刊，力求所选期刊的出版内容与文章的主题确实密切相关。若稿件投向了不合适的期刊，可能被直接退回，且期间的评审也会耗费时间，无疑会耽搁文章的发表。或是文章内容与期刊的刊载范围擦边，但因编辑或审稿人对作者研究领域的了解比较模糊，可能导致文章受到不公正评价。

选择拟投稿的外文期刊时需要综合考虑的主要因素如下。

首先，文章主题应在期刊所规定的范围之内，且越靠近核心主题越好。作者应根据自身学术阅历，结合同行评价进行判断。同时认真阅读拟投期刊载文范围的相关说明，仔细研读该刊的近期目录和相关论文，以判断文章内容是否与其吻合。

其次，外文期刊的学术质量和影响力要择优筛选。最简单的方法就是从SSCI、A&HCI 等所收录的期刊中选择。此外，期刊的影响因子也可大致反映其学术影响力，即期刊的影响因子越高，表明该刊被读者阅读和使用的可能性越大，进而可推断该期刊潜在的学术影响力越大。值得注意的是，选择拟投稿的期刊时应注意避免过于看重期刊影响因子的大小。部分期刊可能既没有被SSCI 等收录，影响因子也不是很高，但属于该领域公认的有含金量、有口碑的期刊，也可纳入考虑范围。

最后，考察期刊对来稿的录用倾向性。相关统计分析表明，部分外文期刊对于来自欠发达或非英语国家作者的文章可能有一定程度低估的倾向性或歧视，录用率偏低。为避免成为“炮灰”，可事先咨询本领域的资深研究人员，或查询并简略统计该期刊近一年来所发表论文的作者国家来源情况。

四、精确把握投稿时机

学术研究重在前沿性，即时效性。学术论文是否具有时效性需要结合具体内容来判断。若针对当下热门事件而作，可知时效性较强，需尽早发表。任何论文只承认首创，创新只有第一，没有第二，应注重机遇，抓住时效。作者及时发表创新性论文可及时发挥科学效益。

述评文章本质上是对某一时间段里某领域既有研究的综述与评价，需抓住研究的前沿动态，若不及时发表，所涉及的时间段无法包含最新的研究动态，其学术参考价值与受关注度便有可能受到影响。因此，体现一定前沿问题意识与新颖研究视角的述评文章，更应注意投稿的时效性，如此方能更好地确保录用。此外，学术期刊的编辑采稿、专家审稿和期刊录用的编审过程周期较长，部分期刊的编审期长达几个月甚至半年。投稿者在遵守不得一稿多投的原则下，要规划好拟投刊物的投稿顺序，尽量安排审稿周期较短和级别较高的刊物在前，审稿周期较长和级别较低的刊物在后。这就要求投稿者应对各家拟投学术刊物的学术水平、学术倾向和审稿周期有较为清晰的认识，提高论文被录用的概率。

发表学术论文需要投入大量时间和精力，发表高水准的外文述评更是如此，常有作者缺乏清晰合理的发表计划，导致紧要关头草草完成文章仓促投稿，成功率可想而知。因此，发表外文述评文章更应尽早规划，提高时间管理意识，不打无准备之仗。

第十章 单部著作类述评[①]

单部著作类述评兼指专著类和编著类述评，其形式是述评，可以独自成书，实为著作，至少是编著，它与其他类型述评的差别正在于此。著作类述评多为单部作品，极少情况可成多部或系列，多部实为单部的前后相继，写作方法相似。本章以单部写作为例。

第一节 名实之探及功过

述评的规模达至图书的质与量，其名称也会有所变化，因为名与实要相符，其“实”已发生了质变。名为述评，或不带此类字眼，却实为著作之一。历史上述评发挥了一些功能，也造成了一定误解或困惑。

一、立名求实定位

（一）立名：趋向专著

著作类述评，换角度看，也是述评类著作，即整个述评构成了著作，等同于著作，可算作专著。内容上纯粹性专著虽然主要书写自己独到的论点，但写作前仍要综观前人研究成果，甚至要专辟一章做述评。述评类著作重在汇总前人智慧，展示最新进展，主要是概括或总结他人思想，只在少量评论部分指出问题或描绘前景，而不必和盘托出自己的思想，否则就是独著了。单篇论文式述评的标题用语与著作类述评大致相同，略有差异在于著作类述评用语有时更趋向于专著名称，或者只有细读之后，才知是述评之作。著作命名可参考尹世超《标题用语词典》[②]。请看例 10.1 所示的述评类著作的书名：

---

① 本章为广东外语外贸大学黄忠廉教授、湖南师范大学余承法教授所撰。

② 尹世超. 标题用语词典[Z]. 北京：商务印书馆，2007.

【例 10.1】

表 10.1　述评类著作的立名

序号	作者	著作名	出版社	时间
1	骈宇骞、段书安	二十世纪出土简帛综述	文物出版社	2006 年
2	赵超	简牍帛书发现与研究	福建人民出版社	2005 年
3	何双全	简牍	敦煌文艺出版社	2004 年
4	胡平生、李天虹	长江流域出土简牍与研究	湖北教育出版社	2004 年
5	李均明	古代简牍	文物出版社	2003 年
6	沈颂金	二十世纪简帛学研究	学苑出版社	2003 年
7	王子今	简牍史话	中国大百科全书出版社	2000 年
8	林剑鸣	简牍概述	陕西人民出版社	1984 年

表 10.1 列出了专论简牍的著作 8 部。第 1、8 部标有“综述”“概述”字样，如实反映论著的性质；第 3、5 部只凭题目还看不出性质；第 2、6、7 部因“发现”、“二十世纪”和“史话”可见发展史性质。最要留心的是第 4 部中的“研究”，初见以为是对长江流域出土简牍的研究，读罢才知是在介绍长江流域及周边地区出土的战国楚简、长江流域出土的秦简、长江中游地区出土的汉简、长江下游及淮海地区出土的汉简以及相关简考古研究，属于综合介绍类，实质性研究并非主体。

有时著作类述评用名较模糊，需翻阅目录才知真情。“回顾与展望”之类的书名，应是典型的述评篇名，不过也有例外，如高建与刘训练《回顾与展望：中外政治思想史研究》(世界知识出版社，2014)，全书除开篇是领导讲话外，其他 27 篇均为学术论文，只有第 2、3 篇为述评：杨海蛟与亓光《中国政治学恢复以来政治思想史研究透视》(5—29 页)，高建与高春芽《西方政治思想史研究 30 年的回顾与展望》(30—50 页)。由此可见，著作还需据实命名，读者也需根据具体篇目和内容确定某书为述评还是专著。

（二）述评实为专著

述评类著作是创作，但非原创，不过也可列为著作。其最大特点在于深读文献，读出新意，读出贡献，读出深度、广度与高度，对作者的要求也随之增加。比如，通俗性历史著作可改自严肃的著作，无人苛求其原创性，但求通俗性和科普化。写作如说话，读来舒坦平实，如陈梦家的《殷墟卜辞综述》（中华书局，2004）是通论，综合了前人近人的各种说法，综述了甲骨刻辞中的各种内容。述评类著作需要深入全面，但说来容易做来难。

述评与原创专著的区别在于：述评的分析与论证不是主体，普遍采用引证，以引证名家或权威期刊和著作为主，兼带学术新锐和一般学人的精彩观点，以思想、理论、观点的摘引、转述、复述或浓缩代替独立的研究，再加以相应的批评。如卓新平主编《当代中国宗教学研究（1949—2019）》（中国社会科学出版社，2020），以时段“1949—2019”首先透露了论著的综述性，关涉70年学术成果的基本信息与主要观点，还对所综成果做了类型与特性分析，外加创新性评价。全书信息量大，于读者十分便利。

（三）著作中的定位

古人所指著作专指原创性作品，前人未阐发或未记载而首次出现的作品才有资格称为“著作”。后来“著作”一词范围有所扩大，填写各类表格时常见“著作类型”，涉及面就较广。述评类著作，属于著作家族，其成员按原创程度可依次分为专著、编著、编、主编、教材等。

述评类著作可以标为“著、编著、编、主编”，以前二者为主。专著，指针对某一专题、据己见解撰写而成的著作，其原创性程度最高，可分独著与合著，前者署名为“×××著”，后者若是二人，可署“×××　×××合著”，若是多人，可署“×××等 著”。编著，指除自己撰写的文字外，较多地整理他人材料而成的著作，其原创性程度次之，署名为“×××编著”。编，指将他人零散资料或单篇论文，按照一定的思路汇编而成的出版物，可为学术性编著，也可分为资料性编撰，如丛书、字典、辞书、年鉴、文集、选集等，其原创性程度最低，多署名为“×××编”。这个“×××”通常是由该学科领域的专家学者成立的编委会，确定出版物编写的原则、体例、范围等，解决编辑过程中的若干重要问题，并对出版物的质量进行最后把关。有时在编委会领导下，由某一（几）位主持者担任主编或副主编，署名为“×××主编”或“×××副主编”。主编研究和制订编写计划，组织并领导编写任务，按分工或承担编写任务依次排序；副主编协助主编开展工作，并协调编委会其他成员的编写工作。教材或教科书，是指学校或培训机构等用于课堂或学习用的图书，署名为“×××编”或“×××主编”，其理论部分实为综述，评的成分极少，能写入教材的是成见，即成熟之见解；成见多半来自述评中业内公认的观点，而这些观点又取自各个时期处于学术前沿的思想，因此，能入教材的思想是作者对人类智慧的贡献。

二、优劣与功过

通常而论，“论（文）”与“（专）著”的差异显著。论文的知识涵盖量相对有限，部分论文只是对著作的解读或释义，属于二次作品，其基础有赖于他人的文献；著作的原创性更高，知识覆盖面更广，逻辑关联性更强，专著更多地体现了原创性。可以成为著作的述评能显示某一专题研究的重要性与历时性，为其一段时间的研究划一句号，为其阶段性研究打一分号。

与述评类论文或期刊论文相比，述评类著作体量更大，内容也更丰富，譬如述评类论文多半综述思想，不引例或少引例，而述评类著作则可相对多地引实例。这也正是当下国内对著作认定低于重要刊物文章的原因之一。相对而言，论文的学术含量要高。单一主题的述评类著作或由不同学者分章合编，已近于概述性著作，再向前就近乎教科书了。其主体是综述，是对以往研究的专题性、系统性整理，对了解其理论研究现状具有重要参考价值。这类述评若成著作，很容易成为该领域的必读书目，成为述评者或入门者的首选读物，是进入学科前沿的必经之路。

在百废待兴的 20 世纪 80 年代，这类述评较少标注中外文献，引文不标出处，书末无参考书目，一己之见与他人观点不分彼此，混杂一体甚至浑然一体。当下为文著书引而不注，会被认定学术不端，当时却是常态，因其学术规范未提上议事日程。那个年代的不少学人是“文抄公”，曾得到许国璋[①]的肯定：

> 语言学系列教材总序（许国璋）：十年来我国出版界对于引进国外学术思想是出了力量的。不过，通常人们注意到的是一些传世之作的汉译和评介国外新著的文章，而不太关心系统地介绍某一领域里的学术思想专著。当然，这里所说的专著是指专门介绍一个学科的书，不一定是一家之言。但是一个介绍者针对一个学术领域写的一部书，他总是尽可能读了有关的著作，加以取舍，然后加以陈述的。他所用的语言也多半是一个民族语言所认可的学术语言。这样一本书，不仅仅是移植，而是移植之外又加上选择和衡评的综述，因而在可接受性和可读性上要大于“译”。同时，它也不是析论或散论，而是体现一定模式的作品，因而在纵深上自然不同于“评”。

述评要做，但不能过于热衷，所综的时段不宜过短，如一年一综，有时似

① 祝畹瑾. 社会语言学概论[M]. 长沙：湖南教育出版社，1992：1-2.

无必要。另，述评毕竟述多评少，原创性不足。中国古代学术有“述”“作”之别：前者转述和阐释前人的思想和学说，后者则独立创作。目前国内有些以外国为对象的研究仍处于以“述”为主的阶段，或简单地重复外国学者的研究，或编译或转述他们的论著。王立新[①]曾指出，这种综述的局限性值得注意。李翔海[②]也指出中国哲学史对经典的诠释带有“述而不作”或“以述为作”的特征。正确的方式应该是以中国学者的视角和解释框架重识他们所研究的问题，基于鉴别吸收，走向新的综合，真正做到“以述为作”。踏踏实实地“述”，诚诚恳恳地“评”，勇敢大胆地“(创)作”。

第二节　四大成书特色

较之于学位论文等各类述评，著作类述评要长；较之于科研项目类述评，著作类述评要等宽或更宽；较之于时段专题类述评，著作类述评要等厚或更厚；较之于学术类人物述评，著作类述评要等高甚至更高。总而言之，述评成书，至少有如下四个特色。

一、海量信息集成化

述评类著作既是某核心话题的普及，又是对其深层次的理解，尤其是对未来选题的建议与展望，用相当的篇幅一一道来，具有一定的原创性，是读者不可多得的财富。

一部述评类著作，用约 20 万字介绍某领域的发展或进展，扣除写作和出版的时间，是密切关注了最近 5 年—10 年的主要研究成果，已是相当全面。再用几万字篇幅指点江山，展望未来。有过往综述，涉及整个学科的方方面面；有现实探讨，分析当下面临的困难与挑战；有未来展望，预测走向或发展趋势。这样鉴往知来的功效为其增添了无穷魅力。

海量的文献需巧处理。单篇述评的文献涉及上百，也只能选入几十。著作类述评涉及至少几百，一般上千，却不能一一列入书末。面对海量文献，列还是不列，如何列，如何包含，这些都是艺术。首先，不可能选全，只能是选取代表性文献。文献 300 篇已是上限，有的博士学位论文文本 10 多万字，文献

① 王立新. 学术创新与 21 世纪的世界史研究[N]. 光明日报，2000-03-24.

② 李翔海. 从“述而不作”看中国经典诠释的理论特质[J]. 天津社会科学，2004（5）：13-16，76.

400—500篇，难以证明自己思想所占的比重。其次，为避免文献过于集中，若所述问题相对专业，可在章末列出文献。最后，内容非常重要，所引内容较多者才可入参考文献。而较为次要或一般的文献，却又是本领域研究所不可少的文献，则可随文列入，不严格按文献标注方式，只需列出作者及篇名、时间与发表园地。如邢福义与汪国胜《中国高校哲学社会科学发展报告：1978－2008语言学卷》（广西师范大学出版社，2008）中的片段将篇名列出，作者、时间与出版社三者则灵活行文：

【例10.2】

（四）语法学

1. 理论引介

语法引介一直是热点，第一本译著是吕叔湘译赵元任著《汉语口语语法》（商务印书馆，1979），直接为汉语语法研究服务。30年来英俄语法是引介的重点，如对夸克等主编的《现代英语语法》、菲尔墨的《格辩》的介绍，何勇等译叶斯柏森著《语法哲学》（语文出版社，1988）等。华东师范大学出版社1988年出版了夸克等编的语法巨著《英语语法大全》的全译本。1990年外研社出版了信德麟、张会森和华劭简编本《俄语语法》，1991年外教社出版了该书的全译本。张会森编写了《现代俄语语法》（黑龙江人民出版社，1995）；吴贻翼、傅兴尚等介绍了模式句法、交际句法学、配价语法学、事格语法学等；许宗华《意向性理论与语言过程说——时枝语法解析》（商务印书馆，2007）一书对日语语法理论建设具有填补空白的重要意义。

二、章节目录系统化

一书一问题，问题中等偏大。梦想解决所有问题，终了一个也未解决。全书综述最忌枝蔓。低级的新手易犯气吞山河、包罗万象的通病。解决之道在于章节目录系统化，主次分明，详略得当。

章节安排要有内在逻辑。标题层次要清晰，标题不宜过长，15字左右已成上限。章节数量不宜过少，四章（含）以下不合适；也不宜过多，让人感觉根本无章，只有节。目录体系可至三级标题，至多四级，仅有章和节的目录如同鸡肋，不易见到血肉，读者就无法判断其价值。系统化的章节目录有助于彰显内容的主次，文题要相对，文纲也要相对。若有不对，会暴露在作者眼前，便于修正，以便重点体现最核心的内容，重点呈现最吸引读者的亮点。

述评类著作的主体之前一般都有序言或导言，明确点出本书的贡献与特色。若有可能，也可加上跋或后记。请看陈梦家《殷虚卜辞综述》（中华书局，2004）的目录系统（仅列出第一册前三章的各节）：

【例 10.3】

第一册

第一章 总论
第一节 甲骨的发现、鉴定与搜集
第二节 甲骨的种属及采用的部分
第三节 甲骨的整治与书刻
第四节 甲骨的出土地的确定与展延
第五节 “殷墟”所在和甲骨包含的年代
第六节 安阳发掘与甲骨铜器出土地区
第七节 甲骨刻辞的内容与其它铭辞
第八节 甲骨刻辞研究的经过
第二章 文字
第一节 甲骨文字的初期审释
第二节 甲骨字汇的编制及其内容
第三节 考释甲骨文字的方法
第四节 甲骨文字和汉字的构造
第三章 文法
第一节 卜雨之辞
第二节 词位的分析——名词
第三节 单位词
第四节 代词
第五节 动词
第六节 状词
第七节 数词
第八节 指词
第九节 关系词
第十节 助动词
第十一节 句形
第十二节 结语
第四章 断代 上
第五章 断代 下
第六章 年代
第七章 历法天象
第八章 万国地理
第九章 政治区域

第二册

第十章 先公旧臣
第十一章 先王先妣
第十二章 庙号 上
第十三章 庙号 下
第十四章 亲属
第十五章 百官
第十六章 农业及其他
第十七章 宗教
第十八章 身份
第十九章 总结
第二十章 附录

三、述评交融一体化

单部著作类述评中的“述”即综述，是对某一领域、时段、思想或理论、研究专题的众多文献进行归纳整理、综合陈述、纵横分析；“评”即评论，包括对综述内容的价值评判、对动态回顾后的整体评估、对思想理论或研究成果的综合评论，并提出相应建议，如理论性建议、实践性建议、推荐性建议、改进性建议，或者预测动态效果、思想或理论的影响、研究趋势等。

述评是总结过去、着眼当下、展望未来的过程，述与评的结合方式主要分为三种：一是先述后评，先综述相关文献，再进行评论评价，整本书的结构清晰、层次分明、重点突出，形成述评的阶段性分开、整体性融合的格局；二是边述边评，在综合叙述的同时进行评判评论，往往针对某个领域的阶段性成果、学人思想的全方位研究、学术史梳理逐一展开综述和评论，形成述中有评、评中有述的格局，体现综述的层次感和评论的透视性；三是述中有评，最后总评，是上述两种方式的混合，便于逐一展开和讨论问题，层层推进，针对学人思想研究、学科发展动态等的述评著作多采取这种方式，便于安排整体框架、包含更多内容。无论采取哪种方式，述总是全书的主体，成为评的前提和基础，体现综述文献时的全面性、新颖性、集成性，评总是全书的逻辑重心，成为述的延伸和升华，体现评论文献时的针对性、评判性和预测性，形成述评交融的一体化状态。

四、成稿方式模式化

述评类著作具有独特的成书方式，这种方式大致可以模式化。这类著作因容量大，既要举一人之力，多年完成，也可集众人之力，短期内完成。其成稿方式可大致归为三类。

第一，分领域一个个写成单节述评，再汇聚成一章，再由章汇成一本著作。这一写作适合多年形成的团队，成员各司一域，一旦任务下来，各负其责，可以迅速成稿。如教育部社会科学委员会秘书处组编的《中国高校哲学社会科学发展报告2007》（高等教育出版社，2007），仅其第一篇“2006年高校哲学社会科学的学术进展”就设有马克思主义、哲学、经济学、管理学等18章，其中第十三章“语言学”由邢福义、汪国胜主持编写，其基础又分工为：谢晓明《2006年的现代汉语共同语研究》、匡鹏飞《2006年的汉语史研究》、苏俊波《2006年的汉语方言研究》、匡鹏飞《2006年的汉字研究》、尹蔚《2006年的理论语言学研究》、罗进军《2006年的对外汉语教学研究》、姚双云《2006年的社会语言学研究》、姚双云《2006年的计算语言学研究》、苏俊波《2006年的少数民族语言研究》、黄忠廉《2006年的外国语言研究》。

第二，宏观设计好整个述评类著作的框架，再将著作的每一部分写成述评式论文，先期发表，获得反馈，再进一步完善，整部书稿就渐次丰满了。或相反，平时每年做好相应的阶段性述评，若干年后自然聚成更大的可成书的述评。这种写作最适合集体合作，有人统率，众人拾柴。如许钧、穆雷《中国翻译研究（1949—2009）》（上海外语教育出版社，2009）的“第一编　建国60年翻译研究与翻译学科发展综述”，其中几章极具这一特色，全书也兼具这种特色（原作中节的序号“一”之类宜改为“第一节”等），如例10.4所示。

【例 10.4】

表 10.2　年度或更长时段综述汇聚成部分书稿

章及其标题	节及其标题
第一章　艰难的萌生	一、1949—1978、1979—1986 翻译研究概述 二、1987 年 5 月研究生翻译理论研讨会 三、1987 年 7 月全国翻译理论研讨会
第二章　青年的热情	一、1989 年 5 月首届全国青年翻译理论研讨会 二、1990 年 11 月全国中青年翻译家笔会
第三章　怀疑的声音	一、1994 年第二次全国文学翻译学术研讨会 二、1997 年国际翻译学术研讨会
第四章　激烈的论战	一、1999 年译坛综述 二、2000 年译坛综述
第五章　地位的确立	一、2001 年译坛综述 二、2002 年译坛综述 三、2003 年译坛综述 四、2004 年译坛综述 五、2005 年译坛综述 六、2006 年译坛综述 七、2007 年译坛综述 八、2008 年译坛综述

第三，基于述评类论文扩充而成。单篇论文类述评，一旦拉长时段，放大容量，极有可能成书。若写过一篇体大思深的述评式论文，过了一段时间，同道更多，问题更重要，可将其各节甚至是节下各点扩充为一章一节，论文就自然跃升为述评类著作。这种写作较难，常伴随一位学者的成长，或对某一选题的持续追踪。而作者本人又是其中的主力，可以自己为主线，再海纳百川，如涓流汇成大海；表面上仍在综述，实际上已趋近于专著。许多概论类、专史类著作都带有这一性质，各研究领域均有此类现象，在此例略。

第三节　四点撰写须知

著作类述评因其述评体量较大，动笔述评之前明确其选题极为重要。述评工作可以一人独自完成，更多是团队作业，为此需要多层面、多角度、多渠道地开发各种资源，并在焦点、亮点、看点等方面下足功夫。

一、明确选题是前提

不同类型的综述著作对文献的搜集、整理、阅读、评价有不同要求，撰写原则和方法乃至成书方式也有所不同。学科类述评注重学科的基本定位、发展历程、最新动态等，需要撰写者封闭选题范围，划定起止年限，明确专题领域，然后才能逐步推进。

专题类述评有时与时段类、空间类相互交融，需要撰写者具备宽广的学术视野、良好的中外文功底、敏锐的辨析能力等，如崔云伟《2011—2015：鲁迅研究述评》（中国社会科学出版社，2017）需要综述每个年度不同领域鲁迅研究（如鲁迅作品、思想、生平、翻译、学术、美术、教学、出版等）的实际状况，并进行公正、全面、准确的评价。该书作者此前与刘增人合著《2001—2010：鲁迅研究述评》，表明作者是鲁迅研究的忠实学者。不过，通过汇聚该书的各章结构，又觉得归纳总结至少在标题上还有提炼空间，比如五章的标题均为“……年鲁迅研究述评”，差异仅在于年份；各节的标题也较一致，详见表 10.3。

【例 10.5】

表 10.3　述评各章节标题变化

述评的主题	2011 年	2012 年	2013 年	2014 年	2015 年
鲁迅作品研究	+	+	+	+	+
鲁迅思想研究	+	+	+	+	+
鲁迅生平研究	+	+	+	+	–
鲁迅与艺术研究	+	±	±	+	–
鲁迅与教学研究	+	+	+	–	–
鲁迅与学术研究	+	+	+	+	+
鲁迅与翻译研究	+	+	+	–	–
鲁迅史料研究	+	±	–	–	+
鲁迅研究之研究	+	+	+	+	–
鲁迅手稿研究	–	+	–	–	–
鲁迅著作出版研究	–	–	+	–	–
鲁迅藏书研究	–	–	+	–	–

注：+表示相同；±表示有变化；–表示无。

书中，2012 年将 2011 年的“鲁迅史料研究”改为“鲁迅资料研究”，将 2011

年的“翻译与艺术研究”改为“鲁迅与美术研究”。2013 年“鲁迅与美术研究”与 2012 年同，2014 年又回到了 2011 年的“翻译与艺术研究”。除了增加了几种研究主题外，其他标题变化不大，研究的类型或态势的揭示较为单一，表明短短五年内综述的价值可以讨论。尤其是 2014 年、2015 年的研究丰富程度与前两年大异其趣，这种变化有无规律性以及这种认识是否有较大的参考价值均值得商榷。

二、团队合作成常态

学术研究中的团队合作本是题中应有之义，而著作类述评撰写更是如此。重视学术的国内外学术机构或有眼光的出版社，每隔若干年就出版一批述评性著作，全面推进各学科发展。当下则多由相应的学术团体（如协会、学会、研究会等）和学术出版社主持或主导，请一流学者担纲，约请国内优秀学者，形成学术共同体，分头撰写有关学科的发展动态，定期结集发布学科发展报告。

涵盖所有哲学社会科学的庞大专家队伍，没有团队合作与协同创新，是不可能在短短几年时间完成一个巨大的学术出版工程的。譬如：中国社会科学出版社策划的中国社会科学院创新工程学术出版资助项目：“中国哲学社会科学学科发展报告”丛书，成立了由 1 名主任、1 名副主任、36 名编委（均为中国社会科学院和全国重点高校各学科的学术带头人和著名学者）、1 名总策划、3 名统筹组成的编辑委员会，出版了包括《当代中国近代史研究（1949—2009）》在内的 36 部著作。每部至少 1 位主编，书中每章至少 1 位作者。

团队合作的成果是著作，虽然大多标为主编，但主编有两种：一是合编的主编，二是合著的主编。前者是编著，后者是专著。多人合作，必有敢于且善于动刀斧者统稿，在序言或后记里应交代分工，或者在目录中每章标题之后标明作者，体现团队的分工合作、文责自负和严谨学风。

三、深度开发求多赢

文、书、项、会四个方面时兴综合开发学术资源，以满足个体作者、团队作者、学术共同体、读者、出版机构、学界业界等各方所需。先以单篇论文综述过去一年、五年、十年等某个时段的研究成果，或者发表系列论文，再逐步深入、细化、扩展。是否需要集文成书，是采取文集、编著还是专著的形式，这些都是值得审视的重要问题。客观评估某部述评著作有无价值、是否值得出版，重在考虑是否有了新发现、提供新信息、发表新观点、运用新方法、提出新建议、作出新预测。

当下学术著作出版若无课题支撑、无经费资助，将变得异常艰难。可以考虑以文章为前期成果，水到渠成地申请各级各类科研项目，或者将系列论文汇集成专著初稿，申请各级后期资助项目。获批了项目，得到了经费支持，就可申请出版专著，或者申请举办学术会议，以会议文集或编著方式集他人智慧，成一家一派言论。如董洪川、刘丽芬、胡安江等编撰《外语界面研究新发展》（清华大学出版社，2021），总结和评析语言学、文学、翻译学、外语教学等不同外语界面研究的理论与方法、前沿与热点。又如余承法从钻研钱锺书的“化境”翻译思想，到关注、搜集、整理海外钱锺书研究文献，组建了一支涵盖英、法、德、意、日、俄、韩等不同语种的学术团队，并以发表的几篇系列论文为基础，成功获批了国家社会科学基金重点项目“海外‘钱学’文献系统整理、研究与开发”，充足的经费支持和时间投入将确保团队系统整理海外“钱学”文献，进行北美、欧洲、东亚三大区域的钱锺书学术史研究，最终将完成著作类述评《海外钱锺书学术史》。

四、焦点、亮点与看点

多数读者凭借书名、内容提要、作者、封面封底推介文字、出版社等来判断图书质量，决定是否需要购买或阅读，因此著作类述评一定要突出明确的焦点、鲜明的亮点和独特的看点。

书名力求明确焦点，点明主题，题目不宜太长，范围不宜太窄，内容不宜太专，而应直接标明其内容，或者根据核心内容、市场需求和读者心理予以调整，有时可适当增加副标题。著作类述评通常采用如下标题用语：史纲、论纲、通论、概论、概览、简史、通史、综述、述评、趋势、×年……（可参见尹世超的《标题用语词典》）。如赫·乔·威尔斯《世界史纲》（吴文藻等译，人民出版社，1982）是一部最适合普通读者阅读的世界历史著作，也是一部最真实记载人类成长的简明通史,非凡的吸引力和突出的价值首先就在于书名简洁明了、内容丰富，8 编 38 章的标题也很醒豁。

著作的内容提要是一大亮点，旨在简明扼要地介绍基本内容、研究方法、优势特色和读者对象等基本要素，必需高度凝练、言简意赅，切忌列举各章标题。述评类著作更是需要采取求真务实的态度，用精炼文字突出鲜明的亮点，给读者带来“精彩不容错过”的震撼，激发购买或阅读的欲望。如章太炎《国学概论》（江苏人民出版社，2019）封底的内容提要为四句话。第一句概述全书性质及范围："本书是中国经学、哲学、文学的综论。"第二、三句概述两部分内容："全书分为'国学概论'和'国学略说'两部分。'国学概论'是章太炎先生于1922年在上海讲授国学的记录稿，系统介绍了传统经学、哲学、文学的演变，对各时期学术发展的特点、代表人物、著作等都有精湛、独到的评价。'国学略说'是根据章太炎先生1935年在章氏国学讲习会上的讲学记录整理而成的，是先生晚年的治学心得，主要讲述了小学、经学、史学、诸子和文学 5 个国学门类的基本知识，内容系统全面，分析力透纸背。"第四句强调其价值或作用："全书有助于帮助读者全面了解中国传统文化，形成系统性的认知。"

作者是否为某个领域的顶级专家，作者团队是否具有代表性、权威性，是一部著作（尤其是述评类著作）吸引读者的先决条件。提到国学概论或国学大师，除了章太炎，王国维、梁启超、陈寅恪、钱穆、陈垣等都是如雷贯耳的名字；提到中国哲学史，首先想到的是冯友兰；提到中国翻译通史，马祖毅是绕不过的名字。这些人创建了一个学科或流派，其综述性、概论性著作成为国学经典，历久弥新。另外，超豪华学术团队借助集体智慧产出的学术史研究，更是述评著作的亮丽名片。如中国社会科学院外国文学研究所陈众议联合陈锡麟、荣洁、蒋洪新、聂珍钊、赵炎秋等知名外国文学研究专家主持的"外国文学学术史研究"，荟萃了22部经典作家作品的学术史专著以及与之配套的学术史研究文集，被中国社会科学院评选为"十项重大人文基础研究成果"之一，具有不可撼动的学术地位和突出的社会效益。

学术著作封面封底的推介文字是其独特的看点，犹如商品的广告或标语，能抓住读者眼球，产生悦耳动听、入脑入心的功效。推介文字强调主观评价，像一根无形的磁针，吸引读者迫不及待地翻看目录、阅读正文。如黄忠廉《人文社科项目申报300问》（科学出版社，2017）的封面推介语"授方略，析规律；宏观微察，实问十答；源自于实践，坐实于策略；看问答知原理，仿示例明技巧"成直角梯形，位于封面正中和书名下方，上下依次分行排列，为苦于申报项目的众多学者提供了切实可行的"路线图"和知心暖心的"小贴士"。

知名出版社也是支撑学术著作的一大看点。企鹅兰登书屋（Penguin Random House）、威科集团（Wolters Kluwer）、哈珀·柯林斯（Harper Collins Publishers）、中南出版传媒集团股份有限公司等大型出版社，产生的品牌效应和积累的社会资本是其他出版社无可比拟的，能在这些出版社出版著作本身就是对图书质量的认可。国内出版社未分等级，但曾经评选出"全国百佳图书出版单位"，包括跨领域的权威出版社如商务印书馆、人民出版社、生活·读书·新知三联书店、科学出版社等，也有业内认可的出版社如法律领域的法律出版社、外语界的外语教学与研究出版社和上海外语教育出版社、文学领域的人民文学出版社等。述评类著作如能在这些出版社出版，本身就是高质量和重大学术影响的最好明证。如：中国社会科学出版社历时 10 年（2008—2018 年），策划出版由中国社会科学院和全国重点高校各学科 400 多位学科带头人和著名学者参与的大型项目“当代中国学术思想史”，共出版著作 35 部，总计 1860 万字，集中展现了在中国共产党领导下创建、发展和繁荣哲学社会科学各学科学术思想史的历程，被誉为“国内唯一系统完整地展现当代中国哲学社会科学学术思想发展史的大型丛书”[①]。这套丛书系统梳理了我国当代哲学社会科学各学科的发展概况和学术思想脉络，既继承和弘扬了优秀学术研究传统，又对加快构建中国特色哲学社会科学学科体系、学术体系和话语体系作出了独特贡献。

① 王庆凯.《当代中国学术思想史》丛书出版座谈会在京召开[EB/OL]. https://www.chinanews.com/gn/2019/12-01/9021708.shtml[2021-04-18].

第十一章　从述评走向原创[①]

“从述评走向原创”实指原创过半类述评，即已由前面各种述评的简评渐增至多评，从夹叙夹议的述评各半到评或/和写过一多半，作品发生了质变，变为原著性论文。述评是论文的高起点，论文重在传播新思想，走向原创。前述章节重在具体类别述评写作，本章聚焦述评成文后的阶段。述评是学术研究的基础，重在汇总凝练他人思想，而学术研究的重要目标之一是产生原创思想，能否顺利地基于述评他思，生发己思，显得尤为重要。因此本章用显微镜视角放大过渡的过程，将鲜少被关注与总结的这段过程进行系统化阐释，将从述到创过渡阶段细分为三类：一是侧重综述，稍加批评，批评蕴含私想；二是综述与批评并重，私想拓宽渠道，原创开始突出；三是批评多于综述，私想独立成文，突出原创。

第一节　述评与原创的关系

本节分别从逻辑关系、主体关系、比例关系三方面概述述评与原创文章核心构成要素之间的本质区别。

一、逻辑关系

不同体量的述评与原创的关系不同，二者是互哺关系，却非鸡生蛋与蛋生鸡的问题，其起点一定是述评，由述评生发原创，滚动式研究中原创还可推进产生新的述评。由此，述评与原创存在两种逻辑关系：因果关系和循环关系。由于受到审稿周期、发表时间的客观制约，某些情况下二者的关系难以明确区分，在此选取最典型的例证，重在展示两种关系。

第一，因果关系。即以述评为基础而成原创。一般情况下，某研究领域的

① 本章为中山大学博士后研究员王小曼、广东外语外贸大学教授黄忠廉所撰。

作品可按发表时间先后判断因果顺序。如刘丽芬《中国公示语研究进展与前瞻》（《中国外语》，2016/6）发现目前国内公示语术语使用混杂，对相关概念缺乏统一精准的认识，以此为基础产生原创论文《“公示语”定名理据及概念重识》（《中国外语》，2020/2）。由此可见，高质量述评可以为原创提供较高的起点。

第二，循环关系。即首先可基于述评产生原创，同时原创后续可产生新的问题，进而推动下一步述评的创作。较为成功的研究多为滚动式推进，具体述评与原创的关系较难准确判断，但整体上存在文章间互哺和系列研究循环互哺两种模式。

首先，两篇文章间循环互哺。如《翻译学科百年：演进、反思与趋势》（《上海翻译》，2020/6，以下简称《百年》）与《翻译学科双轨创建范式论》（《中国翻译》，2020/3，以下简称《双轨》）①之间互哺。《双轨》从述评文章《百年》中获得灵感和部分理论支撑，扩展与深入研究问题的探讨。《百年》以翻译学科建设领域的理论研究为主线进行综述。《双轨》的研究问题源自《百年》的学科创建“演进”部分，发现近 40 年翻译学科创建渐入正轨，出现多样的建构方式，或在学科内进行本体建构，或借由其他学科建构，翻译学科建设如火如荼，却依旧处于知其然而不知其所以然的层面，对创建范式的讨论只是偶有涉及，如吕俊《开展翻译学的复杂性研究——一个译学研究思想观念和思维方式的革命》（《上海翻译》，2013/1）认为跨学科创建是翻译学创建的主要路径之一，朱健平《构建以构成要素为基底的翻译研究学科构架》（《中国翻译》，2020/1）则提出以构成要素为基础可以构建翻译学框架。由此可见翻译学科创建路径方法论思考的趋势，因此《双轨》将此作为研究问题，基于既有研究归纳得出两类翻译学科创建范式：本体翻译学创建范式与关系翻译学创建范式。《百年》为《双轨》提供了全文架构的大部分理论基础和事实依据，《双轨》所得结论又能反哺《百年》。《百年》有别于一般综述，述的部分占比更高，述的内容并非止于对现有研究的总结与反思，更依据现有研究的缺陷和空白推测翻译学科未来发展趋势，《双轨》的内容又反入《百年》，完善扩充“趋势”。

其次，系列研究循环互哺。如表 11.1 所示，黄忠廉在 2012 年以《翻译思维研究进展与前瞻》一文为出发点对翻译思维研究的现状做简单述评，由此产生系列相关研究，包括文章、项目和专著。由此可看出对某一领域的研究是长期持久一以贯之的，述评与原创相互辅助与共生，研究由浅逐步深入，领域由大变小，又由小变大。文章标题并没有明显的述评字样，但每一部分都离不开

① 由于期刊出版原因，《百年》发表时间晚于《双轨》，但实际创作中《百年》早于《双轨》。

述评的存在，前一篇文章的述评既是本文的起点同时也是后续文章的起点，洞悉述评与原创间的关系是巧做连环文章成系列的妙招。

表 11.1 “思维”系列研究发展统计表

年份	成果
1991	《论科技翻译中的形象思维》
1992	《翻译的深层活动——思维活动》
1995	《抽象思维——翻译创造的根基》
1997	《直觉思维与翻译创造》
2003	《思维研究：叩问翻译的奥秘——兼评〈英汉互译思维概论〉》
2008	《全译转换的思维-语言过程——小句中枢全译说研究之一》
2008	《全译表达的思维-语言过程——小句中枢全译说研究之一》
2008	《科技翻译中的形象思维》
2012	《翻译思维研究进展与前瞻》
……	相关文章、项目、专著

二、主体关系

述评与原创最主要的区别体现在二者主体不同，此处主体主要指文章思想是否占主要部分。由述评走向原创，主体的改变是最显著的特点，是否已经由述评走向原创，最显著的标志是思想主体是否发生质变，是否借由他人思想产生了自己的思想。述评文章真正走向原创并非限于内容层面的原创，更是聚焦思想层面是否基于前人成果生发了“私想”（属于作者的创新）。这一“私想”包括研究新问题、对现有问题的新认识和研究方法的新发掘。

述评是针对某一研究问题、某领域、某会议的思想汇总，述评作者作为第三人称，自己的主观意愿较少，以陈述事实整合为主，即以“述”为主，“评”作为重点和亮点，是凸显精华的点睛之笔，述评的核心思想并不归述评作者所有。

笔者曾亲身参与《百年》与《双轨》两篇文章的创作。两篇文章虽有同一名合作作者，但思想所属并不同。《百年》作为述评，虽相较于其他常规述评，评的比例较高，但其核心思想依旧是集百家所长，他思仍占主导地位。受《百年》启发提出了《双轨》的研究问题：翻译学科的理论化建构路径。此时的思想主体已发生实质性变化，基于他人思想生发自己思想，这个过程中主体发生了转移，由他人变为自己，由量的累积升华到思想的质变。

三、比例关系

不同类型的述评与原创间的比例关系不同。如图 11.1 所示，“述”“作”分列两个坐标轴，随着作/述的比例逐渐增大，逐渐由述评接近原创。任何类型的原创均含“述”的成分，不存在纯粹的只作不述的原创成果，因此坐标轴中该部分用虚线表示。

述与作二者比例的变化可产出不同类型的原创。常见的体裁主要可分为期刊述评、学位论文述评、项目述评、会议述评、专著述评等。本部分重在概述不同类型述评及其可产生的原创之间的关系。

述评中作与述的比例由小至大的序列为：会议综述＜期刊述评文章＜期刊原创论文≤学位论文述评＜专著述评＜项目述评。

述评与原创的体量之比由小至大的序列为：期刊述评文章＜期刊原创论文＜学位论文述评≤专著述评＜会议综述＜项目述评。

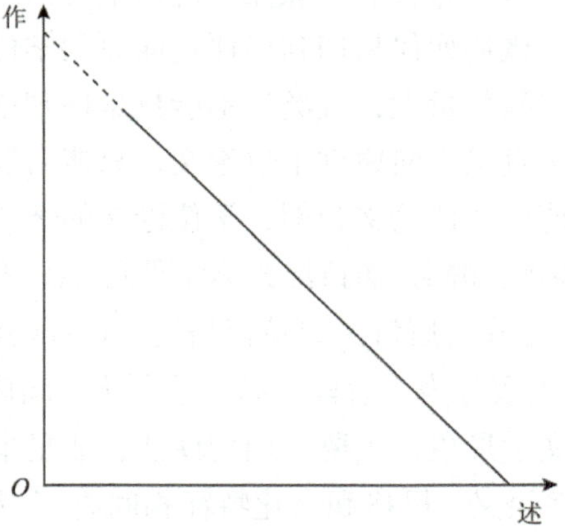

图 11.1　述评与原创的关系

第二节　“述评→原创”的类型

按照类别、用途和体量，常见的述评可分为期刊述评、学位论文述评、项目述评、会议述评、专著述评等几大类。各类述评写作方法及其异同前面章节已有论述。述评类型与所形成的原创之间并非一一对应，二者的关系详见表 11.2。本节重在概述不同类型的述评走向原创时的区别和每一类述评可走向的原创类型。

表 11.2　各类述评走向原创类型

述评类别	可形成的原创类别
期刊述评	期刊论文、学位论文（部分）、专著、项目申报书
学位论文述评	学位论文、期刊论文、专著、项目申报书
会议述评	期刊论文、学位论文（部分）、专著
专著述评	期刊论文、学位论文（部分）、专著
项目述评	期刊论文、专著、学位论文（部分）

一、期刊述评寻找空白

期刊述评作为最常见的述评类型，涉及面广，灵活度高，便于寻找该领域的研究空白，以此作为后续原创的切入点，确定研究问题。前述《双轨》即由述评文章《百年》启发而成。期刊述评可走向的原创类型最广，可走向期刊论文、学位论文（部分）、专著和项目申报书。现以笔者借助述评产生大论文选题最终成文的过程为例，概述如何从期刊述评走向原创学位论文。

学位论文需要的文献数量大，且类型不能只是期刊论文，更需相关专著。因此单篇期刊述评无法直接走向原创学位论文，只能启发选题，构成学位论文的一部分。以笔者的博士学位论文为例，学位论文的选题受到期刊论文《文学西译经典化之路——兼评王峰著<唐诗经典英译研究>》(《外语与翻译》，2017/4）中一句述评启发："据王峰《唐诗经典英译研究》(中国社会科学出版社，2015年)的划分，唐诗英译大致分为三阶段：第一阶段为'间唐诗'时期，主要通过间接翻译传播唐诗的文学形象，主要采用变译法，非足本翻译，不够准确，且译且作，与唐诗原作在语义、风格和文化特征相间离。"由此注意到转译（间接翻译）这个在翻译史中长期存在却未得到重视的现象，进而确定将"转译"作为大论文的核心研究对象。

二、学位论文述评支撑全文

学位论文述评是针对现有各类型研究的深度整合汇总,起支撑全文的作用。最终产出的原创内容是学位论文。学位论文述评最易走向各级别的期刊论文和由期刊论文改写而成的著作。

学位论文中的述评占比很重，学位论文写作过程中述评毋庸置疑是后续原创的基础，无论是哪个层次的学位论文，述评都是必不可少的部分，占比为一章，基本为全文内容的 1/5。学位论文的文献综述环节可支撑全文。粗读中触发选题灵感，初步确定选题。以笔者的博士论文成文过程为例，最初在阅读中确定以转译为主要研究对象，进而大量搜集文献，海量阅读，阅读中细化研究问题，逐渐缩小范围，将文献读薄，确定研究问题，将研究问题圈定为在转译过程中信息的传递与变化。挑选相关文献细化深度，形成述评，撰写述评的过程中发散思考扩大阅读面，将文献读厚，补充而得的思想结晶打散融入全文各处，初步建构成全文的参考文献体系。

三、会议述评升华原创

长或短的会议述评，有些以会讯形式存在，会议常领先期刊发表一年左右，会议述评以最简短的形式传递最新的思想。阅读会议述评可了解该领域的最新研究成果和未来的发展方向，修正现有研究，免入俗套。会议述评具有前沿性，学术会议是该领域研究前沿交流的最好机会，是学人展示自身的平台。不同学者展示出不同的思想，可弥补现有研究的缺憾和滞后，启发自己完善现有研究。会议述评可走向各类原创：期刊论文、学位论文（部分）、专著。如《毛泽东与中国社会主义现代化的关系——第十三届全国“毛泽东论坛”会议综述》（《毛泽东思想研究》，2021/2）是对第十三届“毛泽东论坛”相关主旨发言的汇总，介绍了全国该领域顶尖学者的研究成果和未来的研究方向。

四、专著述评整合全局

相较于前几类，专著述评涵盖面较广。专著的选题可大可小，小至一个具体的微观问题，大至某领域宏观研究。专著选题的深远度一般大于单篇期刊论文，小于项目。由于受到广度和深度两方面的要求和限制，专著选题多为某学科领域微观、中观问题的深入研究。但由于专著体量较大，述评内容的体量也较大，因此多为该领域现有研究内容的整合，有时也是学者在该领域研究思想的结晶。学位论文改写和项目预期成果是专著的两大主要来源。

五、项目述评系列研究

项目申报书的述评是项目研究的起点，是对某领域某方面的课题、问题或研究专题搜集大量文献，以分析其最新的进展、趋势、水平等。述评是后续系列研究的起点，属于开启阶段研究，它综合前人已做的研究，是了解当前的研究状态、了解该领域的捷径。其篇幅小内容广，一般为千字左右，相较于期刊论文和学位论文，项目申报书的述评内容浓度更高，思想高度凝练。对某专题国内外现有研究全面深刻的把握，最终可形成各级别原创型系列期刊论文和学术专著。项目申报时预设产出成果，多为期刊论文和专著。

第三节　读述评著四步骤

从述评走向原创的关键是走向，需经历“选定研究问题→形成架构→筛选迁移材料→生发私想→成型→成活”全过程，即研读时做读书笔记，再转述内容，继而写出简评，最后酿出文章。转述他人思想出不了大学问，批评比综述进了一步，若再推陈出新，便开始原创了，原创的比例逐步量变，直至质变到“创”的程度。原创研究历程如此，学人成长也是如此。比如张隆溪从中国的外国文学介绍者逐渐成长为海外的世界文学研究者，曾从述评转向专门领域研究（韩晗《超越差异，跨界求同——记张隆溪》，《读书》，2013/9）。本节将这一过程细化为读、述、评、著四步。

一、读：取精用宏

学术研究中“读”的重要性不言自明。“读”是学术研究的前提，在由述评走向原创的过程中，“读”决定走的方向、走的方式和走的距离。“读”是走向原创至关重要的第一步，是整个过程的基石。在此无须赘述为何读，而更亟待解决如何读与读什么两个彼此联系的核心问题。

如何读，详见第一章。阅读是持续性的，读在平时，读中发现问题，根据研究问题拓展该领域的文献述评，平时读和围绕问题读，读文献，汇知识，探问题，理思路，溯源头，带着疑惑去释解，找答案，求方案。广读文献，对其可以圈点，察其端倪。读每篇文献时成段的文字散落于电脑，不妨加上提示性关键词，或将碎片化思想打印出来，摊于书桌，俯瞰其上，寻觅各点之间的关系，用序号或射线标出关系链，或能织出众多思维的关系网，理出思路，将碎片化思想变成有条理的观点。

书是读不完的，对选题要大胆试选，大胆否定。读部分文献获新思想，尝试立题，引适当文献证之，或可成题，也可能被否定，二者均为常态。可以一边将意识流中有序无序的所思所想直接输出，一边读佳作，与高手对话，为自己的思考找到方向和可比可融的对象，见贤思齐，见同思异，见异求同，走向原创。从述评走向原创过程中，读其实有法可循，细化为挑选、扩充、收缩三个步骤。

第一，挑选。白述评走向原创中阅读的过程是为选之读，即在原有述评的基础上再次阅读，是精读，基于现有述评挖掘、提取前人思想，作为后续原创深化的基础。根据类型不同，所读内容在文中的位置也不同，如学术论文的引言、著作的前言等。选择的过程，强调优中选优，可参照如下择优标准：内容贴切 > 权威性（期刊权威性、影响因子、引用率等）> 全面性（国内外）> 前沿性（思想前沿、发表时间新）。

第二，扩充。以述评为起点围绕选题进行拓展性阅读，由述评走向原创过程中读是触发过程的开关，走得成功的前提是阅读增量，在已有述评的基础上从深度与广度两方面共同拓展文献，达到基于述评超出述评的阅读结果。本步骤将例说如何从深度与广度两方面共同拓展阅读量。述评阅读量的累积主要包括类与量两方面。类量并重才能构成对研究问题所在领域的完整知识体系。先丰富文献种类，保证每一类均有所涉及，再按类拓展，具体可使用坐标系阅读方式。图 11.2 为翻译在翻译学研究坐标系中的定位，可依此图扩充。每一学科都应有本学科的研究坐标系。下文以翻译学研究坐标系为例论述如何扩充阅读量。扩充方式既可围绕原点扩充，由本体向外围扩充，也可从外围至本体扩充。以转译研究为例，首先应在坐标系中定位研究对象。由原点出发，明确转译的译前、译中、译后，然后由原点发散上下拓展，即上至文化层面，下至翻译必涉要素，相关书籍均需阅读，以便全面掌握该研究对象。

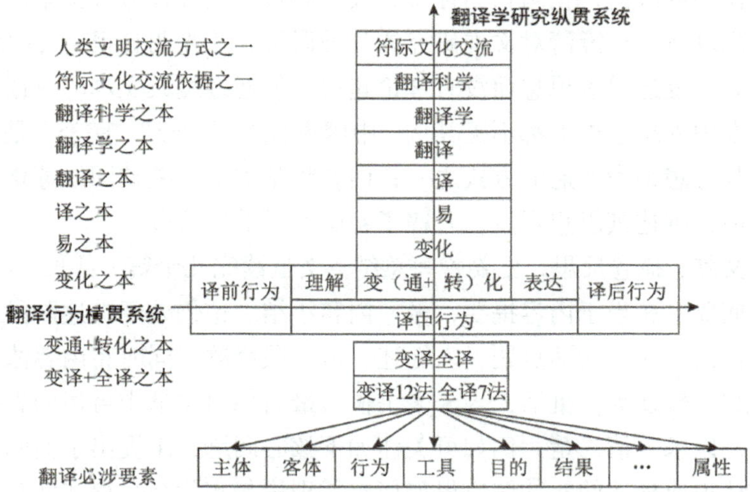

图 11.2　翻译在翻译学研究坐标系中的定位

第三，收缩。文献阅读讲究收放得当，更强调取精用宏，即从大量文献中选取精华写自己的文章，因此讲究文献精读细选。扩是为了全面掌握研究领域，收是为了聚焦，逐渐从研究边缘走向核心领域。

二、述：入乎文献

此处的“述”为述而不作的“述”，指可改变原文形式，但不改变其核心思想和内容，通常有转述和复述两种形式。由述评到原创的过程中，“述”是走向原创的基础，是知识创新的酝酿期，只是原创的基础，仍非原创。“述”是“读”的后续阶段，在“读”中挑选可“述”的材料，“述”是初变，对已有述评或他人思想再次进行形式上的变通，力求入乎文献体悟文献，博采众长，多中选精，挑出代表作，理出文献精华。

但本阶段的核心依旧为他人思想，并未发生真正的创新。在由述评走向原创的过程中，需要由他人智慧触发产生个人思想，而本阶段依旧停留在他人层面，并未开始真正的原创，但此阶段可作为后续原创不可或缺的基础，因“述”产生原创性问题，真正向原创出发。因此本阶段将按照“述”的功能将其分为夯实原创基础和酝酿原创性问题两部分解读。

（一）夯实原创基础

述是文献研究，具体说是文本研究。转述也可成文，如莎士比亚剧本不少是对他人作品的改述，化腐朽为神奇，成为经典。据聂锦芳《文本研究与对马克思的思想理解——澄清对文本研究的三种误解》(《光明日报》，2015-8-20)，文本研究只是复述原著思想而没有理论建树，但通过经典文本的解读建构新的思想体系在中外思想史上都不乏其例。中国古代的“注经”“解经”是思想家表述和阐发其思想最为普遍的方式之一；西方哲学史上，柏拉图以苏格拉底的名义进行对话，阐述其思想观点，开辟了希腊哲学的新阶段。

读完文献，掩卷反思，更要善写总结。文献读完几十篇（部），寻章摘句抓重点，写摘要，相当于内容提要，做一内容小结。这仍处于综述阶段，具体步骤可能是：简括为一句话点题，入综述；再一段释题，同时将内容浓缩为一段话，入正文；转述为一批话，入未来书稿。最后标出文献中可用的思想，分点排序列出，以求一清二楚。例如可关注如下核心问题：①提出了何问题？②问题是如何认识或描述的？③解决得如何？④理论与实际结合得如何？⑤理论是如何应用的？⑥原理是如何改造的？等等。

原创最需要眼光，正是这种眼光才聚光，才能将思想聚焦。治学，眼光重于方法。宋代严羽云：“入门须正，立志须高。”才、识、学三者，以学识为主，才学以“识”为证。综述时，时刻保持清醒的学术意识，要有学术海拔观，迅速断定思路有无价值，起点定得高，能快速进入学术前沿。理论前沿与实践相结合。一是有世界眼光，借鉴西方，拓宽视野，提升境界，把握新的成果和趋势，站在国际前沿；二是深入中国实践，把握创新脉络，发掘传统，提升经验。

（二）酝酿原创性问题

找问题，仅靠冥思苦想是不行的。最好的对策就是写文献综述，因为综述是为某领域某课题、问题或专题搜集大量文献，分析其最新进展，提出见解和建议，从而揭示有关问题的新动态、新趋势、新水平、新原理等，为后续研究寻找出发点、立足点和突破口。这是学术原创的基础、起点和依据，也是研判学术质量高低的标准。

综述属于实然研究，它基于文献收集甚至是数据分析，以研究事实为据，探讨众人研究的本质属性或规律，推论出一定的结果，再经理论思辨，展开应然研究，进入概念构建，提出理论观点。基于诸多文献的观点产生的问题具有综合性，有助于澄清问题，修正方法，生成新观点，一旦将新观点以问题形式提出，就等于提出了新假设，为研究奠定了新的起点。至此，论文的问题开始崭露头角。

原创是知识生产的过程，有三个来源：旧知、前沿与新知。现有知识是基础，来自教科书和专业书籍；前沿知识，来自期刊文献，是原创的起点；研究新得是研究中新发现的知识。三者占比不同，新知约 30%，旧知与前沿约 70%，旧知多用于基础陈述，散布于全文；前沿多用于综述，引用为论据。可从表述新知出发，调用旧知与前沿，尽量降低后两者的比例，文章才能更加出新。

若说综述重在变量，任何学人研究经年，少不了思考与疑惑，综述是对众人思想的归纳与升华，问题的酝酿便是综述必将产生的顿悟。有的理论学人形成了写作套路：西方人说 A 说 B 又说 C，还说 D，前后内容连贯，风格一致，串联即成文章，但不算原创性论文，至多是综述，连下面的述评都算不上。

三、评：出乎文献

“评”即评论，在此指基于文献综述再生发自己的评论。这是由述评走向原创至关重要的一步，可能发生在综述之内，也可能发生在综述之外，但只有后者才算真正开始走向述评。

“评”在此已显示作者的私想，是私想的产生期，是全过程的质变期。作为“述”的后续，“评”从中深受启发，可形成原创性问题雏形。“评”若能推进量的增加，可逐渐脱离述评走入原创（如图 11.1 所示），发生由述评到原创的质变。

评的内容围绕原创的研究问题而成，原创的核心在于解决问题，但并非一定要产生新问题，而解决问题无非三种：老方法解新问题，强调发现问题的能力；新方法解老问题，强调新方法的创造能力；新方法解新问题，强调无中生有的能力，既要提出新问题，也要创造新方法。其中，跨学科研究方法是常态，要想做跨学科研究，多读科普文献，再览相关学科；读述评可追踪其动态。定题后可与所跨学科的专家讨论，以证其可行，以免说外行话，或跑偏了题。根据研究问题类型不同产生了两种“评”的方式：重评他人思想和自我阐发。

四、著：终至原创

“著”是述评转向原创的最后一步。基于“述”形成了系列的“评”，但“评”依旧处在量的积累阶段，内部缺少逻辑联系，可看作是意识流的汇总，“读→述→评”之后将发生最终的质变——著。

（一）扬长避短成新篇

绝对创新最难为。学术创新分两条路径：一是改进，二是突破。对旧的思想、观念、观点、材料、对象、问题、方法等的重新认识与改述同样是创新。理论史、思想史研究即是如此。思想改述是主体对旧对象的新认识，标志着同一概念或命题有了新的意义内涵。因此更多的创新起步于改进，改进式创新也最能与述评结合。在“读、述、评”的基础上获得灵感和启发，一旦捕捉到自己的创新点，立即写下。对比已有研究，扬长避短发挥自己优势。因此，从述评走向原创“著”的第一步需要扬长避短确定研究问题，拟定框架。

扬长避短有助于找到突破口和创新出发点，获得创新的源头，激起自己的研究兴趣。扬长即在原有研究的基础上，结合自己的优势与特色进行有的放矢的研究，潜心做自己的科研。避短即弱化劣势，没有任何一位研究者能够精通每一种研究。扬长占主体，分为两种：首先是学科内扬长，即借助外围走入本体，或借助本体走向外围。与期刊文献相印证，放大预期结果，并加以论证与验证，提出自己观点，形成自己的文章。其次是学科外扬长，尤其适用于跨学科原创。跨学科研究至少涉及两个学科的基本知识，研究者多为一个领域的专家，跨出再走回，通过其他学科已有的述评文章了解该领域的研究现状，是最快的跨出方式。跨学科是大势，但如何跨出再走回才是跨学科扬长避短之法。跨出是为了出新，走回是为了扬长。

（二）聚沙成塔构新篇

意识流写下的是灵感，所存的灵感虽呈碎片，却是思想的火花，原创的来源，只要一串起，即可成初稿。首先，从文献出发，找出其中的重点、难点、疑点、焦点、热点、新点，标出精辟的思想，以备入正文，正引或负引；其次，一句话提炼，发现文献存在的问题表述出来，将意识流成一句话，形成问题表述；再次，分段架构，由问题表述析出关键词，关键词分逻辑层次，按级次演绎出问题的结构；最后，将各文献上述的六点信息分列于各层结构下，并自问：因何产生问题？用何理何法回答？有何事实佐证？如何展开论证？平时看似乱写一气，实则心中有数，自流成河。如上步骤可总结为“迁移材料→生发私想→成型→成活”全过程，以将意识流变为原创初稿。

迁移的首要步骤是对述评的材料进行分类，后期依需挑选，按类可分为述、评、述+评三类。按照迁移形式可分为物理迁移与化学迁移两类。物理迁移指以复合的方式将述评中需要的内容原封不动地移入原创，再以此为基础加入“私想”。化学迁移指以化合的方式迁移述评材料，将他人与自己的思想融合为一体，成为自我归属的私想。下文仍以《百年》与《双轨》为例概述两种迁移方式。

第一，物理复合。该方式主要包括新旧合并、对评增例。首先，新旧合并，即新思与旧思互为补充，构成完整的原创思想。如《双轨》提出学科外演绎式是关系类翻译学创建的一种逻辑方式，此时迁移李运兴（《翻译研究中的跨学科移植》，《外国语（上海外国语学院学报）》，1999/1）对翻译学研究跨学科所遵循的相关性、层次性、适存性三原则辅以论证，共同构成全新原创思想。其次，对评增例，即将述评作为新思想的例证，以辅助理论，多用于归纳研究。如《双轨》从《百年》中提取出内容“若按一分为三的原理，则可分出更多学科，形成学科群，统归于翻译学。如黄忠廉、方仪力（2017：9-10）认为，翻译学据功能可分为理论翻译学和应用翻译学，据对象可分为普通翻译学与具体翻译学”，用作原创新思想的理据。

第二，化学化合。该方式主要为以旧创新。例如，《双轨》开篇化学迁移了《百年》中他人的思想，即吕俊（《开展翻译学的复杂性研究——一个译学研究思想观念和思维方式的革命》，《上海翻译》，2013/1）认为跨学科创建是翻译学创建的主要路径之一。《双轨》以他人思想为基础，发现了现有研究的缺陷和不完整之处，提出了新的研究问题，即从研究现状和学科建构角度，专门探讨翻译学科创建的范式及其具体路径和方式三层问题。

（三）整体彰显原创性

基于述评而成的原创，需要适当拉远原创与述评的距离，整体彰显原创性，这既利于原创“私想”的凸显，也利于发表。为此，至少要做到两点。

第一，内容避免与他人相重。原创中部分材料是从述评迁移过来，在内容层面避重可有效拉远述评与原创间的距离。首先，控制迁移比例，已发表述评内容在原创中直接引用占比最好控制在10%左右，直接加间接引用最好在25%以内，避免出现学术不规范的问题影响发表；其次，择优合并，同一问题相近观点可合并或择优筛选，择优的标准可参见本章第三节；最后，改换迁移方式，将物理复合尽量调整为化学化合，化学变化产生新物质，化合迁移更显思想，已被化合的他人思想已成为新“私想”。

第二，整体重审文献配比。原创成形后再次思考文献配比，丰富文献内容和种类，确保原创文章文献的丰富度，以弱化述评文献占比。可从中外配比、新旧配比、语种配比三方面调整。

附录 1　述评标题常用语 200 条

说明：

1）下列标题用语中多数“综述”实为“述评”；

2）部分标题用语逻辑上有待商榷，仿用时请斟酌。

……：背景、热点与前瞻
……的建议
……：回顾、批评与前瞻
……：基于知识图谱分析
……：热点、趋势与启示
……：文献综述
……研究：现状、热点及趋势
……研究综述：概念与关键问题综述
……：综述
……（综述）
70 年述评
百年：回顾与前瞻
百年发展述评
变化及启示
传承与发展：……
动态变迁
动态及前沿
动态演变
动态演变研究
动态演进
二十年：回顾与前瞻
二十年：述评与展望
二十年的热点与前沿分析
发展的逻辑和走向
发展概况和趋势综述
发展及趋势
发展脉络
发展脉络与趋势
发展盘点与趋势前瞻
发展前瞻
发展十年回顾
发展现状及趋势综述
发展研究
发展综述及未来展望
反思与前瞻
分析与前瞻
概观
概览、缺憾与完善
国际动态与前沿分析网络首发
过去、现在与未来
回顾与展望
回眸与前瞻
回溯与前瞻
回溯与展望

荟萃分析
基本态势与热点问题的知识图谱分析
鉴往知来
进展、前沿与展望
进展分析
进展研究
进展与趋势(××××—××××年)
进展与述评
进展与展望
进展综述
近十年研究综述
考察：进展、前沿与展望
困境与路径研究
历程、反思与前瞻
历程、规律与趋势
历程：经验、问题与前瞻
历程与前瞻
历史变迁与前沿热点
历史演进与学术前瞻
历史渊源与发展前瞻
历史源流与现代发展
路径及其反思
路径及前瞻
脉络
内涵、起点、路径研究述评
年会综述
前景综述
前沿报告
前沿分析
前沿进展与拓展方向
前沿领域及演化发展趋势研究
前沿流变述论
前沿趋势
前沿热点及启示
前沿热点问题探究
前沿态势
前沿探测与发展趋势分析
前沿探析与展望
前沿问题述评
前沿问题研究述要
前沿研究
前沿与启示
前沿与热点问题年度报告
前瞻
前瞻及对策建议
前瞻与对策
前瞻与启示
趋势挖掘
热点、脉络与前沿
热点、前沿及其演进探析
热点与前沿探讨
三十年
十周年：教训与挑战
时态规划综述及研究现状
述评（××××—××××年）
述评：比较与借鉴
述评：成果、不足与展望
述评：机制、实践与问题
述评：历史、困境与重构
述评：内涵、维度与理论框架
述评：趋势、成果与问题
述评：实践、议题与展望
述评：现状与未来
述评：议题、演进与不足

述评及对……启示
述评及其新趋势
述评及其展望
述评及展望
述评与当今启示
述评与启示
述评与前瞻
述评与思考
述评与未来研究趋向
述评与未来展望
述评与研究框架构建
特点与展望
挑战和趋势
未来发展趋势分析
文献述评与研究展望
文献综述
文献综述与路径分析
文献综述与研究展望
问题及完善对策
问题论域、现状述评与发展趋势
现实困境与基本路径：文献综述
现状、热点与前沿
现状、热点与前沿分析
现状、问题及前瞻
现状分析及发展启示
现状分析与趋势前瞻
现状分析与趋势研判
现状与启示
现状与前沿趋势
现状与前瞻
新动向与前瞻
学术史梳理与前瞻
研究动态及热点评述
研究回顾与发展前瞻
研究进路述评
研究进展
研究进展、热点辨析与趋势展望
研究进展分析
研究进展综述
研究近况
研究前沿与展望
研究热点分析
研究热点和前沿分析
研究述评
研究述评与未来展望
研究现状
研究现状、热点与趋势分析
研究现状与发展趋势
研究现状与展望
研究与综述
研究综述（××××—××××年）
研究综述及发展趋势
研究综述及原理验证
研究综述及综合分析框架
演变、热点与前沿
演化轨迹和前沿动态
演进动态与中国的应对策略
演进考察：热点、前沿与展望
演进脉络、热点前沿与未来趋势
演进脉络及发展前瞻
演进与前瞻
演进与展望
应对与展望
应用前景

应用与进展
源流探综
源流与变迁
源起、前沿研究与理论框架
缘起、发展与走向
展望
知识图谱分析
知识图谱与未来展望
综述
综述、分析与展望
综述：理论、方法和应用
综述：研究热点、主题演化和研究方法
综述及对我国的启示
综述及发展建议
综述及发展趋势
综述及其影响因素
综述及前瞻
综述及思考
综述及应用建议
综述与反思
综述与前瞻
综述与诠释
综述与思考
综述与文献计量分析
综述与展望
最新进展
最新研究进展
最新研究综述

附录 2　综述与简评用语 2000 条

昂扬
奥秘
拔萃
摆脱
败落
包装
褒贬
褒奖
褒扬
薄弱
饱和
宝贵
保持
保守
暴露无遗
悲观
背道而驰
背离
倍增
被动
本来面目
本无定法
本原
本源性
本质
比对
笔墨
必将
必须
必要
必由
毕竟
筚路蓝缕
弊端
壁垒
避免
边缘
变量
变迁
变异
便捷
便利
辨别
辨析
辩证法
标靶
标度
标签
标识
标志性
标志着
标准
标准化
表层
表征
别出心裁
秉承
并用
摒弃
波动
波折
剥夺
驳难
舶来
博弈
搏击
补编
补充
捕捉
不当
不断
不发空论
不尽如人意
不可
不可比拟
不可避免
不可持续
不可或缺
不明所以
不失为
不遗余力
不易
不足
不足以
步伐
步入
部署
参数
残酷
侧重
层次
层级
察觉
差异
孱弱
产业化
铲除
阐发
阐释
羼杂其间
昌盛
尝试
常量
常识性
常态
常态化
抄手观望
超越
彻底
沉浮
沉浸
沉迷
沉思
陈腐
陈旧
陈套
成败
成倍
成功
成就
成熟
成熟度
成型
成因
成正比
呈现
承担
承认
承受
承受力

程序化
持久
持续
冲突
充分
充满
充溢
憧憬
抽象
出色
出于
初步
初显
初衷
处理
触动
揣测
传递
传奇性
传统
窗口
创立
创制
垂范
纯粹
纯粹化
纯洁性
纯朴
纯正
粗制滥造
促进
催化
催生
萃取
淬炼
存量
错觉
错失
错误
错综复杂
搭建
达致
打破
打压
大变局
大刀阔斧
大幅
大幅度
大概率
大行其道
大局
大局观
大量
大趋势
大相径庭
大于
代价
担当
担责
单纯
单一
单一化
淡化
弹性
当务之急
导向
导致
到位
得风气之先
得失
登峰造极
等价
低端
抵触
抵抗
抵制
底层
底线
颠覆
典范
点明
奠定
吊诡
掉以轻心
叠加
顶端
顶峰
定夺
定力
定位
定型
定制化
动荡
动力
动摇
动员
动辄
洞察力
洞见
洞见范式
洞悉
独创
独到
独立
独立性
独辟蹊径
独善其身
独生
独树一帜
独享
杜绝
端倪
端正
断定
断裂
对比
对症
对峙
多极化
多面性
多样
多样化
多样性
多疑
多元
多重
堕落
扼杀
扼要
恶化
遏制
恩怨
二元
发达
发挥
发明
发散性
发现
乏善可陈
法则
藩篱
烦琐
繁荣
繁重
反驳
反弹
反倒
反而
反观
反击
反抗
反省
反思
反应
泛化
泛滥
范畴
方式
方向性
防范

非此即彼
匪夷所思
斐然
废除
分辨
分化
分量
分裂
分明
分批
分期
分歧
分散
分水岭
丰富
丰富多彩
风行
风险
封闭
封锁
锋芒
凤毛麟角
否定
否认
肤浅
浮躁
符合
幅度
俯视
负面
附和
附加值
附庸
复苏
复杂
复杂性
复制
富有
覆辙
改变
改观
改善
改写
改造
概括
甘于
干扰
干预
杠杆
高超
高度
高端
高峰
高级
高妙
高明处
高深
高速
高于
高涨
搁置
格局
隔阂
隔绝
个人化
各得其所
各异
各有其用
各有千秋
给定
根本
根源
跟踪
公开
公理
公平
公然
公认
公信力
功力
功利性
功能
攻防
共识
共同体
共性
勾勒
沟通
估量
孤立
古已有之
鼓励
固定
固然
固守
固守成见
固有
顾虑
怪象
关键
关卡
关联
关系
关注
观测点
贯穿
贯通
惯常
惯性
灌输
光辉
光芒
广泛
广为传布
归根结底
归结
归咎于
归宿
规范化
规训
轨道
轨迹
裹挟
过度
过猛
过时
过眼云烟
过早
还原
含糊其词
含量
涵盖
涵化
罕见
撼动
好奇
好转
浩繁
合法
合法性
合理
合适
合作
何止
核心
恒态
轰动
宏大
宏愿
后果
厚实
呼声
忽略
互补
互阐
互动
互惠
互鉴
互利
划界

划清
化解
化作
怀疑
缓解
换代
恢复
辉煌
回报
回避
回顾
回归
回流
回落
回应
汇聚
晦涩
混沌
混合
混乱
混为一谈
获利
机理
机遇
机遇期
机制
积淀
积极
积聚
基本
基调
激化
激活
激烈
羁绊
及时
极度
极端
极化
极其
极盛
极限
极致
亟待
亟须
急功近利
急迫
急速
急需
集纳
几乎
计较
加工
加剧
加快
加强
加深
加重
枷锁
假设
尖端
坚固
坚守
坚信
肩负
艰巨
艰难
监管
兼及
兼容并包
检测
检验
减损
剪裁
简单
简单化
简化
简练
简陋
简明
见解
见识
见证
建树
健步
渐次
渐进式
渐为
践行
江河日下
僵化
交叉
交锋
交互
焦点
焦虑
矫枉过正
教训
接触
揭开
节点
截然
竭力
解除
解读
界限
借鉴
谨慎
尽量
尽人皆知
尽如人意
进程
进退
进展
近忧
晋升
浸入式
浸润
禁锢
经历
经验根据
精简
精练
精深
精心
精准
井然有序
警示
警惕
警醒
径直
净化
竟然
境遇
纠缠
纠谬
纠正
居多
居然
局面
局势
局限
局限性
举措
举重若轻
举足轻重
具体
具体化
距离
聚焦
决策
决定
决断
决意
决战
绝对
绝对化
绝非
绝缘
掘发

掘进
开端
开放
开疆拓土
开阔
开辟
开启
开拓
堪称
堪忧
看懂
看似
慷慨
扛鼎之作
考量
考问
考验
考证
可持续
可观
可贵
可靠
可靠性
可控
可谓
可信
可循
可依
克服
刻板
刻舟求剑
客观
肯定
空论
空前
控制
苦果
夸大其词
跨界
跨越
快速
宽松
旷古未有
框架
匮乏
困惑
扩散
扩展
蓝图
烙印
乐观
乐观理念
乐于
了然于胸
了如指掌
雷同化
类同
类型
冷峻
冷落
冷眼旁观
里程碑
理解
理念
理清
理所当然
力度
力戒
力求
历程
历次
历经
历久弥新
历史
历史性
历数
立论
立足
立足于
利他
利于
连续性
良方
良好
良机
良心
良性
良莠不齐
良知
两极
两难
两歧
两讫
量化
量身定做
寥寥无几
寥落
临界点
淋漓尽致
遴选
灵动
灵活
凌乱
零碎
领导者
领略
领先
令人置信
流变
流露
流失
流于
炉火纯青
陆续
露出
沦落
沦为
论争
逻辑
螺旋上升
落后
落寞
落实
屡见不鲜
履行
率先
麻痹
脉动
蛮荒
盲目
盲目性
矛盾
冒险
门户之见
门坎
门槛
萌发
萌生
弥补
弥漫
弥足珍贵
迷惑
迷惘
绵密
苗头
敏感
明辨
明确
明晰
明显
冥想
谬误
摸索
摹写
模板
模范
模糊
模式
模型
磨砺

抹黑
莫过于
漠不关心
默契
乃至
耐性
难关
难上加难
难以
难遇
内蕴
内在
逆差
逆反
逆流
逆转
年深日久
捏造
凝固
凝聚
扭曲
扭转
纽带
浓郁
挪用
欧化
偶尔
偶然
排斥
排除
徘徊
攀升

盘根错节
庞大
庞杂
匹配
偏好
偏激
偏颇
偏误
偏向
偏于等级
偏执
偏重
片面
片面化
拼凑
贫乏
贫富
贫瘠
频次
频繁
平等
平实
平台
评断
评价
评鉴
瓶颈
颇为
迫切
迫在眉睫
破除
破坏

破解
破旧布新
破译
魄力
剖析
铺垫
普遍
普及
普世
普适
谱系
期盼
奇怪
奇迹
歧途
启迪
启动
启发
启蒙
起步
起点
起落
气象
气焰
弃而不用
契机
千锤百炼
千头万绪
千载难逢
迁移
牵涉
牵引

牵制
前功尽弃
前所未见
前所未有
前提
前途未卜
前卫
前沿
钳制
潜行
潜力
潜能
潜心
浅显
谴责
强大
强行
强化
强劲
强烈
强弱
强盛
强势
强调
强硬
强于
强制
切换
切入点
切实
亲和力
青睐

轻视
轻松
倾向
倾注
清除
清单
清点
清理
清流
清晰
清醒
求解
区别
驱动
驱使
屈从于
祛魅
趋向
渠道
曲解
取代
取悦
权威
权宜之计
权重
全力
全面
全盘
全球化
全球性
全新
缺乏

缺失	善于	生成	试图	疏远
缺陷	嬗变	生硬	试验性	输出
确保	商榷	声誉	视而不见	输入
确定	上限	省察	视野	输赢
确定性	稍逊	胜出	是非	熟知
确立	少见	胜利	适度	束缚
确切	设定	胜于	适逢	树立
确证	深层次	盛行	适合	衰敝
阙如	深处	失衡	适宜	衰落
热心	深度	失控	适应	衰弱
人云亦云	深感	失灵	适用	衰颓
认同	深广	失去	适用性	衰退
韧性	深厚	时刻	适中	双标
仍然	深化	时髦	释放	双刃剑
日渐	深究	时效	收缩	双向
日趋	深刻	时效性	首创	水过无痕
日深	深切	实测	首次	水火不容
日益增多	深入	实效	首当其冲	顺畅
荣损	深受	实验	首屈一指	顺从
容忍	深细	实用主义	首位	顺势而为
容限	深意	实在	首要	丝毫
融合	深远	实战	受损	思辨
融入	审时度势	实质	受益	思潮
融通	审视	实质性	抒发	思考
糅合	甚广	史料	枢纽	撕裂
如数家珍	甚巨	使命	殊难	松动
睿智	甚至	使然	殊途同归	俗见
弱势	渗透	始终	梳理	夙愿
散漫	升到	式微	疏导	诉求
丧失	升华	事关	疏忽	素有
森林法则	升级	事与愿违	疏漏	塑造
森严	升温	试探	疏于	随波逐流

随声附和
随性
随意
碎片化
损害
损失
缩影
踏实
台阶
态势
泰然
探求
淘汰
套用
特定
特殊
特效
特性
特有
特质
剔除
提倡
提及
提炼
提前
提升
提振
体察
体会
替代
天壤之别
挑拨
挑明
挑选
挑战性
调和
调和者
贴合
停滞
通盘
同步
同等
统一
统治
痛点
透彻
透明度
透视
凸显
凸现
突变
突出
突破
徒劳
徒有
推崇
推动
推广
推行
推进
推敲
推演
推重
颓势
退出
退化
蜕变
吞噬
拖垮
脱节
脱离
脱离实际
脱胎换骨
脱颖
妥协
拓展
瓦解
歪曲
完善
顽固
危害
危机
危及
危言耸听
威慑
微乎其微
违背
违反
唯一
维持
维度
维护
尾声
萎缩
未雨绸缪
位置
紊乱
稳步
稳定
稳定性
稳健
稳妥
污蔑
无比
无独有偶
无法
无妨
无非
无关
无情
无人不晓
无人问津
无视
无所适从
无误
无限
无序
无疑
无益
无知
无足轻重
毋庸置疑
武断
舞台
务实
误导
误解
吸取
希望
牺牲
息息相关
悉心
稀奇
稀少
稀释
犀利
习焉不察
习以为常
洗礼
系统化
细化
细究
下跌
下行
下降
先锋
先决
先声
先天
先天不足
掀起
鲜活
鲜明
鲜有
显得
显而易见
显示
显现
显耀
显著

现代
现代性
现实
限量
限制
陷阱
陷入
相得益彰
相对
相对性
相反
相似
相通
详尽
详细
响应
想象
象征
消除
消极
消解
消灭
消长
嚣张
效仿
效力
效率
效用
协商
协调
心态
欣赏
欣慰
新型
新兴
新一轮
新增
信息化
信誉
形塑
形形色色
兴起
兴趣点
兴盛
兴衰
胸有成竹
修复
修正
虚构
虚假
需求
栩栩如生
序幕
宣扬
玄妙
悬念
悬殊
选择
学理
学派
熏陶
循环
压力
压缩
延缓
严厉
严密
言必有据
言过其实
沿波讨源
沿袭
沿用
俨然
衍变
衍生
掩盖
掩饰
眼界
演化
演进
仰视
遥想
要害
一概
一贯
一律
一脉相承
一目了然
一视同仁
一体两翼
一以贯之
一意孤行
一再
依傍
依附
依旧
依据
依靠
依赖
依然
依托
移植
遗漏
异己
异于
抑制
意图
意味深长
意向
意愿
意旨
意志
臆想
引发
引进
引领
引申
饮誉
隐藏
隐含
隐身
隐显
盈余
营造
赢得
影响
应得
应对
应急
应有
映射
硬性
勇于
涌现
优化
优良
优劣
优势
优先
优越
忧虑
悠久
尤其
尤为
尤为可贵
尤显
由博返约
由约而博
犹豫不决
游刃有余
有待
有赖于
有力
有所
有望
有限
有效
有益
囿于
迂缓

余地
余力
与生俱来
预案
预测
预计
预设
预先
愈加
渊源
原创
原地踏步
原点
原动力
原理
原貌
原始
原因
圆满
援助
缘起
源流
源于
源远流长
源自
远见卓识
远虑
远远
约定俗成
跃上
越过
越来越
允当
孕育
运筹
运行
运转
蕴含
熨帖
杂乱
宰制
再次
再生
暂时
赞同
遭遇
造诣
责任
责无旁贷
增加
增进
增删
增添
展示
展现
崭露
占据
战略
战略性
战术
张力
障碍
招架
着力
着重
针对
珍视
珍惜
真诚
真貌
真相
真正
斟酌
甄别
缜密
阵营
振兴
震撼
争端
争论性
争鸣
争取
争先
争议
拯救
整合
整套
整体把握
正本清源
正轨
正路
正面
正视
正途
证据
证明
证实
政绩
政治化
支撑
支持
支援
直陈
止歇
旨趣
旨在
指陈
指向性
指引
指责
至关
至关重要
至理
制裁
制定
制约
质疑
治理
桎梏
致力于
致命
致使
秩序
智慧
智能化
滞后
置疑
置于
中坚
中枢
中心
中心化
中正
终点
终极性
终结
众多
众志成城
重磅
重大
重蹈
重返
重建
重开
重申
重生
重拾
重视
重塑
重提
重写
重心
重新
重要
重于
重灾区
重中之重
骤增
逐渐
主导

主观
主体
主张
助推
转变
转换
转危为安
转向
转移
转折
追求
追随
追问
追寻
准确
准则
自动
自觉
自律
自明
自我
自相矛盾
自诩
自由
自娱自乐
自圆其说
自主
纵观
纵览
纵向考
走势
走向
足够
足见
足以
阻断
最根本
最为
左右
坐标
坐而论道

跋

论文之道，非美文之道，在论理探微，在述评阐因。论文之始，当先察他人已为或未为，是为述评，其英文为 literature review，意为对已有文献之回顾和评述。简曰：综前人之功，述前人之阙，揪其漏隙，阐为文之因，呈著文之用。

述评之法，禁肆意情采，忌恣意情绪，宜以旁者视之，不偏不倚，中立客观，娓娓道来，是为论文之辞。文献综述，宜秉述前人之功，实陈前辈之阙，有理有据，不卑不亢；忌无视或贬损他人之功，过誉已见之新。述评，宜择重选优，鸟瞰综览，宏观把控，可纵向分史，可横向联系，可本体，可内涵，可外延……不加辨析，流水做账，史脉不清，问题不明，浑浑然一片混沌，此乃大忌。

然论文所涉种类繁多，述评之法因不同文类，不一而足。如何依类选法，因文施策，按类施术，做到有的放矢，有章有法，实乃众学子长久之惑。述评之理何在，述评之要何居?其具样何如？虽学界各扬其声，流于概论者众，精耕细析，自成一体，兼纳理论、方法与实战于一书者寡。

黄忠廉教授敏察此敝，凭其数十年论文、项目与专著之学术积累感悟，率众贤士历时三载著就《十大文献综述：妙理与实例》，该著有阐幽发微之“妙理”，有拿来即用之方法，有可资借鉴之“实例”，实乃学界之幸，学者之福。该著与《人文社科项目申报 300 问》（2017）、《人文社科论文修改发表例话》（2020）堪称“学术研究三金花”，利在当下，功德千秋。

该著“妙理”何在？“妙”在其廓清概念，剖析过程，归类方法，辅以实例，以庖丁解牛之法全呈述评之奥秘；以高屋建瓴之势，先通论，后分论，再细论，抽丝剥茧，层层推进，将不同文类（期刊论文、学位论文、学术人物、会议、专著、外文等）兼项目等的述评浓缩为六种综述手段、三种评价方法和三种辅助手段。

相同揭示共性，差异彰显意义。学问之道在于貌似中厘清本异，在本异中细究特质。该著深谙此法，如会议述评，将其细分为报道与学术两类，因类施策，因策定法，其中奥妙，详参第五、六章。

论文之始，述评为基，然述评绝非论文真质。学术之道在于原创，发一家之言，谈一孔之见。然原创何其难哉！述评即是初阶训练，原创乃述评后续勃发。此著之“妙”，在于既详论述评本身，又超越述评本体，带众学人打通评创之联系，总结评创之类型，详述进阶之步骤，其中奥义，详参第十章。

学术当兼纳中西，贯通古今，方能视野高阔，一览众山小。往著或偏中或侧西，聚焦一隅。此类安排虽能聚焦详释，但于学术而言，难免偏废之咎；于读者而言，犹有未尽兴之感。该著立足述评，兼顾中西，专设一章详解向外述评，括其意义，综其类型，剖其困境，呈其建议，概其艺术，面面俱到，为志在向外学者奉其锦囊，详参第九章。

一事两分，主客既成。学术本体，亦分主客。述评本体之察即为客体之研，然述评之主，学人之介，亦述评之内容。学人述评，难免涉情，情理交融，方能让学术既有物性，又通人情。载体细分，期刊论理，报纸见情，其中奥义，详参第八章。

当代学术，居书宅寻章觅句，玄而论道，是为纯论文；学以致用，顶天立地，为国分忧，是为项目。二者重叠交错，貌似相同，其实迥异。此著独辟一章，专论项目述评，视角独特，观点新颖，分关系，炼标题，明现状，向前瞻，润本子，层层深入，剖表论里，概念明析，其中奥妙，详参第四章。

该著皇皇近三十万言，上述仅择重扼要，披其几截。综其特色，可归一处：大处着眼，小处细究，以小见大，以微见深，全角思维，层层分解，步步辨析，以理开路，以微聚终。全书尽现黄教授学术团队宏观架构，微观切入，辩证思析，理论思考与逻辑思考兼行之综合学力。

全著紧扣述评二字，先总后分：先理论，后例话，条分缕析，章法自然。于初涉学术之学子而言，概念清则事理明，故先通论，后查问题，辨误区，深解名与实；厘性质特点，探结构类型，析目的作用，分前沿与前瞻，终于标记与用词。再接过程描述，则定问题先导，分来源检索，定泛读精读，查提炼与整理，终谋篇与规范，是为全书之框架。

上述妙理，下论实例。该著所论皆自实例，用例达160之众，旁涉国社科20余学科领域，范围之广，令人赞叹。以例证理，以理统例，理例互映，有骨有肉。以例证理，理落实处；以理统例，例成血肉。其特色有三：用例丰富、用例精当、对例精析。不为例而例，因理而用例，例为说理，理用例证，互为因果，自成一体。

该著似教材非教材，似理论非理论，乃兼具理论、方法与实践三位一体的综合性著作。查其理论，问题为先，辩证指引；考其方法，紧贴实际，方便实用；研其例话，皆自实战，相映理论。读者可据己况分层学习：初入门者可习其案例，熟学其法，为己所用；中阶学者可研其方法，举一反三，横跨他科；高阶学者可深思其理，得其原理，构己体系。综上所述，无论初学、中学，抑或高学，均可从中获益。

越俎代庖，斗胆代读者先品该著，遂著此跋。然惴惴乎恐管中窥豹，只得皮毛，难悟其华。该著究竟何如，当留读者凭己之目，用己之心，细品其中妙理奥义，定有明鉴，是为跋。

焦鹏帅

2021 年仲夏

于成都抱朴斋